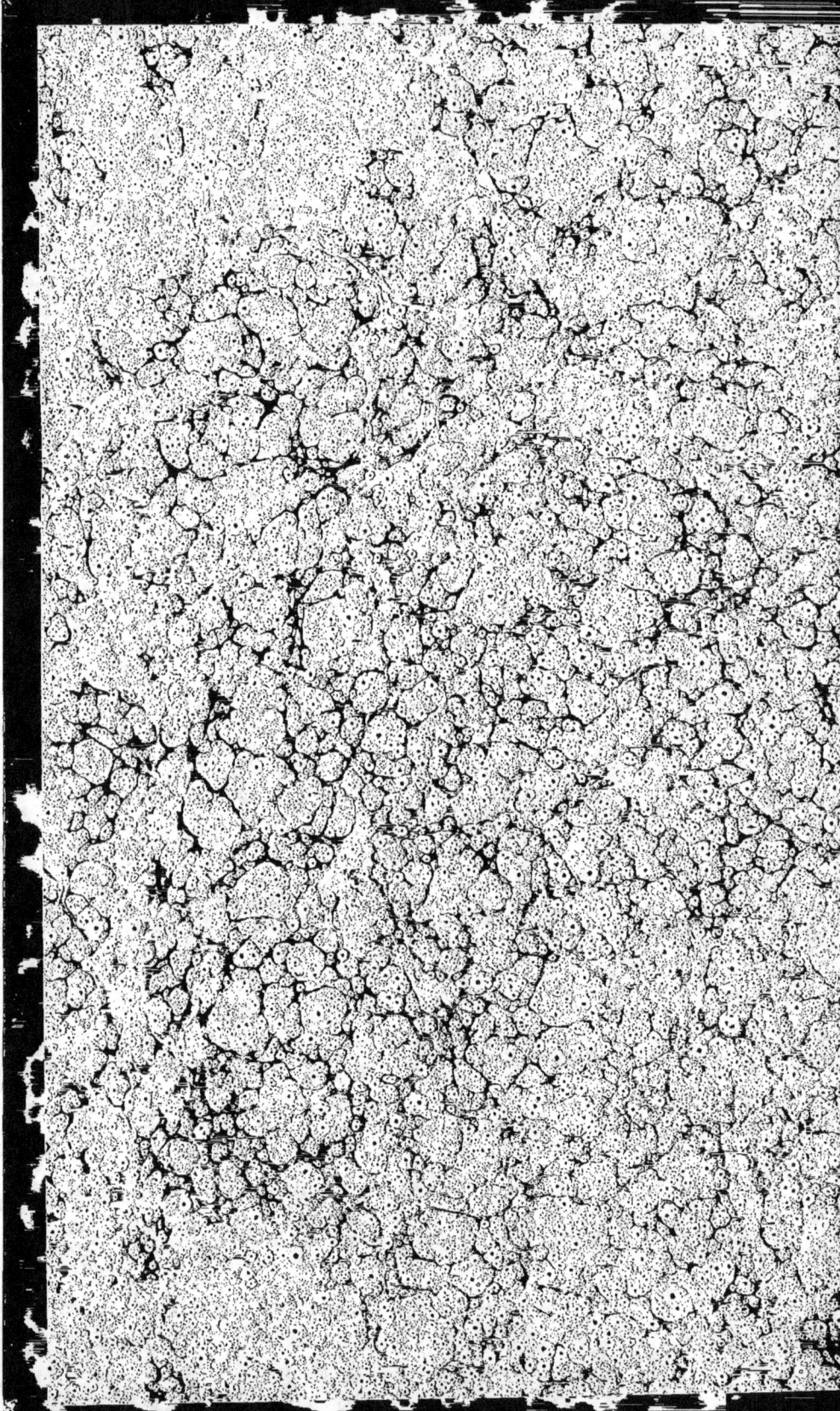

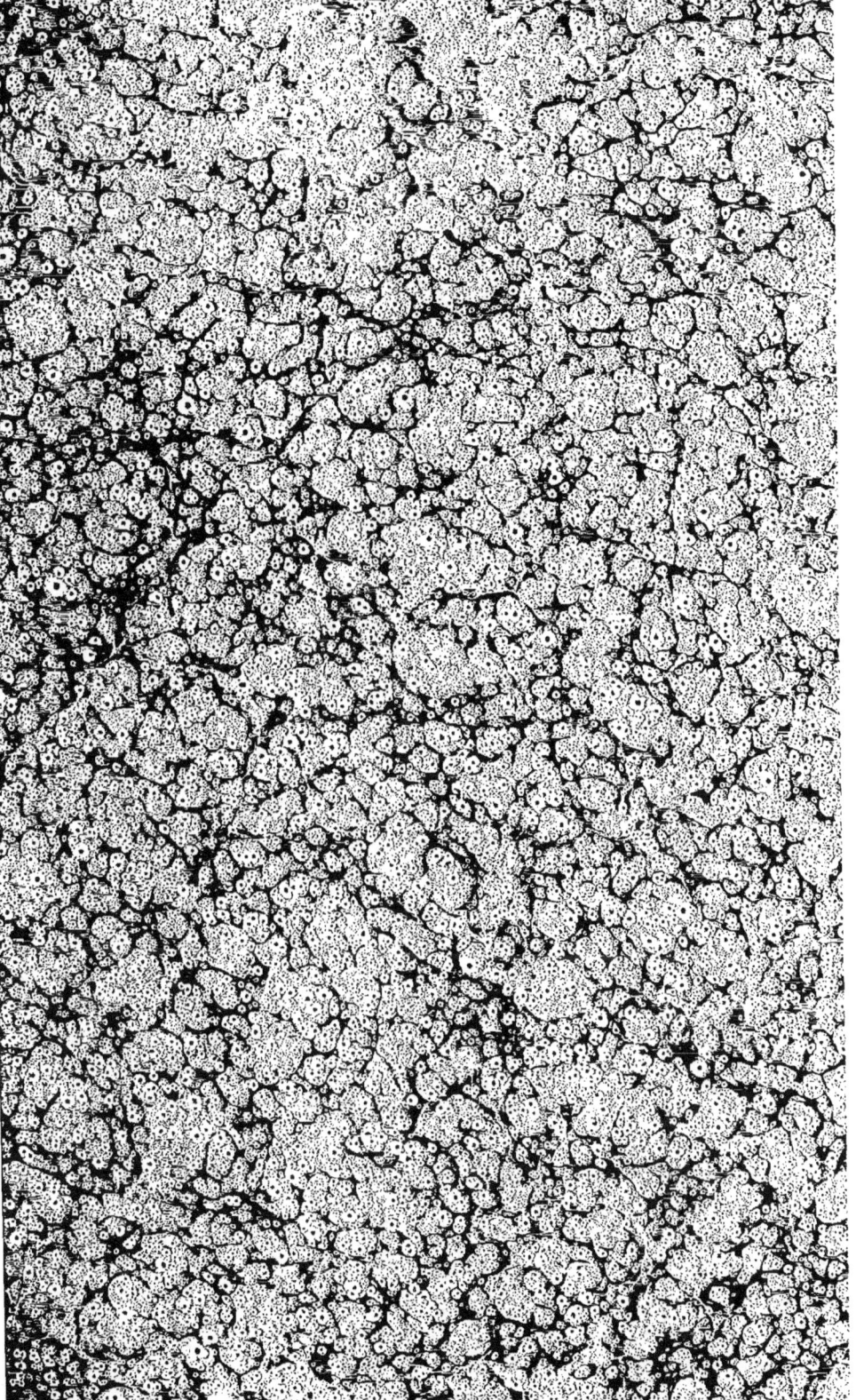

L_n 27 20629

HISTOIRE

DE

SAINT VINCENT DE PAUL.

Chaque exemplaire sera signé de la main de l'auteur.

Moulins. — Imp. de Martial Place.

« On eût dit qu'il défiait l'infortune
tant il avait de ressources contre elle
Il semblait avoir fait de son cœur, assez vaste
pour les contenir toutes, le rendez-vous
de toutes les misères

HISTOIRE
DE
SAINT VINCENT
DE PAUL,

DEDIÉE A TOUS LES MEMBRES

DE LA

SOCIÉTÉ DE SAINT-VINCENT-DE-PAUL,

DANS LE MONDE CATHOLIQUE;

PAR M. L'ABBÉ ADR. MAITRIAS,

Chanoine honoraire de Moulins.

> Saint Vincent de Paul prouve mieux
> que Bossuet la divinité de la doctrine
> qui a fait l'un et l'autre.
> LACORDAIRE. *Lettre a M. A. Nicolas.*

MOULINS,
MARTIAL PLACE, LIBRAIRE-ÉDITEUR,
9, Rue des Grenouilles.

1847.

A TOUS LES MEMBRES

DE LA

Société de Saint-Vincent-de-Paul,

DANS LE MONDE CATHOLIQUE.

Messieurs,

La dédicace d'une vie dont la vôtre est comme le reflet, vous revenait de droit. Dans les jours mauvais que nous traversons, le regard aime à se reposer sur votre œuvre. C'est une noble protestation contre de sacriléges tendances, et un solennel démenti donné à ceux qui affectent de dire que le catholicisme, déjà trop vieilli, n'a plus un souffle de vie à mettre au service de la civilisation moderne.

Puissiez-vous ne jamais faire défaut à cette vocation que la Charité vous fait si belle, la Charité, la seule vertu qu'on nous pardonne encore! Votre couronne sera bien glorieuse, puisqu'elle vous est tressée par la main de ceux que Jésus-Christ a bénis entre tous et qu'il a daigné appeler ses frères !

Veuillez accepter, comme témoignage de mon admiration, ce petit ouvrage qui est aussi le vôtre, puisque vous l'avez inspiré.

Agréez aussi les sentiments de vénération profonde avec lesquels j'ai l'honneur d'être,

Messieurs,

Votre très humble serviteur,

A<small>DR</small>. MAITRIAS.
prêtre.

INTRODUCTION.

Avant la manifestation de la doctrine évangélique, qu'avait-on fait pour le soulagement et le bien-être des peuples ? Rien. La pitié *qui est pourtant dans la nature*, a dit quelqu'un, fonda-t-elle jamais une seule institution permanente qui perpétuât la miséricorde ? Non, certes. Et pourquoi ? Parce qu'il manquait au monde le principe qui domine l'égoïsme et qui le transforme ; il lui manquait l'amour. La bienfaisance n'était qu'une froide commisération dont l'orgueil rongeait bien vite l'apparente générosité ; et encore, chez des hommes qui ne regardaient leurs frères qu'à travers l'intérêt, cette bienfaisance était-elle nécessairement rare, circonscrite dans un cercle étroit, toujours incomplète.

Mais depuis que Jésus-Christ est venu nous apprendre

à verser, comme le bon Samaritain, l'huile et le baume sur les plaies de ceux d'entre nos frères qui souffrent dans la route où nous marchons avec eux ; depuis que lui-même s'est montré sur une croix, immolé pour le salut de tous, la Charité, revêtue d'une forme céleste et partant des hauteurs du calvaire, s'est prise à visiter toutes les infortunes, à les soulager. Aussi bien, dès les premiers temps, l'empereur Julien qui, à coup sûr, ne disait point là-dessus toute la vérité, écrivait-il en Asie, au pontife Arsace : « N'est-il pas honteux pour nous que les Galiléens, outre leurs pauvres, nourrissent encore les nôtres (1) ? »

Ce germe, déposé dans l'humanité par celui qui traversa le monde en faisant du bien, se développa dans tous les âges. Les chrétiens se transmirent, d'une génération à l'autre, la charité comme la foi. L'histoire du Christianisme n'est guère que l'histoire des bienfaits

---

(1) « La politique des Grecs et des Romains, a dit Fleuri, allait bien à bannir la fainéantise et les mendiants valides ; mais on ne voit point chez eux d'ordre public pour prendre soin des misérables qui ne pouvaient rendre aucun service. On croyait qu'il valait mieux les laisser mourir de faim, que de les entretenir inutiles et souffrants ; et, s'il leur restait un peu de courage, ils se tuaient bientôt eux-mêmes. Les chrétiens ayant principalement en vue le salut des ames, n'en négligeaient aucune, et les hommes les plus abandonnés étaient ceux qu'ils jugeaient les plus dignes de leurs soins. Julien l'apostat en était confus ; il aurait voulu qu'à leur imitation l'on établît des hôpitaux et des contributions pour les pauvres ; mais une charité uniquement fondée sur la politique, n'a jamais produit de grands effets. » (*Mœurs des chrétiens.*) — On sait comme les Romains traitaient leurs esclaves vieux ou malades : ils les reléguaient dans une ile du Tibre et les y laissaient mourir de faim. Dès le commencement de l'Eglise, la maison épiscopale fut l'asile des pauvres, des orphelins, des étrangers ; les clercs

répandus sur les peuples ; et ces bienfaits avaient, au viie siècle, déjà tellement étonné, que Mahomet lui-même, comme dominé par l'idée universellement acceptée, fait ainsi parler Dieu, dans le Coran : « Nous avons mis dans le cœur des disciples de Jésus la compassion et la miséricorde. » Jugez comme son admiration grandirait aujourd'hui, s'il se trouvait en face de tout ce que nous devons à cette charité chrétienne !

Est-il en effet une douleur, une infirmité, un besoin à qui elle ne soit venue en aide ? Le missionnaire cherchant des enfants à l'Église, à travers des hordes sauvages, sous tous les climats ; le moine du Saint-Bernard préparant, sur la montagne, un asile au pauvre voyageur perdu dans la neige des Alpes ; les enfants d'Ignace de Loyola, toujours si calomniés, couvrant les deux mondes de leur dévouement pour la cause de

---

avaient le soin de les recevoir, de leur laver les pieds et de les servir à table. Avec le temps, ce service de charité fut mieux organisé ; il y eut des établissements divers pour les divers genres d'infortune. A chacun de ces établissements, un nom qui en marquait la destination. Ainsi la maison destinée à recueillir les petits enfants à la mamelle, exposés ou autres, s'appelait *Brephotrophium* ; celle des orphelins, *Orphanotrophium*. *Nosocomium* était la maison des malades ; *Xenodochium*, le logement des étrangers ; c'était là véritablement *l'Hôpital*, maison de l'hospitalité. *Gerontocomium* était la retraite des vieillards ; *Ptochotrophium*, l'asile général pour toutes sortes de malheureux. Presque toutes les grandes villes eurent de ces sortes de maisons. Ordinairement c'était un prêtre qui était chargé de l'administration. Il y avait aussi de riches particuliers qui entretenaient des hôpitaux à leur dépens, et qui servaient eux-mêmes les pauvres, comme Pammachius, à Porto ; Gallican, à Ostie. Les évêques n'épargnaient rien pour faire face aux dépenses. Plus d'une fois ils vendirent les vases sacrés ; ainsi firent saint Exupère de Toulouse et saint Paulin de Nôle.

l'humanité et de la religion ; les anges de la solitude ouvrant leur porte hospitalière aux grandes peines du cœur d'où bien souvent le repentir se lève ; le frère des écoles chrétiennes, *parlant de Dieu à l'enfant du pauvre en lui parlant de sciences et le formant au bonheur, en le formant à la vertu* (1); les filles de la charité, descendues parfois du plus haut rang dans la pauvreté volontaire des servantes de Jésus-Christ, et alliant à la gloire de la virginité la joie pure d'être mère de l'indigent et de l'orphelin (2) : tout cela, qu'est-ce, sinon la charité chrétienne prenant mille formes pour arriver à toutes les infortunes, si humblement cachées, si rebutantes, si oubliées qu'elles soient? Nous omettons les détails ; ce volume ne suffirait pas.

On trouve bien, sur les lèvres des sophistes modernes, le mot d'humanité ; mais leurs œuvres, où sont-elles? Que reste-t-il sur les terres où passent leurs doctrines? Hélas! rien ou presque rien. C'est en vain que, s'étendant vers l'avenir, ils rêvent je ne sais quelles institutions bienfaisantes qui assureront à tous et le travail et le

---

(1) M. de Lamennais.

(2) Voici ce que Voltaire pensait de ces héroïnes. « Peut-être n'est-il rien de plus grand sur la terre que le sacrifice que fait un sexe délicat, de la beauté et de la jeunesse, souvent de la haute naissance, pour soulager dans les hôpitaux ce ramas de toutes les misères humaines, dont la vue est si humiliante pour l'orgueil humain et si révoltante pour notre délicatesse. Les peuples séparés de la communion romaine n'ont imité qu'imparfaitement une charité si généreuse. » (Essai sur l'histoire, sur les mœurs et l'esprit des nations ; ch. 117, tom. 3, p. 169, édit. de 1756.) — Quel témoignage! et de quelle bouche il nous vient!

pain de chaque jour ; toutes ces utopies passeront comme celles de la veille, et peut-être, de toute cette fastueuse philanthropie dont la main n'essuie pas une larme, ne restera-t-il pas même un souvenir. On devrait le savoir : il faut au malheureux autre chose que des promesses ; il lui faut la consolation, au moins l'espérance ; les croyez-vous autre part qu'à l'ombre de la croix, et dans le nom de Jésus-Christ? Le passé vous répond, et l'avenir ne le contredira pas.

Eh bien! cette charité qui s'est traduite, dans tous les siècles chrétiens, en prodiges de dévouements si divers, un jour un pauvre prêtre sembla la personnifier en lui-même, au sein de notre France. On vit un homme, humble s'il en fut jamais, sans naissance et sans fortune, s'essayer à des œuvres de bienfaisance que n'eussent point réalisées la puissance et l'or des rois. Il ouvrit d'innombrables asiles où l'innocence, en habits de bure, servait la douleur et le repentir; il créa des peuples entiers de bienfaiteurs à cette portion de l'humanité qui souffre et pleure; plusieurs fois, il versa sur l'Europe entière d'inépuisables aumônes; il réforma chez nous les mœurs alors si corrompues ; sema, par lui-même ou par ses missionnaires, la foi et la civilisation jusque sur des plages connues à peine, défendit l'Eglise, perfectionna le clergé, conseilla les souverains, nourrit les peuples et fut comme le sauveur de toute une génération. Cet homme, qui semblait avoir fait de son cœur, assez vaste pour les contenir toutes, le rendez-vous de toutes les misères ; cet homme qu'on eût dit défiant l'infortune, tant il avait de ressources contre elle ! cet homme qui, pour ainsi parler, ne permettait pas à une seule infirmité d'échapper à sa sollicitude ; cet homme enfin qui, au dire d'un beau génie (1), *a forcé notre siècle de croire à la vertu*, c'est Vincent de Paul.

Et voilà l'homme dont nous avons entrepris d'écrire l'histoire. Dans un siècle comme le nôtre, où, plus que jamais, la corruption pousse des nuages à l'intelligence ; aujourd'hui qu'on se fatigue si vite du raisonnement qui semble trop aride dans une vie où l'on ne voudrait que des fleurs, peut-être est-il bon d'essayer d'un autre mode de persuasion, en faisant valoir les puissantes leçons de l'exemple. Opposons donc aux calomnies, aux préjugés, à l'indifférence, une vie qui apprenne un peu jusqu'à quelles hauteurs notre nature pauvre et infirme peut monter, quand la religion la pousse et soutient son vol. Faisons comprendre qu'alors même que cette religion n'aurait pas de sa divinité des preuves aussi nombreuses qu'indestructibles, les vertus qu'elle inspire crient avec assez d'éloquence qu'elle descend du ciel et qu'elle est bien la fille de Dieu. En un mot, pour confondre, sans trop de peine, celui qui ose nier la divinité du catholicisme, sa force native, sa puissance, nous lui montrons Vincent de Paul.

(1) Châteaubriant.

HISTOIRE

DE SAINT VINCENT DE PAUL.

HISTOIRE

DE SAINT VINCENT DE PAUL.

CHAPITRE I.

Le seizième siècle. — Naissance et enfance de Vincent de Paul.

1576. — 1588.

Quasi stella matutina in medio nebulæ.
Ecclé. L. 6.

Le seizième siècle a donné à notre histoire une sanglante page. Depuis qu'un moine superbe, élevant son audace à la hauteur de son orgueil, avait nié le pouvoir dans la société religieuse, nécessairement et par contre-coup, la société civile fut ébranlée. Dieu, aux yeux des hommes que travaillait l'indépendance, Dieu n'étant plus la base de toute vérité, de toute loi, de tout devoir, il fallut bien que chacun devînt à soi-même son maître, son roi, son Dieu. L'Allemagne et l'Angleterre se chargèrent d'apprendre au monde ce que peut une semblable souveraineté. La France ne put échapper à la contagion presque européenne ; en recevant chez elle les doctrines de Luther et de Calvin, elle se prépara aussi des malheurs (1).

(1) A Wittemberg la Réforme fut d'abord une révolte de cloître ; à Genève un mouvement politique. Sous cette double forme, elle trompa les ames qu'elle avait séduites ; en Saxe, sa destinée était d'aboutir à l'anarchie ; en Suisse, au despotisme... Luther, à son avènement, ne trouva que des germes imparfaits de révolte. Sa mission fut de les féconder, et, pour le malheur de l'humanité, Dieu voulut qu'il réussît. A la venue de Calvin, la scission de Genève avec l'autorité était un fait accompli. Luther réveille une idée toute spirituelle : c'est l'apôtre de la raison, mais de la raison déchue, contre la foi ou l'autorité. Sa vie est celle d'un théologien qui a jeté sur sa route assez de bruit, de style, de poésie, de colères, de ruines et de sang pour donner de l'intérêt au drame où il a joué. Au dernier acte, la toile tombe et l'acteur, resté théologien, paraît sur une autre scène, dans un misérable cabaret où il épuise les derniers restes d'une imagination désordonnée. La vie psychologique de Calvin commence quand finit celle de Luther, c'est-à-dire quand la Réforme vit et se meurt ; parce que Jean de Noyon, ainsi que Henri VIII, adopta l'idée protestante pour se faire chef de l'Eglise et de la société. Comme sectaire, sa puissance est de beaucoup inférieure à celle de Luther qui ressuscita le principe du libre examen, l'illumination par la Bible, la justification par la foi et le serf-arbitre : vieilles formules enfouies dans les théologiens hétérodoxes qui l'avaient précédé, mais qu'il raviva par sa parole créatrice. Calvin fut obligé de recevoir, en partie, la symbolique Saxonne. Ce qui lui appartient dans la confession qui porte son nom, c'est son système hermaphrodite sur la Cène, moitié Zwinglien, moitié Luthérien, trope et réalisme, figure et sensualisme tout ensemble ; car son Dieu, ou plutôt son destin qui sauve ou qui damne suivant son bon plaisir, se retrouve dans OEcolampade... Tous deux suscités de Dieu, si vous croyez à leur témoignage, pour fonder le règne du Christ ; apôtres du libre examen qu'ils ont mission d'introduire dans le monde, chevaliers, au gantelet de fer, de la raison humaine qu'ils viennent couronner... Si la vie dogmatique de Luther est plus dramatique, puisqu'elle s'agite devant les papes et les empereurs, celle de Calvin a un autre intérêt bien puissant aussi. Quelle parole de vie personnifie-t-il ? La sienne seule. Calvin a essayé de ressembler à Luther en bâtissant sur des ruines. (*Histoire de la vie, des ouvrages et des doctrines de Calvin*, par M. AUDIN. — *Introduction*).

A l'époque à laquelle nous remontons un instant, la France avait déjà traversé les années, pourtant si terribles, que dominent Charles IX, Catherine de Médicis, les Guise, Henri III; et cependant elle n'était point lasse encore de guerre, ni rassasiée de sang. Le royaume se trouvait divisé en deux camps : celui des Huguenots et celui des Catholiques ; le drapeau, dans ces deux camps, ne se repliait jamais. Les provinces étaient armées contre les provinces, les villes contre les villes, les sujets contre le souverain, le peuple contre les grands. La division régnait à la cour, dans le clergé, dans la magistrature; à l'armée, jusque dans l'intérieur des familles. D'un côté, se trouvaient le grand nombre et le bon droit ; la fureur créait à l'autre d'inépuisables ressources et de fougueux combattants. La religion catholique avait pour soi son règne paisible, établi chez nous depuis 1100 ans, moins encore par le sang de ses martyrs que par ses incommensurables bienfaits; mais la Réforme s'offrait avec son air de jeunesse et ce je ne sais quoi qui allait mieux aux passions du cœur et à la fièvre de l'intelligence. D'ailleurs, comme dans tous les temps, l'audace et le fanatisme servaient bien l'hérésie, et Dieu sait combien d'ambitions personnelles y ajoutèrent encore de haine, sous le couvert de la religion ! Aussi, à juger ses œuvres, on eût dit que le Calvinisme avait emprunté aux barbares d'autrefois ce génie qui dévaste le monde. Les autels brisés, les temples détruits, les monastères incendiés, les prêtres immolés, les morts troublés dans le sommeil du sépulcre, les restes sacrés des martyrs dispersés sur les voies publiques, l'hostie eucharistique foulée aux pieds : voilà quelques faits pris entre mille dans sa sombre histoire. Disons-le : sans doute, les Catholiques usèrent quelquefois de terribles représailles, ils eurent leurs fanatiques; mais l'hérésie, qui avait plus de passions à ses ordres, trouva presque toujours le moyen d'arriver plus loin, et fit le plus souvent monter sa vengeance au niveau de sa haine.

Qu'arriva-t-il à la société ainsi engagée au milieu de ces luttes à mort ? Tout s'en alla en dissolution ; innocents et coupables, n'avaient que des larmes à dévorer. Le clergé, fatigué d'être à chaque instant sous le coup de la faction protestante ou des exactions ruineuses de ceux-là même qui se disaient les défenseurs de la bonne cause, le clergé se tenait à l'écart. Dominé par le sentiment des malheurs présents, plus encore par les craintes de l'avenir, il songeait moins à lutter contre le torrent qu'à ne point se trouver sur son passage; il cherchait même à se faire oublier. Au reste, le Protestantisme, qui se croyait plus fort depuis qu'un des siens, Henri IV, était monté sur le trône de France, attribuant la conversion du Béarnais moins à la conviction qu'à la politique, le Protestantisme, disons-nous, n'épargnait au sacerdoce ni l'insulte ni la calomnie. Le pamphlet devint son arme. Les coups en furent si bien mesurés qu'ils blessèrent au cœur; et le peuple, dès-lors accoutumé à ne voir ses prêtres que sous les sombres couleurs dont les peignait l'hérésie, ne les estima plus ; à ce point que, au dire d'Abelly, *c'était une espèce de contumélie de dire à quelque ecclésiastique de qualité qu'il était prêtre.*

De ces deux causes, le silence du prêtre et le mépris dont on le couvrait, que pouvait-il résulter, sinon, pour le peuple, l'ignorance et les désordres qui la suivent ? Les dogmes chrétiens furent presque oubliés, l'habitant des campagnes et l'enfant ignorèrent le livre si sublime dans sa simplicité, le catéchisme ; les cérémonies du culte perdirent leurs majestueuses pompes ; les rares prédications, dédaignées du plus grand nombre, ne disaient plus rien à l'ame ; en un mot, la religion, rabaissée dans l'opinion aux proportions d'une œuvre humaine, était sans force et sans puissance sur des esprits ignorants et sur des cœurs blasés. C'est en vain que l'évêque dans ses synodes, le prince dans ses édits, essayait de retenir sur le penchant de l'abîme la société qui croulait ; l'autorité et le zèle se trouvaient frappés d'impuissance. Le mal avait poussé de trop profondes racines dans les longs jours où la terre de France était demeurée en friche ; la foi et la vertu semblaient ne vouloir plus germer entre ces ruines, dans cette corruption et dans ce sang.

La France en était là et l'Europe aussi, lorsque le Dieu qui avait autrefois sauvé Béthulie par Judith, Israël par le jeune David, tout un peuple par Esther ; et, à une époque plus rapprochée, notre patrie par Jeanne d'Arc, voulut, chez nous, par un pauvre pâtre, né au pied des Pyrennées, renouveler le même prodige : il suscita Vincent de Paul.

Ce fut en 1576 que Vincent naquit à Pouy, petit hameau près d'Acqs, dans les Landes. Son père, Jean de Paul, et sa mère, Bertrande de Moras, n'appartenaient point, quoi qu'en dise leur nom, aux nobles, aux riches du monde. Ils étaient presque pauvres, et cultivaient, entourés de leurs six enfants, dont Vincent était le troisième, l'étroit héritage laissé par leurs aïeux. En revanche, à des mœurs patriarcales ils joignaient une solide foi, les vertus chrétiennes, et trouvaient à prélever, sur leur médiocrité, quelques oboles pour de plus pauvres qu'eux.

On a écrit peu de chose des premières années de Vincent.

On sait seulement que, à l'âge où il put conduire un troupeau, il prit la houlette comme Joseph; il fut berger. Sans doute, dès ce moment, il se prenait d'admiration pour les imposantes beautés semées, avec une profusion si riche, sur toute la nature. De chaque fleur, de chaque brin d'herbe, de chaque goutte de rosée, sa jeune pensée remontait pure et reconnaissante vers celui qui a donné au lis sa blanche tunique, au passereau son grain de chaque jour, à l'abeille ses merveilleux instincts, à l'homme son intelligence pour connaître et son cœur pour aimer. La solitude devenait pour lui un temple; il n'y était jamais seul : il y trouvait toujours Dieu.

Près du hameau où naquit Vincent, s'élevait, entre les gorges des montagnes, une petite chapelle dédiée à la sainte Vierge. C'était Notre-Dame de Buglose, en grand renom dans toute la Guyenne. On disait que là, plus qu'ailleurs, Marie était compatissante et prodigue; elle y avait fait plus d'un miracle. Aussi, c'étaient chaque jour de nouveaux pèlerins qu'amenait la gratitude ou l'espérance. Tout petit enfant qu'il était, Vincent venait souvent au pied de cet autel où l'on avait si souvent déposé son berceau. Il aimait à renvoyer aux échos des cantiques composés à sa louange, et sa piété filiale lui inspirait mille ingénieux moyens de montrer combien il aimait cette seconde mère que nous tenons de Jésus-Christ. C'est là qu'il puisa cette dévotion aussi expansive que solide, « qu'il nourrissait, disait-il lui-même, envers cette Reine du » ciel, se voyant né dans un lieu qui lui était dédié et qui était » sous sa protection spéciale. »

Les pauvres n'étaient pas non plus oubliés de Vincent. Il avait pour eux une compassion tendre qui révélait déjà cette charité prodigieuse qui devait, plus tard, embrasser tous les genres d'infortune. Il savait presque toujours leur trouver une obole ; et, quand ses petites ressources étaient épuisées, il ne craignait pas de diminuer, de quelques poignées, les sacs de blé qu'il lui fallait transporter au moulin. Voici un autre trait :

On sait combien les enfants aiment ce qu'ils appellent leur petit trésor, combien souvent ils le défendent avec passion contre les sollicitations les plus pressantes. Tout pauvre qu'il était, Vincent avait le sien, où il tenait en réserve ses petites économies. Ce trésor atteignait à peine la somme d'un salaire d'ouvrier : c'était beaucoup pour cette époque chez un enfant du peuple ; il est naturel que Vincent y tînt grandement. Eh ! bien, à cet âge même, la charité l'emporta sur l'égoïsme : il donna un jour la somme entière à un indigent dont la détresse l'avait profondément ému.

« Quoique les perles naissent dans une nacre mal polie et » souvent toute fangeuse, dit naïvement le premier historien de » Vincent de Paul (1), elles ne laissent pas de faire éclater » leur vive blancheur au milieu de cette bourbe qui ne sert qu'à » en relever le lustre et mieux faire connaître leur valeur. » La pénétration d'esprit de Vincent, la précocité de son intelligence, percèrent à travers ses grossières occupations, et ne firent qu'embellir sa piété, son innocence. Jean de Paul comprit que son fils pouvait faire mieux que conduire un troupeau. Il songea donc à lui faire commencer quelques études. D'ailleurs, il était pressé par des considérations dont Vincent ne servit jamais les projets : il pensait, en poussant son fils dans

---

(1) Abelly, évêque de Rodez, né dans le Vexin français, en 1604. Il se démit de son évêché trois ans après sa nomination, pour vivre à Saint-Lazare. Il y mourut en 1691.

la cléricature, s'en faire un appui, une ressource, que sais-je ? peut-être un instrument de fortune pour soi et pour ses enfants ; motifs trop humains, et que le pauvre homme, dans sa simplicité, croyait pourtant légitimes et permis (1). Il n'en servit pas moins par là les desseins de la Providence, puisqu'il prépara, sans s'en douter, un bienfaiteur et un père, non à sa propre famille, mais à la famille bien plus étendue des orphelins, des veuves, de tous les malheureux. Fénélon et Bossuet l'on dit : « L'homme s'agite et Dieu le mène. »

(1) « La maison où naquit Vincent de Paul fut changée en une chapelle rurale que la révolution a respectée. On y voit deux tableaux dont l'un représente la mère du saint et à côté son nourrisson dans un berceau. Le second tableau représente Vincent à l'âge de sept à huit ans, occupé à garder ses moutons. Le buste du saint est placé sur l'autel. Près de cette chapelle se trouve un chêne antique, à l'ombre duquel la tradition nous apprend que le jeune berger aimait à se reposer. » (*Mémoires pour servir à l'histoire de la religion vers la fin du dix-huitième siècle.*)

CHAPITRE II.

Les Études de Vincent. — Sa promotion au Sacerdoce.

1588. — 1604.

Suscitabo mihi sacerdotem fidelem, qui juxtà cor meum et animam meam faciet. — 1. Reg. II. 35

Pour un enfant qui semblait un ange, on pouvait passer par dessus les règles ordinaires. On avança donc pour Vincent l'heure tant désirable et tant désirée de la première communion, ce grand acte de la vie dont on se rappelle presque toujours les innocentes joies. Jean de Paul prit alors au sérieux l'avenir de son fils. Après avoir prélevé une somme sur ses économies, on dit même sur son nécessaire, il partit pour Acqs et conduisit Vincent à la pension qu'y dirigeaient les Cordeliers.

L'enfant n'avait que douze ans ; il comprit cependant toute

sa position. Quand il n'eût pas été dominé par l'envie de s'instruire, une pensée l'aurait vivement stimulé : il était à charge à sa famille ! Les sommes nécessaires à son éducation se faisaient à grand'peine dans la maison paternelle ! Il travailla donc avec ardeur, avec persévérance; il travailla avec succès. Il fit de rapides progrès dans la langue latine et dans les autres facultés qui, à cette époque, entraient dans l'enseignement classique. Sa piété, dans ce travail aride, ne perdit rien de sa fraîcheur native; elle se développa même, elle grandit, et le jeune pâtre des Pyrénées fut bientôt environné d'une estime qui ne le cédait qu'à la plus expansive affection. Le père gardien des Cordeliers, ravi de tant de belles qualités, l'aima avec tendresse et voulut servir ses intérêts. Il le plaça, comme précepteur, chez un avocat d'Acqs, M. de Commet.

C'est une rude charge que celle de précepteur; elle demande un tact, une exactitude, une patience qui désespèrent souvent la volonté la plus forte. Vincent qui n'avait pourtant que seize ans, ne fléchit point sous le fardeau. Dans cette position qui, d'ailleurs, lui offrait des ressources pour continuer ses études, il montra, pendant neuf ans, une fermeté si douce, une adresse si noble, une patience si active, qu'il s'acquit, et garda à tout jamais, la vénération et l'amour du père et des enfants.

M. de Commet découvrit sans peine, sous la modestie du jeune précepteur, le talent et le zèle. Il crut servir la Religion en lui donnant le plus tôt possible un bon prêtre de plus. Il pressa Vincent d'entrer de suite dans l'état ecclésiastique. Vincent se décida sans trop de peine. Quoi que pût lui dire son humilité, le sacerdoce n'était-il pas son but, le terme de ses rêves d'enfant et de ses réflexions de jeune homme ?

Il reçut bientôt la tonsure cléricale ; puis les ordres mineurs, le 19 septembre 1596.

Ce n'était là que le premier pas; restaient encore de longues études théologiques. Nouvelles dépenses pour Jean de Paul qui avait eu déjà tant de peine à mener Vincent où il en était. Mais il avait tellement à cœur la réalisation de ses espérances, qu'il ne recula devant aucun sacrifice. On dit même qu'il délia les bœufs de sa charrue et les vendit. Grâce à cette vente, et aussi à la générosité de quelques amis qui lui vinrent en aide, il put envoyer son fils à Toulouse, de là à Sarragosse dont l'Université, justement célèbre, était le rendez-vous d'un grand nombre d'étudiants de la France et de l'Espagne (1).

Vincent de Paul étudiait depuis deux ans la théologie. Le 27 février 1598, il se lia pour jamais à Dieu par le sous-diaconat; il fut ordonné diacre le 29 décembre de la même

---

(1) La fondation des Universités, dans le XIIe et XIIIe siècle, est un monument authentique du zèle dont le clergé a toujours été animé pour l'instruction des jeunes gens, pour la conservation et le progrès des études. Dès l'origine, les Universités ont été établies sous l'autorité des souverains pontifes, parce que l'on a regardé cette institution comme un acte de religion, et l'étude de la religion comme une des plus importantes. Les chaires des différentes facultés furent d'abord remplies par des clercs ou par des moines, parce qu'ils étaient alors les seuls qui eussent conservé du goût pour les sciences. (BERGIER, *dict. de théolog.*)

L'Université la plus célèbre d'Espagne fut celle de Salamanque, l'émule de celle de Paris pour les matières religieuses. Elle fut fondée par le roi de Castille, Alphonse X, vers l'an 1252. La bulle de confirmation de l'année 1255 accorde à ceux qu'on y recevait docteurs la permission de professer dans toutes les Universités, excepté dans celles de Paris et de Bologne.

année, et, deux ans après, le 23 septembre 1600, il reçut le caractère sacerdotal.

Que se passa-t-il en cette ame si ardente et si pure, dans le temps de ces différentes ordinations? que se passa-t-il surtout lorsque, pour la première fois, il prit dans ses mains la sainte victime? Dieu seul le sait. Mais il avait déjà du sacerdoce une idée si haute, les fonctions lui en semblaient si augustes, qu'on peut croire sans peine à sa frayeur, à ses transports et à sa félicité. Toujours est-il qu'il ne voulut point célébrer sa première messe dans une église où le concours des fidèles l'eût pu distraire; il chercha une chapelle écartée, où ne le suivirent qu'un prêtre et un enfant.

On savait apprécier Vincent de Paul dans le diocèse d'Acqs. A peine fut-il prêtre, qu'on le nomma curé de Tilh. Il se rendit au poste désigné; mais y trouvant un compétiteur qui avait *impétré à Rome*, comme on disait alors (1), il renonça au bénéfice qu'il n'aurait pu conserver que par un procès. Il revint à Toulouse pour compléter ses études théologiques.

Il n'y resta pas long-temps; la pauvreté l'en chassa. Celui qui devait être le nourricier de provinces entières, manqua du pain de chaque jour. Son père, Jean de Paul, venait de

---

(1) L'impétrant est celui qui obtient en cour de Rome un bénéfice vacant par dévolut ou par résignation. La vacance par dévolut vient, ou de ce que le collateur a pourvu une personne indigne, ou bien de ce que le titulaire, après avoir été canoniquement pourvu, tombe en quelque irrégularité. La vacance par résignation est celle qui se fait par la démission du bénéfice. Celles qui sont pures et simples entre les mains des collateurs s'appellent proprement *démissions*, celles qu'on appelle *résignation en faveur* sont conditionnelles, parce qu'elles ne se font qu'à la charge qu'un tel en sera pourvu; mais elles ne peuvent se faire qu'entre les mains du Pape. (ALLETZ, *dict. théolog.*)

mourir, et, bien que dans ses dernières dispositions il eût ordonné que Vincent prendrait sur l'ensemble de la succession la somme nécessaire pour se perfectionner dans ses études, le jeune prêtre n'osa point chercher des ressources au sein d'une famille sous le coup de son dernier malheur. Et puis, on avait déjà prélevé pour lui tant de choses sur le modique héritage ! Que fit-il donc ? En homme de foi et de courage, il se résigna à ce que Dieu permettait, et il attendit.

On lui proposa de se charger de ce qu'on appelait alors une régence, espèce de pensionnat où l'on élevait les enfants des gentilshommes du pays. Vincent de Paul accepta. Il laissa voir, au travers de ses humbles fonctions, tant de sagesse, tant d'habileté, tant de zèle, qu'on lui voulut fournir un plus vaste domaine. A la sollicitation des parents de ses jeunes élèves, on lui permit de transporter son pensionnat à Toulouse. C'était ce qu'il lui fallait; tout en donnant à ses élèves les soins nécessaires, il put reprendre et terminer ses travaux théologiques. Après seize ans d'étude et de privations, il obtenait enfin le grade de bachelier en théologie.

Cependant Vincent de Paul s'était acquis une grande réputation de sainteté et de science. Il aurait pu prétendre aux plus hauts emplois dans le diocèse d'Acqs; il s'effaça. Le duc d'Epernon (1) tenta, dit-on, de le pousser à l'épiscopat. Le

---

(1) Jean-Louis de Nogaret de la Valette, duc d'Epernon, naquit à Toulouse en 1554. Dans les guerres religieuses, il servit sous le duc d'Alençon, et se distingua aux prises de la Charité, d'Issoire et de Brouage. Henri III le combla d'honneurs. D'abord opposé à Henri IV, il s'attacha bientôt à lui, et fut envoyé en Provence comme gouverneur. Plus tard, Henri IV l'employa dans le Béarn et le Languedoc ; il y

duc pouvait tout ce qu'il voulait; mais ce projet échoua contre l'humilité du jeune prêtre. Dieu ne l'appelait point là. Ce n'était point seulement un diocèse qu'il fallait à la charité de cet homme, c'était la France, c'était l'Europe, c'était le monde entier.

soumit les villes de Saint-Jean-d'Angély, de Lunel et de Montpellier. Après la mort de ce prince, il se déclara pour le parti de Marie de Médicis. Louis XIII traita avec lui comme de souverain à souverain. Il fut moins ménagé dans ses dernières années; on comprit que ses talents n'étaient pas à la hauteur de ses prétentions. Il fut exilé à Loches où il mourut en 1642.

CHAPITRE III.

Vincent de Paul à Tunis et à Rome.

1604. — 1608.

Beatus vir qui suffert tentationem, quoniam cum probatus fuerit, accipiet coronam vitæ. — Jac. I. 12.

Au retour d'un voyage à Bordeaux pour les mystérieuses et importantes affaires dont il n'a jamais voulu parler, tant son humilité y semblait compromise! Vincent de Paul se trouva, contre toute humaine prévision, institué légataire d'une personne morte en son absence, et qu'il avait peu connue. Les choses à régler dans cette succession l'obligèrent à faire un voyage à Marseille. Il se disposait à revenir à Toulouse, lorsqu'un gentilhomme de sa connaissance, lui promettant économie et célérité, le décida à le suivre par mer jusqu'à Narbonne.

Le ciel était pur, la mer paisible, le vent favorable ; tout allait pour le mieux. Tout-à-coup, trois brigantins turcs, postés pour saisir au passage les barques revenant de la foire déjà célèbre de Beaucaire, environnent la frêle embarcation qui portait nos voyageurs. Le combat devint nécessaire, l'attaque fut vive, la défense opiniâtre ; mais la victoire resta aux corsaires, le grand nombre l'avait emporté sur la valeur et le désespoir. Trois hommes étaient tombés morts dans le fragile esquif, le reste était blessé. Il fallut bien se rendre. Vincent de Paul avait reçu un coup de flèche. La blessure fut si grave qu'il en ressentit toujours la douleur, ce qui lui faisait dire d'assez bonne grâce : « Cette blessure me servira » d'horloge toute ma vie. » Laissons lui raconter les suites de cette affaire.

« Les premiers éclats de la rage de ces félons furent de
» hâcher notre pilote en mille pièces ; cela fait, ils nous
» enchaînèrent, et après nous avoir grossièrement pansés, ils
» poursuivirent leur pointe, faisant mille voleries..... Enfin,
» chargés de marchandises, au bout de sept ou huit jours, ils
» prirent la route de Barbarie, tanière et spélunque de voleurs,
» sans aveu du grand Turc ; où, étant arrivés, ils nous expo-
» sèrent en vente, avec le procès-verbal de notre capture, qu'ils
» disaient avoir faite sur un navire espagnol, parce que, sans
» ce mensonge, nous aurions été délivrés par le consul que le
» roi tient en ce lieu-là. Leur procédure à notre vente fut que,
» après qu'ils nous eurent dépouillés, ils nous donnèrent à
» chacun une paire de caleçons, un hoqueton de lin, avec une
» bonnette, et nous promenèrent par la ville de Tunis. Nous
» ayant fait faire cinq ou six tours par la ville, la chaîne au cou,
» ils nous ramenèrent au bateau, afin que les marchands

» vinssent voir qui pouvait bien manger et qui non, et pour
» montrer que nos plaies n'étaient point mortelles. Cela fait, ils
» nous ramenèrent à la place où les marchands nous vinrent
» visiter, tout de même que l'on fait à l'achat d'un cheval ou d'un
» bœuf, nous faisant ouvrir la bouche pour regarder nos dents,
» palpant nos côtés, sondant nos plaies et nous faisant
» cheminer le pas, trotter et courir, lever des fardeaux et puis
» lutter pour voir la force d'un chacun et mille autres sortes
» de brutalités. »

Vendu d'abord à un pêcheur dont le métier ne pouvait aller à sa santé délicate, Vincent tomba entre les mains d'un vieillard, espèce de médecin, alchimiste forcené qui avait le persévérant courage de chercher, depuis cinquante ans, la pierre philosophale. Cet homme connut le mérite de son esclave et l'aima. Il l'initia aux prétendus secrets de son art, le traita comme un père traite son fils, et lui promit même sa fortune s'il renonçait à sa religion pour celle de Mahomet. Certes, c'était ne pas connaître le prêtre français. On pense bien que ce furent des promesses inutiles. Cependant le maître eut le bon sens de conserver à son serviteur sa confiance et son affection.

« Je fus avec ce vieillard, continue Vincent de Paul, depuis
» le mois de septembre 1605 jusqu'au mois d'août 1606, qu'il
» fut pris et mené au grand sultan pour travailler pour lui ; mais
» en vain ; car il mourut de regret par les chemins. Il me laissa
» à un sien neveu qui me revendit bientôt après la mort de
» son oncle, parce qu'il avait entendu dire que M. de Brèves,
» ambassadeur pour le roi en Turquie, venait pour recouvrer
» tous les esclaves chrétiens. Un renégat de Nice, en Savoie,
» m'acheta et m'emmena en son *témat*, — ainsi s'appelle le

» bien que l'on tient comme métayer du grand seigneur ; car
» le peuple n'a rien, tout est au sultan.— Le témat de celui-ci
» était dans la montagne, où le pays est extrêmement chaud et
» désert. L'une des trois femmes qu'il avait était grecque-
» schismatique, une autre était turque, et servit d'instrument
» à la miséricorde de Dieu, pour tirer son mari de l'apostasie,
» le remettre au giron de l'Eglise, et me délivrer de mon
» esclavage. »

Nous ne savons pas tout ce que Vincent montra de foi, de courage et de résignation. Sa modestie nous a laissé ignorer certains détails où, bien sûr, on l'eût retrouvé lui-même avec tout ce qu'il avait de mansuétude et de charité.

Il devait, lui aussi, sentir les nobles instincts qui nous rappellent à la patrie; et pourtant il ne dit rien des amertumes de la terre étrangère, pour une ame surtout que Dieu avait faite si tendre! Les humiliants et pénibles labeurs de la servitude, il n'en parle pas. Que de souffrances on devine cependant! Demeurer des journées entières, courbé sur un sol brûlant qu'il faut creuser, exposé encore à toutes les ardeurs d'un soleil d'Afrique; n'avoir que le morceau de pain, le breuvage et le court repos de l'esclave; quel supplice! Comme les blasphèmes du renégat devaient aussi faire mal à ce prêtre qui aimait Dieu de tant d'amour!..

Mais si Vincent de Paul souffrait sans se plaindre, son zèle ne restait point emprisonné dans son ame; il cherchait toujours à servir la cause de Jésus-Christ, là où Jésus-Christ était renié. Ce ne fut pas sans succès.

Une des femmes de l'apostat ne put voir en lui une douceur si persévérante, au milieu de tant de maux, sans se sentir éprise du désir d'avoir le secret de tant de vertu! Elle venait quelquefois trouver l'esclave chrétien au milieu de ses rudes travaux et se plaisait à l'interroger sur sa religion. Un jour, elle lui demanda de chanter devant elle les louanges de son Dieu. Vincent se souvint alors des enfants de la captivité, couchés sur les rives de l'Euphrate, et se prit, pauvre exilé comme eux, à chanter en pleurant le magnifique psaume *Super flumina Babylonis*. Il chanta ensuite le *Salve, Regina*. Il y eut dans sa voix je ne sais quoi d'attendrissant et de suave, sur ses traits une expression si vive de douleur et d'amour, que la femme turque en fut émue jusqu'aux larmes. Laissons parler le captif.

« Elle ne manqua pas de dire le soir à son mari qu'il avait
» eu tort de quitter sa religion, qu'elle estimait extrêmement
» bonne pour un récit que je lui avait fait de notre Dieu et
» quelques louanges que j'avais chantées en sa présence ; en
» quoi elle disait avoir ressenti un tel plaisir qu'elle ne croyait
» pas que le paradis de ses pères et celui qu'elle espérait fût
» si glorieux ni accompagné de tant de joie que le conten-
» tement qu'elle avait ressenti pendant que je louais mon
» Dieu ; concluant qu'il y avait en cela quelque merveille.
» Cette femme fit tant par ses discours, que son mari me dit
» dès le lendemain, qu'il ne tenait qu'à une occasion que nous
» nous sauvassions en France, et qu'il y donnerait tel remède
» que dans peu de jours Dieu en serait loué. Ce peu de jours
» dura dix mois qu'il m'entretint en cette espérance, au bout
» desquels nous nous sauvâmes avec un petit esquif, et nous
» nous rendîmes, le 28 juin, à Aigues-Mortes, et tôt après
» en Avignon, où M. le Vice-Légat reçut publiquement le
» renégat, avec la larme à l'œil et le sanglot au cœur, à
» l'honneur de Dieu et l'édification des assistants. »

Le renégat entra au couvent des frères hospitaliers.

Cet épisode singulier de la vie de Vincent aurait toujours été ignoré, si le hasard n'eût fait tomber entre les mains la lettre dont nous avons cité quelques fragments. Vincent l'avait redemandée plus tard à l'ami qui l'avait reçue ; celui-ci ne lui en envoya qu'une copie qui fut aussitôt jetée au feu ; l'autographe qu'il sollicita encore plusieurs fois aurait eu le même sort, si l'amitié ne l'avait constamment défendu contre la modestie.

Vincent de Paul voulait cacher aux autres ces glorieuses circonstances, mais il se garda bien, lui, d'oublier ce qu'il avait vu sur les terres de l'exil. Il en avait rapporté une tendresse compatissante envers les pauvres chrétiens retenus en Barbarie, où jamais ne leur venait, pour l'ame ou pour le corps, ni secours ni consolation. Nous verrons dans la suite de cette histoire comme il s'en souvint, quand sa charité eut enfin trouvé le moyen de rejoindre ces infortunés.

Pierre Montorio, ce vice-légat que Vincent avait trouvé à Avignon, conduisit notre prêtre à Rome, et lui donna généreusement asile dans son palais.

Que Vincent se plût dans cette noble cité, rien de plus naturel. Rome est la terre des grandes choses ; la gloire n'a imprimé sur aucun autre sol de plus fortes traces. Quels grands hommes que les siens ! Quelle poussière on y foule aux pieds ! Mais comme cette majesté séculaire grandit encore, lorsqu'on évoque les souvenirs chrétiens ! Combien de pensées réveillent en vous ce colysée, ces catacombes, ces tombeaux ! Le sang des martyrs y parle encore plus éloquemment que les ruines. C'est d'ailleurs la ville éternelle depuis que le christianisme a relevé le diadème des Césars et l'a réuni à la tiare pontificale. C'est là, centre de l'unité, que viennent se rattacher à un anneau commun les deux bouts de la chaîne qui embrasse le monde catholique. Cette ville doit donc être singulièrement chère à tout homme qui vit de foi; cet homme éprouvera, en la parcourant, plus que du plaisir, il éprouvera du bonheur.

Aussi bien, Vincent s'y plaisait-il extrêmement. Il en parlait avec enthousiasme. « Je suis si consolé, écri-vait-il à quelqu'un, je suis si consolé de me voir en cette ville maîtresse de la chrétienté, où est le chef de l'Eglise militante, où sont les corps de saint Pierre et de saint Paul, de tant d'autres martyrs et de saints personnages qui ont autrefois versé leur sang et employé leur vie pour Jésus-Christ, que je m'estime heureux de marcher sur la terre où tant de grands saints ont marché, et cette consolation m'attendrit jusqu'aux larmes. »

Ces consolantes pensées le soutinrent dans les études sérieuses auxquelles l'avait arraché sa captivité, et qu'il reprit avec plus d'ardeur encore.

Sa vie de travail ne l'empêcha point de voir, de temps à autre, les nobles personnages auprès desquels l'avait introduit le vice-légat Montorio. Les belles qualités de son esprit et de son cœur percèrent sa modestie, et lui attirèrent la considération qui lui revenait de droit. Le cardinal d'Ossat dont Sixte V disait que *pour échapper à sa sagacité il ne suffisait pas de se taire, mais qu'il fallait encore s'abstenir de parler devant lui*, le distingua (1). Il trouva,

---

(1) Arnaud d'Ossat, né de parents pauvres, dans un hameau près d'Auch, en 1536, fut orphelin à neuf ans. Placé au service d'un jeune

dans ce pauvre prêtre français, tant de science et de vertus, un esprit si judicieux, une discrétion si délicate, qu'il lui donna de son estime une éclatante preuve, honorable à coup sûr pour celui qui en était l'objet. Il le chargea d'une importante mission pour Henri IV. Vincent de Paul partit de Rome vers la fin de 1608, quitta la belle Italie, et, après une absence d'environ trois ans, il revit la France où l'attendaient de grandes choses.

seigneur, il fit ses études avec lui, et le surpassa bientôt assez pour devenir son précepteur. Il fit à Bourges un cours de droit sous Cujas. Il se livra à la carrière du barreau et eut à Paris d'éclatants succès. Paul de Foix qui le protégeait étant devenu archevêque de Toulouse, puis ambassadeur à Rome, l'emmena comme secrétaire. Il lui succéda, et Henri IV dut à ses soins sa réconciliation avec le pape Clément VIII. Le cardinal d'Ossat sut allier la politique avec la probité, les dignités avec la modestie, les plus hautes fonctions avec le désintéressement. Il mourut à Rome.

CHAPITRE IV.

Vincent de Paul aumônier de la reine Marguerite. — Singulière aventure — Il entre à l'Oratoire. — Son séjour à Clichy.

1608. — 1613.

Scitis quia principes gentium potestatem habent ipsorum : non ita est in vobis ; sed quicumque voluerit in vobis primus esse, erit omnium servus. — Marc. X, 42.

Tout autre que Vincent de Paul aurait cherché à se pousser à la cour où l'avait introduit et fait connaître la mission dont il avait été chargé auprès d'Henri IV. Lui, n'y songea même pas ; et ce ne fut que plusieurs années après, qu'il reçut, à titre de récompense, l'abbaye de Saint-Léonard-de-Chaulne. Il se retira au faubourg Saint-Germain (1), décidé à

---

(1) Le faubourg Saint-Germain n'avait pas, à cette époque, la brillante physionomie qu'il offre aujourd'hui. C'était une espèce de village formé

mener une vie solitaire qui appartiendrait tout entière aux obligations sacerdotales et à quelques œuvres de charité. Tout auprès de son quartier, vivait, ne songeant plus qu'à des fondations pieuses, l'infortunée et trop tard repentante Marguerite, première épouse d'Henri IV (1). Le secrétaire de la princesse, M. Dufrêne, ne tarda pas à se lier d'amitié avec le vertueux prêtre. Vincent de Paul fut présenté par le gentilhomme à l'ex-reine de Navarre. Elle le nomma son aumônier.

On a raconté autrement l'entrée de Vincent comme aumônier à la petite cour de Saint-Germain. « Vincent de Paul
» se dévouait à servir les pauvres dans le nouvel hôpital de
» la Charité. Il instruisait les malades, les servait, les conso-
» lait du moins des maux auxquels il pouvait remédier, et les
» assistait sans relâche avec ce zèle d'un homme qui, en voyant
» souffrir ses semblables, partage leurs angoisses et sent le

de quelques rues étroites, irrégulières et boueuses, dont les maisons lourdes et enfumées étaient séparées les unes des autres par des cours, des champs, des jardins. La rue Taranne et la rue Saint-Dominique portaient le prosaïque nom de *Chemin aux Vaches*. Il n'était pas encore question des rues des Petits-Augustins, Jacob, des Saints-Pères, de l'Université, de Verneuil, de Bourbon, de Beaune et du Bac. Cet emplacement était occupé par le Pré-aux-Clercs, vaste prairie, bordée de buissons et ombragée de saules. Un canal, large de quatorze toises coupait en deux parts inégales cette vaste pelouse, et allait remplir les fossés profonds qui entouraient l'antique abbaye de Saint-Germain-des-Prés.

(1) Voici ce que Mézerai dit de cette princesse : « Vraie descendante
» des Valois, elle ne fit jamais don à personne sans s'excuser de don-
» ner si peu ; elle était le refuge des gens de lettres, elle en avait
» toujours quelques-uns à sa table, et apprit tant en leur conversa-
» tion, qu'elle parlait et écrivait mieux que femme de son temps. »
(*Hist. de France*, t. 7, éd. de 1688)

» vertueux besoin de les soulager, pour adoucir les tourments
» de son propre cœur. Ces infortunés, tous les jours attendris
» des soins paternels qu'il leur rendait, ne savaient comment
» lui exprimer leur admiration et leur reconnaissance. Le car-
» dinal de Bérulle, conduit par sa piété ou plutôt par la Provi-
» dence elle-même, va les visiter un jour. Dès qu'il paraît au
» milieu d'eux comme l'ange de la charité, de tous les lits
» de douleur s'élève un concert de bénédictions qui lui recom-
» mandent ce prêtre miséricordieux et secourable. Le car-
» dinal, saisi lui-même d'un saint respect devant cet homme
» vertueux qui s'humilie et se retire à l'écart pour se sous-
» traire à tant d'hommages imprévus, reçoit les vœux de ces
» pauvres malades, et se charge d'acquitter leur dette. Le
» lendemain, d'aumônier d'un hôpital, Vincent de Paul
» devint aumônier de la reine Marguerite (1). »

Les honneurs n'enivrent que les esprits faibles et trop
étroits; ils laissent aux grandes ames leur énergie et leur
raison. Vincent de Paul, vivant au milieu de la petite cour
que s'était faite la dernière fille des Valois, resta ce qu'il était;
il fut toujours lui-même. « Dès cette époque, a dit M. Dufrêne,
» Vincent paraissait fort humble, charitable et prudent, faisant
» du bien à chacun et n'étant à charge à personne; circonspect
» en ses paroles, écoutant paisiblement les autres, sans jamais
» les interrompre. Dès-lors, il allait soigneusement visiter, ser-
» vir et exhorter les pauvres malades. » On le voit bien;
si Vincent de Paul n'avait pas voulu prendre place parmi les
courtisans d'Henri IV, il s'empressait de se mettre au ser-

(1) MAURY. *Panégyr. de saint Vincent de Paul.*

vice de la plus noble des royautés, la royauté du malheur.

Peut-être devons-nous placer à cette époque de sa vie une singulière aventure. Nous en parlerons pour montrer par quelles épreuves Dieu se plaît quelquefois à faire passer les hommes auxquels il a donné de grandes destinées. Voici le fait.

Pendant que Vincent logeait au faubourg Saint-Germain, il partagea pour quelque temps sa maison avec un de ses compatriotes, qui occupait une place dans la magistrature d'une petite ville près de Bordeaux. Un jour que Vincent de Paul fut retenu au lit par une indisposition assez grave, le magistrat, appelé dans la cité, sortit, laissant par mégarde une somme de douze cents francs dans un meuble resté entr'ouvert. Il avait à peine fait quelques pas, qu'un jeune élève en pharmacie, appelé par ses fonctions auprès du malade, trouva la somme sous sa main. L'occasion servait à merveille sa cupidité : le prêtre dormait profondément; on ne pouvait donc voir le larcin. La tentation l'emporte sur le devoir, il enlève la somme et se retire. Qu'on juge de la surprise et de la douleur du magistrat, lorsqu'à son retour, hâté par le souvenir de son imprudence, il trouve que son argent a disparu! Le voilà donc tout hors de lui, criant, tempêtant, et disant avec toute l'énergie de la fureur :

— Je suis volé.

— Volé, Monsieur, répond Vincent que cette scène venait d'éveiller; volé? Et par qui, s'il vous plaît?

— Que sais-je, répond son compatriote, par vous peut-être?

— Par moi?

— Oui, vous avez pris ou vu prendre l'argent; la plaisanterie est mauvaise.

— En vérité, je ne sais ce que vous voulez dire, ajouta le prêtre.

— Par ma foi, dit le gascon, l'affaire est évidente; vous étiez seul ici.

— C'est vrai, la chose est étrange; mais, je vous l'assure, je ne suis ni l'auteur ni le complice de ce vol.

Cet homme violent n'était pas assez maître de lui pour céder aux paroles si douces du malade. Les apparences, après tout, étaient contre lui. Qui pouvait avoir pris cet argent?..... Aussi ses imprécations redoublent; il s'emporte avec menaces. Vincent de Paul, jugeant alors ses paroles pour le moins inutiles, se détourna et dit avec résignation : *Mon Dieu! vous savez la vérité.*

Il le faut avouer, cette accusation dut être lourde pour le pauvre prêtre. Sa réputation était compromise et gravement. Chez les Infidèles il n'avait trouvé que l'esclavage; ici, il allait trouver le mépris. Pour lui personnellement c'était peu de chose, il s'en serait consolé; mais les œuvres de zèle qu'il avait rêvées, il fallait donc qu'elles vinssent se briser contre une calomnie!

Le magistrat était trop intéressé et trop brutal pour circonscrire sa fureur dans un étroit appartement. Il divulgua partout l'aventure, et Dieu sait s'il en séparait le nom de Vincent! Il rompit ostensiblement avec lui, et le signala, devant qui voulait l'entendre, comme un infâme et un hypocrite. C'était bien assez, ce semble. Cependant il fit plus; il obtint contre lui des *lettres monitoires* (1) qui furent fulmi-

---

(1) Avertissement que l'évêque fait aux fidèles de révéler ce qu'ils savent sur certains faits spécifiés dans le monitoire, et dont il a de justes raisons d'être instruit. En France, les monitoires ne s'obtien-

nées au prétendu coupable par l'évêque de Paris (1). Il osa même venir un jour chez M. de Bérulle où il savait Vincent de Paul, et dit, en nombreuse et brillante compagnie : « M. Vincent est un voleur. » Celui-ci se contenta de répondre avec une mansuétude ineffable : « Dieu sait la vérité. »

Il était depuis six mois sous le coup de cette accusation, lorsqu'enfin justice arriva. Celui qui avait commis le vol fut arrêté à Bordeaux pour un délit de même nature. Dans la solitude du cachot il retrouva sa conscience. Ses remords crièrent : il demanda un magistrat, et ce magistrat fut précisément l'homme dont nous avons parlé. « Monsieur, lui dit le » voleur qui le reconnut, grâce ! c'est moi qui ai pris vos douze » cents livres ; le prêtre accusé est innocent. » Et aussitôt, il raconte les détails de l'affaire ; il promet, en finissant de restituer la somme entière.

Le magistrat fut pétrifié. La dernière promesse du coupable, tout en lui faisant grand plaisir, ne le domina point tellement qu'il ne sentît aussitôt tout ce que, de sa part, il y avait eu d'imprudence et d'injustice en accusant d'un crime si bas un prêtre vertueux, son commensal et son ami... La douleur ne suffisait pas. Il écrivit tout d'abord à Vincent une lettre humble et repentante s'il en fut jamais, dans laquelle il ne s'épargnait pas les plus dures qualifications. Il terminait ainsi : « Pour l'amour de Dieu, donnez-moi

---

nent qu'en vertu d'une sentence des juges laïcs, et ils ne l'accordent que quand on ne peut pas avoir preuve autrement des faits mentionnés en une accusation. — (ALLETZ ; diction. théolog.)

(1) Ce fut seulement plus tard que le siége de Paris devint archevêché, sur la fin du règne de Louis XIII.

» quelques paroles de pardon, et donnez-les moi par écrit. Si
» vous me refusez cette grâce, je vais me mettre en route
» pour Paris, afin de me jeter à vos pieds et de vous demander
» pardon, la corde au cou. »

On connaît déjà assez Vincent pour comprendre qu'un généreux pardon lui coûta peu. Après avoir loué Dieu qui, tôt ou tard, prépare à l'innocence l'heure de la justification, il répondit au magistrat, moins pour lui parler de pardon que pour le consoler.

Les jours de Vincent s'écoulaient bien purs et bien agréables au faubourg Saint-Germain ; mais il comprit sans peine que cette vie ne pouvait aller de tous points à son ame ardente. Il se sentait entraîné malgré soi vers de grandes entreprises ; sa charge d'aumônier retenait son essor et brisait ses ailes.

Que faire? Il s'est bientôt décidé. Il dénoue peu à peu les liens qui s'étaient naturellement formés entre lui et quelques grands personnages de l'époque; il se démet de ses fonctions et de son abbaye, et va, comme un novice, se placer sous la main de M. de Bérulle (1), l'illustre fondateur de l'Oratoire,

---

(1) Pierre de Bérulle, né près de Troyes en Champagne, avait de bonne heure embrassé l'état ecclésiastique. Il se fit avantageusement connaître dans la célèbre conférence de Fontainebleau, où du Perron combattit Duplessis-Mornay, ce théologien protestant connu sous le nom de *Pape des Huguenots*. Devenu aumônier de Henri IV, il fut envoyé par ce prince en Espagne, pour amener à Paris quelques filles de sainte Thérèse. L'institut des Carmélites s'établit et se développa en France par ses soins. Peu après, il fonda la Congrégation de l'Oratoire, approuvée, en 1613, par Paul V. Cet institut donna grand nombre d'hommes illustres par la science et la vertu. Voici comme Bossuet en parle dans son éloge du P. Bourgoing, troisième général de l'Oratoire : « L'amour immense de M. de Bérulle pour l'Église lui
» inspira le dessein de former une compagnie à laquelle il n'a point voulu

« homme vraiment illustre et recommandable, a dit Bossuet, à
» la dignité duquel même la pourpre romaine n'a rien ajouté,
» tant il était déjà relevé par le mérite de sa vertu et de sa
» science. »

Là, tout entier à l'étude des volontés de Dieu sur lui, il interroge son cœur, examine ses désirs, et calcule ses espérances. Il resta deux ans à mûrir ses projets, et se mit alors à l'entière disposition de M. de Bérulle. Celui-ci cherchait depuis long-temps, pour la petite ville de Clichy, un pasteur dont le zèle pût arriver à la hauteur de tous les besoins. Vincent lui parut devoir être cet homme de courage et de charité. Un mot de sa bouche fut un ordre pour l'ex-aumônier de la cour de Saint-Germain.

Voilà donc Vincent de Paul installé dans un pauvre pres-

» donner d'autre esprit que l'esprit même de l'Eglise, ni d'autres règles
» que ses canons, ni d'autres supérieurs que ses évêques, ni d'autres
» biens que sa charité, ni d'autres vœux solennels que ceux du Baptême
» et du Sacerdoce. Là une sainte liberté fait un saint engagement;
» on obéit sans dépendre ; on gouverne sans commander ; toute l'au-
» torité est dans la douceur, et le respect s'entretient sans le secours
» de la crainte. La charité opère un si grand miracle, et sans autre
» joug qu'elle-même, elle sait non-seulement captiver, mais encore
» anéantir la volonté propre. Là, pour former de vrais prêtres, on les
» mène à la source de la vérité ; ils ont toujours en main les saints
» livres, pour en chercher sans relâche la lettre par l'étude, l'esprit par
» l'oraison, la profondeur par la retraite, l'efficace par la pratique, la
» fin par la charité à laquelle tout se termine et qui est *l'unique trésor*
» *du Christianisme, Christiani nominis thesaurus,* comme parle Tertul-
» lien. » Urbain VIII récompensa M. de Bérulle de ses services par le cardinalat. Henri IV et Louis XIII essayèrent plusieurs fois, mais en vain, de lui faire accepter un évêché. Sa dignité de cardinal ne lui fit rien changer dans son genre de vie. Simplicité, modestie, pauvreté, tempérance ; voilà quelques-unes de ses vertus. Une attaque d'apoplexie l'enleva, le 2 octobre 1629, pendant qu'il disait la messe.

bytère, auprès d'une église plus pauvre encore. La charité de quelques personnes de Paris aidant, il ne tarda point à relever les ruines de l'église, et à construire un temple plus convenable. Ce premier devoir rempli, il s'occupa plus activement encore de l'intelligence et du cœur de ses nouveaux enfants. Visiter les malades, répandre des aumônes, éteindre les haines, pacifier les familles, essuyer les larmes, porter en tout lieu la consolation et l'espérance : voilà la mesure de ses quotidiennes occupations. Dieu féconda ses sueurs, et toute la population, à son arrivée, si ignorante, si corrompue, retrouva avec une foi plus vive, toutes les vertus du chrétien. Un docteur de la faculté de Paris, religieux d'un ordre célèbre, étant venu prêcher à Clichy, rendit ce glorieux témoignage : « Je m'employais à prêcher ce bon peuple ; » mais j'avoue que je trouvai ces bonnes gens qui vivaient » universellement comme des anges ; et à vrai dire, j'apportai » la lumière au soleil. » Quel éloge de Vincent de Paul dans ces quelques mots !

CHAPITRE V.

Vincent de Paul quitte Clichy. — Il entre dans la maison de Gondy. — Sa conduite à cette époque. — Il empêche un duel. — Madame de Gondy. — Premières missions.

1613. — 1617.

Scientia sapientis tanquam inundatio abundabit, et consilium illius sicut fons vitæ permanet. — Ecclé. XXI. 16.

Les esprits superbes de ce temps, sous l'impression de je ne sais quels rêves, qui veulent pour la raison une indépendance d'aucun côté bornée, affectent de ne pouvoir comprendre, dans un homme libre, quelque chose qui ressemble tant soit peu à l'obéissance. Ils y voient une abdication de soi par trop absurde, une sorte de suicide, l'anéantissement. Pauvres malades ! Appuyer notre faiblesse sur Dieu même, dont l'autorité est passée dans celui qui nous la représente, qu'est-ce, sinon trouver pour notre ame plus de sagesse, plus de force, plus de paix ? Quel autre moyen d'arrêter les inquiétudes de l'orgueil, les égarements de la pensée, les frémissements des passions? Arracher de notre ame le principe qui la tue, je veux dire le caprice, l'amour propre, est-ce donc mourir? C'est bien plutôt la vie. L'obéissance qui s'incline devant l'autorité légitime et prudente est, croyons-le, utile, souvent nécessaire, toujours glorieuse.

C'était la maxime de Vincent de Paul. Depuis qu'il avait remis sa volonté à la volonté de M. de Bérulle, il ne savait plus qu'obéir, si pénible que lui parût parfois le sacrifice exigé. Il faisait grand bien à Clichy; il tenait à finir son œuvre; ce fut ce moment même que son supérieur choisit pour le rappeler. On était au mois de janvier 1613.

La séparation fut déchirante pour les fidèles et pour le pasteur. Vincent de Paul en parle ainsi dans une de ses lettres : « Je m'éloignai tristement de ma petite église de Clichy; mes » yeux étaient mouillés de larmes, et je bénis en sanglotant » ces hommes et ces femmes qui venaient vers moi et que » j'avais tant aimés. Mes pauvres y étaient aussi, et ceux-là » me fendaient le cœur. »

De retour auprès de M. de Bérulle, il fut mis, comme précepteur, dans l'illustre maison de Gondy. C'était une famille de Florence établie en France depuis plusieurs années. Albert de Gondy qu'on appela maréchal de Retz, ayant été placé comme camarade d'étude, par Catherine de Médicis, auprès du jeune Charles IX, obtint ensuite un avancement rapide; et, aussi habile courtisan qu'il était médiocre général, il devint maréchal de France, chevalier du Saint-Esprit, duc de Belle-Isle, gouverneur de Provence, de Nantes, de Metz, enfin, généralissime. Son fils, Emmanuel de Gondy était général des galères et chevalier des ordres du roi. C'était un homme de cœur, fort humain, largement généreux. Sa femme, Françoise-Marguerite de Silly, rehaussait l'éclat de sa naissance par une vive piété, qualité bien rare alors dans les cours. Vincent fut chargé de l'éducation des trois enfants d'Emmanuel et dont l'un, le second, fut le fameux cardinal de Retz.

L'ancien aumônier de la Reine Marguerite, rentré encore une fois dans le grand monde, ne changea rien à sa vie de l'Oratoire et de Clichy. Au milieu du luxe et du bruit de cette maison presque royale, il se fit une solitude pour retrouver toujours soi-même et Dieu. Ses appartements si vastes, si splendidement meublés ne furent pour lui qu'une petite cellule dont le calme et le silence lui allaient bien. Il en sortait rarement, encore fallait-il que ses fonctions l'appelassent au dehors.

Toutefois, il ne faut pas croire que, ainsi isolé, il laissât une seule œuvre de zèle à faire. Sa charité ne pouvait sommeiller. Les gens du comte trouvaient en lui un consolateur, un père et un guide. Nous ne pouvons entrer dans le détail de tout ce qu'il leur rendit de services ; disons seulement que dans leurs maladies il était à leur chevet, que leurs querelles disparaissaient devant sa complaisante, son adroite médiation, et que, outre les instructions chrétiennes que chaque semaine il leur faisait, il les disposait, la veille de chaque fête, à recevoir les sacrements de l'Eglise, source sacrée où l'ame se retrempe et devient plus forte pour faire face à tous les devoirs.

Son respect pour M. et Madame de Gondy allait jusqu'à la vénération : « Il savait, disait-il lui-même, retrouver en eux » Jésus-Christ et Notre-Dame. » Loin de s'immiscer de lui-même dans les affaires de leur famille, il ne paraissait jamais devant eux sans avoir été mandé. Modeste, bienveillant, discret, il parlait cependant avec indépendance, et sa conscience ne pactisa jamais avec une considération humaine. En voici un exemple :

Comme aujourd'hui, plus qu'aujourd'hui peut-être, un homme d'honneur se croyait obligé de répondre à une insulte, quelle qu'elle fût, par un coup d'épée ; le duel était de rigueur après une provocation (1). Le comte de Gondy qui prenait en homme de courage la nécessité que lui faisait son époque, avait accepté un défi. La nouvelle arriva aux oreilles de Vincent de Paul. Que faire pour prévenir ce malheur ? Doit-il montrer au général des galères tout ce qu'il y a, dans un tel combat, de contraire aux lois de l'humanité et de la religion ? Mais ce seigneur, sous le coup de l'insulte et des préjugés de son temps, reculera-t-il devant un conseil de la charité ? C'était la question que le prêtre se posait au pied de

---

(1) La fureur des duels se multiplia principalement, en France, sous le règne de François Ier ; la valeur romanesque et peu sage de ce prince en fut la cause. Ses successeurs donnèrent inutilement des édits pour arrêter cette frénésie ; le gouvernement n'était pas assez ferme pour les faire exécuter. Henri II fut si fâché de la mort de son favori Lachâtaigneraie, tué en duel par Jarnac, qu'il promit que ce serait le dernier duel autorisé ; il tint parole ; mais on trouva moyen d'éluder la loi. Sully a blâmé Henri IV de sa facilité à dispenser des peines portées contre le duel. Aussi, en 1607, un secrétaire d'état supputa qu'en dix-huit ans, quatre mille gentilshommes avaient péri par le duel. Un autre auteur rapporte qu'il y eut au moins trois cents victimes de cette manie sous la minorité de Louis XIV ; et, selon le calcul de Théophile Raynaud, dans trente ans, le duel fit périr assez de monde pour composer une armée. C'est ce qui força Louis XIV à renouveler les anciens édits ; il les sanctionna par des peines plus graves, et l'énergie de son gouvernement diminua de beaucoup le nombre des duels.

son crucifix, quand après quelques instants de trouble et de larmes, un projet lui arrive : il le mûrit dans la prière, il le réalisera.

Le matin du jour où devait se vider la querelle, M. de Gondy, selon son habitude, entendait la messe célébrée par Vincent, dans la chapelle du château. Le sacrifice achevé, il resta seul, prosterné sur son riche prie-dieu. Vincent se lève, marche droit au comte, se jette à ses pieds et lui dit : « Monseigneur, permettez-moi, s'il vous » plaît, qu'en toute humilité je vous dise un mot. Je sais » de bonne part que vous avez dessein de vous aller battre » en duel; mais je vous le dis de la part de mon Sauveur » que je vous ai montré et que vous venez d'adorer, que » si vous ne quittez ce mauvais dessein, il exercera sa justice » sur vous et sur toute votre postérité. » Après ces paroles sévères et respectueuses, il se retira. Ces paroles étaient allées au cœur du comte; elles produisirent leur effet, le duel n'eut point lieu (1).

(1) Il semble que la raison publique, au milieu des lumières modernes, aurait dû faire bonne justice de cet absurde préjugé qui déifie le meurtre. Eh! bien, non : on est encore, sur ce point, reculé de plusieurs siècles... Peut-il cependant y avoir un honneur quelconque à livrer sa réputation aux chances d'un hasard, ou à l'adresse d'un tueur de profession? Quels rapports entre un coup d'épée et le droit, entre la justice et un assassinat? — Le véritable honneur consiste-t-il à se soumettre aux préjugés ou à les braver? L'opinion des hommes est-elle d'ailleurs un poids assez fort pour contre-balancer un crime auquel concourent l'homicide et le suicide! — Tout homme de raison et de foi verra dans le duel un déshonneur véritable; il estimera toujours celui qui, non par lâcheté, mais par des idées puisées dans le sentiment de la dignité humaine et dans le devoir du chrétien, n'exposera pas inutilement sa vie et celle de son frère, conservera son sang

Vincent était depuis deux ans à peine précepteur des enfants de Gondy, que déjà l'estime et la confiance de tous lui appartenaient. Madame de Gondy voulut l'avoir pour directeur ; sa modestie s'y refusa long-temps ; mais enfin, cédant aux pressantes sollicitations de M. de Bérulle que la comtesse avait su intéresser à sa cause, il obéit.

Nous l'avons dit déjà, cette noble dame avait une piété aussi ardente que solide. Les pratiques solitaires qui restent renfermées dans un oratoire, ne lui suffisaient pas ; il fallait à son ame quelque chose de plus, les grandes œuvres de la bienfaisance chrétienne. On la voyait souvent, ange de charité, descendre de ses brillants salons, dans le misérable réduit du pauvre pour y verser d'abondantes aumônes et pour consoler. Dans la cité, son zèle était à l'étroit ; il devait souvent reculer devant les exigences du rang et de l'étiquette. Aussi lui tardait-il de retrouver la province, et celles de ses terres où elle venait chaque année avec ses enfants. Quand elle arrivait, la joie arrivait aussi dans les chaumières. C'était pour tous ses vassaux l'heure de la justice, des abondantes distributions et des bons conseils. On savait partout que ses mains étaient pleines d'or, et son cœur plein de compassion. D'ailleurs le comte servait à merveille, de son crédit et de ses richesses, les généreuses profusions de son épouse. On pense bien que Vincent développa encore ces dispositions. Il guidait la comtesse

---

pour la noble cause de la vertu ou de la patrie, réparera ses torts avec loyauté, avec noblesse, et pardonnera ceux des autres avec une charitable générosité. C'est là la vraie sagesse ; c'est la vraie gloire.

dans ses démarches et la secondait de tout son zèle et de toute sa prudence.

Dans un séjour qu'il fit sur une des terres de la famille de Gondy à Folleville, en Picardie, il fut appelé au lit de mort d'un vassal qui avait joui d'une excellente réputation. Pressé par les exhortations chaleureuses du prêtre, cet homme avoua publiquement que jusque-là sa conscience était restée sous le poids de crimes que, par honte, il n'avait jamais révélés. Cette affaire qui fit du bruit, dénonça à Vincent une plaie creusée par l'ignorance dans les campagnes. Il la sonda dans toute sa profondeur, et ce fut le principe de ses missions auprès du pauvre peuple.

Il fut décidé que Vincent de Paul emploierait toutes les ressources de sa parole pour exhorter les fidèles à redescendre dans leur conscience afin d'y retrouver les défauts de leurs confessions antérieures, et les mettre en meilleur ordre. Ses premiers discours ébranlèrent la population; de toutes parts on accourait. Bientôt il ne suffit plus à l'ouvrage; un autre prêtre devint nécessaire. Ce premier secours sembla grossir la foule; on eut recours aux Jésuites qui avaient une maison à Amiens; ils vinrent en nombre. En peu de jours la paroisse fut changée. Le bien rayonna même dans les hameaux d'alentour, et Vincent recueillit d'abondantes bénédictions de ses premiers essais.

Dès ce moment, Madame de Gondy comprit tout-à-fait combien les missions étaient nécessaires dans les campagnes. Pour réaliser le bien qu'elle concevait par ce moyen, elle voulut assurer une rente de 1,600 livres, qu'on dépenserait, de cinq ans en cinq ans, dans ses terres, en retraites et en missions. Vincent de Paul fut chargé de le proposer aux Jésuites et aux Oratoriens. Aucun de ces ordres n'accepta la proposition. On ignore quel put être le motif de ce refus. Peut-être en trouverait-on la raison dans les intrigues des laïques bénéficiers et des Protestants. De tout temps, la corruption et l'hérésie ont à peu près fait cause commune pour lutter contre les saintes réformes de l'intelligence ou du cœur. Y aurait-il de la témérité à les accuser ici des mêmes passions et des mêmes menées?.....

CHAPITRE VI.

Vincent de Paul quitte la maison de Gondy. — Efforts tentés pour le ramener.

1617.

Existimo omnia detrimentum esse propter eminentem scientiam Jesu-Christi Domini mei, propter quem omnia detrimentum feci. — Philip. III. 8.

Tout réussissait à Vincent dans la maison de Gondy ; chacune de ses entreprises réalisait, dépassait même ses espérances. D'autre part, sa vertu, de tant d'humilité et de mystère qu'il eût soin de la couvrir, éclatait de toute part autour de lui. On regardait partout le précepteur des enfants d'Emmanuel comme un saint dont les œuvres tenaient vraiment du prodige. Ce n'était plus seulement chez les gens du comte et sur toutes ses terres qu'on le respectait et qu'on l'aimait ; les témoignages de vénération et d'amour lui arrivaient de tous côtés. L'homme véritablement humble peut seul comprendre la peine de Vincent en face d'une réputation comme la sienne. Il se demanda, avec d'inquiètes angoisses, si Dieu le voulait bien au milieu de tant d'honneurs qui pourraient plus tard éveiller l'orgueil. Ainsi estimé, ainsi aimé, lui serait-il possible de marcher à son aise dans la voie d'austères vertus, depuis longues années poursuivie? Ce crédit toujours croissant ne deviendrait-il pas un obstacle aux projets de l'avenir? L'affection qu'il se sentait au cœur pour tant de personnes qui s'étudiaient à prévenir ses vœux, ne partirait-elle pas d'un principe trop humain? En un mot, cette vie si riante, si calme, ne recouvrait-elle pas des tempêtes? Ces pensées, à toute heure méditées, étaient un vrai supplice pour cette ame qui, avant tout, cherchait à voler droit à Dieu.

Ces inquiétudes prirent un caractère plus sérieux encore lorsqu'il vit Madame de Gondy, dont les scrupules dévoraient la conscience, chercher à le fixer pour toujours dans sa famille. C'était lui briser les ailes ; il n'y tint plus, et alla consulter M. de Bérulle. Ne jugeant pas à propos de lui parler des perplexités de son ame au centre de son bien-être matériel, il lui avoua qu'il se sentait impérieusement pressé par le ciel à consacrer sa vie, dans quelque province éloignée, à l'instruction et au soulagement des pauvres gens de la campagne. Et c'était vrai.

M. de Bérulle qui depuis long-temps étudiait, en silence et avec admiration, les tendances de Vincent de Paul et qui, d'un jour à l'autre, voyait en lui plus de choses extraordinaires, n'essaie plus de comprimer son essor. Il applaudit même à sa détermination et avise au moyen de la mener à bon terme. Après quelques jours de réflexions, il le nomme curé de Châtillon-les-Dombes, petite ville de la Bresse, dont le prieuré dépendait de l'Oratoire.

La proposition sourit fort à Vincent de Paul : le poste était pénible et fort loin de Paris ; il l'accepta avec une joie véritable. Pour qu'on ne se jetât point à la traverse de son départ, il confia le secret à peu de personnes, et, au mois de juillet, sous le prétexte d'un voyage indispensable, il quitta la splendide maison de Gondy.

On croit que les difficultés que rencontra Vincent de Paul dans l'éducation des enfants de Gondy ne hâtèrent pas peu sa détermination.

Il y a certaines natures sur lesquelles la piété, le dévouement, la science, même le génie ne peuvent rien. Bossuet avec toutes ses lumières, avec toutes ses vertus de saint évêque, ne parvint à faire du dauphin qu'un prince médiocre ; tandis que Fénélon, de hautain qu'était le duc de Bourgogne, d'impétueux, indomptable, inconstant, léger, fou de plaisir, fit un prince digne d'être pleuré de la France qui ne l'avait entrevu que pour le mieux regretter, un modèle de douceur, de chasteté, de modestie, de science, de toutes vertus, et qui étonna le grand roi lui-même lorsqu'il le vit porter dans les conseils une sagesse et une supériorité de jugement que ne pouvaient lui disputer ceux qui avaient vieilli dans les affaires. Personne ne peut douter du zèle, des efforts, du dévouement de Vincent de Paul qui, en matière d'éducation, avait bien fait ses preuves chez M. de Commet ; et cependant, il ne trouvait jamais sous sa main, dans Paul de Gondy, que ce caractère impétueux, dominateur, qui prit plus tard de si funestes développements. Rien ne pouvait arrêter ce torrent toujours enflé, toujours prêt à déborder, et quoique une certaine bonté de cœur ramenât quelquefois le jeune homme à des sentiments meilleurs et même à un loyal aveu de ses torts, il n'apparaissait à son maître qu'un ambitieux, un brouillon, qui vivrait de passions, et qui userait dans les intrigues de nobles facultés et une énergie qui auraient suffi à de plus glorieuses destinées. Cette lutte constante de la douceur contre la colère, de la patience contre l'insoumission désespérait Vincent de Paül, et l'emmenait à des réflexions dont la conséquence logique était toujours celle-ci : « Je ne » conviens pas à cette place : il en faut sortir. » C'est ce qu'il avait fait.

La bienséance et surtout la charité lui faisaient un devoir de ne pas laisser long-temps ignorer à la famille de Gondy et sa détermination et le lieu où il se retirait. Arrivé à Châtillon, il écrivit au comte qui se trouvait en Provence, une lettre dans laquelle, sous les termes les plus humbles, il avouait n'avoir ni assez de science ni assez d'habileté pour continuer l'éducation de ses trois enfants. On juge de la surprise et tout à la fois de la douleur du général des galères, en apprenant, par Vincent lui-même, une nouvelle qu'il n'eût pas voulu croire si elle lui était venue d'autre part. Il en informa la comtesse en toute hâte, et sa lettre n'était qu'un long éloge du noble fugitif qui s'arrachait furtivement à leur affection et à leur reconnaissance.

Le bon Abelly a soin de remarquer que cette lettre arriva à la comtesse le jour de l'Exaltation de la Croix; et il ajoute que « ce lui fut en effet une croix bien pesante et un glaive » de douleur ». Un moment elle ne put croire à cette nouvelle, puis elle s'en désola avec toute sa famille. Cependant, en femme d'action, elle ne s'en tint pas à des pleurs, après tout stériles. Pendant quelques jours, elle passa de longues heures dans son oratoire, priant avec toute la ferveur d'une ame qui désire vivement et qui souffre. Elle fit aussi prier dans les monastères de Paris. Ensuite, quand elle crut opportun d'agir, elle alla trouver M. de Bérulle. C'était adroit : elle savait depuis long-temps quelle puissance avait cet homme sur Vincent de Paul.

M. de Bérulle, toujours charitable, compatit de son mieux à la douleur de Madame de Gondy. Il lui assura que, sans sortir des voies providentielles, elle pouvait essayer de tout pour ramener son directeur. Toutefois, avec sa prudence ordinaire, il se garda bien de promettre son concours, encore moins son action directe. Il le fallait pourtant. Madame de Gondy, cette femme forte et chrétienne qui avait dit autrefois à Vincent de Paul en lui livrant ses fils : « Je souhaite bien » plus faire de ceux que Dieu m'a donnés des saints dans le » ciel que des grands seigneurs sur la terre, » Madame de Gondy, disons-nous, demandait plus que des consolations ; elle voulait des espérances. M. de Bérulle ne put tenir contre ses prières, il promit d'écrire. La comtesse, la joie au cœur, rentra chez elle, disant à qui voulait l'entendre que le supérieur de l'Oratoire était bien l'homme le plus obligeant qui fût au monde. En attendant l'effet de ses promesses, elle écrivit elle-même la lettre suivante au nouveau curé de Châtillon :

« Je n'avais pas tort de craindre de perdre votre assistance
» puisqu'en effet je l'ai perdue. L'angoisse où j'en suis m'est
» insupportable... Si ce n'était que pour un temps, je n'aurais
» pas tant de peine ; mais quand je regarde toutes les occasions
» où j'aurai besoin d'être assistée, par direction et par conseil,
» soit en la vie soit en la mort, mes douleurs se renouvellent...

» J'invoque Dieu de vous rendre à notre famille et à tant
» d'autres, vers qui vous pouvez étendre votre charité. Je vous
» en supplie encore une fois, pratiquez-la envers nous pour
» l'amour que vous portez à Notre Seigneur..... Vous voyez
» que M. le Général a le même désir que moi... Je sais que
» ma vie ne servant qu'à offenser Dieu, il n'est pas dangereux
» de la mettre en hasard ; mais mon ame doit être assistée à
» la mort... »

On s'imagine dans le monde, et quelquefois on le dit avec assez d'amertume, que la piété dessèche le cœur et le rend insensible : rien n'est plus faux cependant. Il faut vraiment n'avoir pas jeté un seul coup-d'œil sur les héros du Christianisme, pour oser tenir un semblable langage. Certes, s'il est, au contraire, quelque chose qui puisse développer en nous cette sensibilité qui semble fondre notre existence dans l'existence d'un autre, qu'il jouisse ou qu'il souffre, c'est bien la Religion, qui, étant tout amour, nous montre, dans les hommes, des frères que nous devons supporter avec indulgence et aimer avec expansion. Vincent de Paul qui avait perfectionné son ame sur la douce morale de l'Evangile, ne pouvait rester froid devant les angoisses de la comtesse de Gondy. Prenant en compassion sa détresse, il songea d'abord à faire quelques démarches pour la consoler un peu et lui montrer qu'il appréciait encore tout ce qu'autrefois on avait fait pour lui dans la noble famille. Un moment même arriva où il songea au retour ; mais ce moment fut court. Bien vite ses idées d'abnégation lui revinrent ; elles entraînèrent sa résolution du côté des plus impérieux devoirs. Il répondit donc à la comtesse par un refus respectueux, mais formel ; la conjurant avec humilité et un saint abandon, de se calmer enfin, et de mettre un terme à d'inquiets désirs, certainement excessifs, si pur qu'en fût le principe, si légitime qu'en dût être le but.

Toute autre que Madame de Gondy se serait lassée de cette opiniâtre résistance d'une volonté inflexible alors qu'il s'agissait de Dieu. Mais, persuadée que la direction donnée à son ame par Vincent de Paul était la seule vraie pour arriver au salut, elle ne se rebuta point. Ce qu'elle n'avait pu elle-même, elle le tenta par d'autres. Vincent reçut, chaque jour, des lettres pressantes qui lui venaient de Paris. Elles partaient tantôt de la main de ses jeunes élèves, tantôt du cardinal-évêque, leur oncle, tantôt de quelqu'autre personnage important de l'Eglise ou de l'Etat. De plus, M. Dufrène, cet ancien secrétaire de la reine Marguerite, et pour lequel Vincent de Paul avait toujours senti je ne sais quoi de plus tendre, l'appelait avec d'instantes prières, au nom de tous ceux qui l'avaient connu. M. de Bérulle tint aussi sa promesse; il lui écrivit une lettre touchante, dans laquelle il peignait l'affliction de toute la famille de Gondy. Cependant, accoutumé à toujours laisser dans un conseil la part de Dieu, il se garda bien de lui marquer le parti à prendre. Vincent de Paul respecta les motifs qui avaient fait parler M. de Bérulle; mais il comprit aussi sa réserve. Cette liberté que lui laissait dans le choix le supérieur de l'Oratoire, le mit à l'aise. Il refoula dans son ame, les sentiments trop humains que tant de sollicitations éveillaient; il crut que Dieu le voulait à Châtillon-les-Dombes, il y resta.

CHAPITRE VII.

Travaux de Vincent de Paul à Châtillon. — Le jeune Beynier. — Deux dames mondaines. — L'œuvre des servantes des pauvres. — Le baron de Rougemont.

1617.

Sanctificabor in iis qui appropinquant mihi, et in conspectu omnis populi glorificabor. — LÉVIT. X. 3.

Peut-être a-t-on trouvé Vincent de Paul trop austère et trop dur devant les sollicitations diverses qui lui arrivaient chaque jour de Paris. Ce jugement se réformera, à coup sûr, si l'on regarde les raisons qui le retenaient à Châtillon. Quelles étaient ces raisons? Les travaux qu'il y avait faits, les travaux qu'il voulait y faire. Il s'agissait de réformer la paroisse, et c'était chose difficile. L'hérésie y avait poussé de longues racines, le cœur des Catholiques s'était desséché dans l'indifférence, et l'ignorance la plus profonde secondait, chez tous, la plus active corruption.

Pour ramener à la foi tant d'intelligences, et tant de cœurs à la morale pratique, il fallait, à leur plus haute puissance, la charité, la discrétion, l'abnégation et la douceur. Ces vertus ne manquaient pas à Vincent, on le sait ; il les mit toutes à contribution. Ses aumônes lui ouvrirent toutes les ames ; ses simples, mais chaleureuses prédications y jetèrent les premières semences de bien, et sa prière les féconda. La foule encombra son confessionnal, à ce point qu'au bout de quelques jours il ne put suffire à l'ouvrage ; il lui fallut un aide. Le prêtre qu'il appela le seconda merveilleusement, et leur zèle trouva presque de quotidiennes récompenses dans de publiques conversions, le plus souvent inattendues ou désespérées. Le clergé, poussé, par le malheur des temps, dans une vie un peu mondaine, revint à ses austères devoirs ; le culte reprit ses majestueuses cérémonies que le temple avait désapprises, l'insensibilité envers le pauvre se convertit en une compassion vraie pour toutes les infortunes ; quarante-deux procès furent terminés, et bientôt Châtillon-les-Dombes, si justement décrié pour la dissolution de ses mœurs, devint, grâce à Vincent de Paul, une paroisse bénie où la Religion avait reconquis tous ses droits.

Vincent de Paul logeait, à Châtillon, chez un Calviniste. C'était un gentilhomme, jeune, étourdi, menant joyeuse vie, et à chaque heure entouré de tous les jeunes seigneurs, fous, comme lui, de bonne chère, d'excentricité, de plaisirs. Il avait pourtant, au milieu de ses travers, quelque chose de franc et de loyal qui prévenait singulièrement en sa faveur. Vincent aurait dû, ce semble, redouter le voisinage de Beynier ; c'était le nom du jeune homme. Il s'en garda bien, et songea même à exploiter les bonnes qualités de l'étourdi au profit de sa conversion.

On ne peut guère habiter un même hôtel sans se voir, sans converser, sans s'étudier et se connaître. Aussi bien, le gentilhomme calviniste ne pût-il refuser son respect à un prêtre que, du matin au soir, il savait tour-à-tour dans la chaumière du pauvre, au chevet du malade, dans la chaire, au pied des autels. L'amitié naquit de l'estime, et il rechercha la compagnie du locataire que le hasard lui avait donné. Dans le prêtre saint, il trouva l'homme instruit, l'homme aimable. Les rapports furent bientôt plus fréquents, plus intimes, et souvent Beynier se fit une vraie joie d'accompagner Vincent dans ses courses au milieu des campagnes.

Sur les lèvres du curé de Châtillon, le nom sacré de Dieu ne pouvait long-temps manquer de se mêler à des propos d'abord purement instructifs ou bienveillants. Les conversations devinrent ainsi peu à peu plus sérieuses ; elles arrivèrent insensiblement à n'avoir plus d'autre objet que la Religion. Enfin, Vincent de Paul parla avec tant d'adresse et tout à la fois tant d'énergie et de lucidité, que le jeune homme fut convaincu d'abord de la vérité catholique, puis persuadé. Sa conversion fit autant de bruit qu'en avait fait sa vie dissolue. En effet, il se porta avec une telle ardeur vers le bien, qu'il fit le vœu de rester toujours dans le célibat; ensuite il distribua la plus grosse partie de son bien aux pauvres, et, par un testament, consacra tout le reste en pieuses fondations.

Le neveu du gentilhomme dont nous venons de parler fut aussi ramené au sein de l'Eglise. C'est du converti lui-même qu'on tient le fait ; il est consigné dans une lettre qu'il écrivit plus tard à l'apôtre qui l'avait conduit à la vérité.

Ces deux conversions encore plus éclatantes que les autres firent du bruit ; cela était naturel. La curiosité amena les indifférents et les dissolus aux prédications de l'homme à la puissante parole. De ce nombre furent deux jeunes dames que se disputaient les salons de la haute société, et qui joignaient à beaucoup d'esprit une vie fort mondaine. Vincent de Paul parlait, le jour où elles vinrent à l'église, du respect que le chrétien doit aux temples. Son discours fut si fort de raison et de pathétique, que les deux dames partagèrent la vive impression communiquée à tout l'auditoire. Elles résolurent même de faire une visite à un pasteur qu'elles ne jugeaient pas dépourvu de talent. En femmes jeunes et belles, elles mettent dans leur toilette tout ce que la mode du temps leur fournit de plus brillant et de plus luxueux ; et, ainsi parées, elles entrent au presbytère. Tout leur étalage de parure et de coquetterie ne leur valut pas un coup-d'œil de Vincent de Paul. Elles n'obtinrent qu'une compassion profonde, éveillée en lui par tous ces frais de toilette, dont le prix pouvait donner, pendant plusieurs jours, le vêtement et le pain à grand nombre d'orphelins et d'indigents. Sa réception honnête, mais froide ; ses paroles graves, mais douces, eurent cependant un bon résultat. Les deux élégantes dames se prirent à rougir et quittèrent la maison du prêtre en silence ; c'était de bonne augure. Depuis cette heure, on ne les rencontra plus dans les joies profanes ni dans les salons dorés ; Vincent leur avait révélé d'autres lieux de plaisirs : on ne les trouva qu'à l'église ou dans la cabane du pauvre.

Un jour que Vincent de Paul montait en chaire, une de ces dames le pria de recommander à la charité du peuple une famille que, dans le cours de leurs visites, elles avaient vue sans ressource aucune. Le prêtre, s'inspirant alors de toute sa tendresse pour les pauvres, improvisa une allocution si entraînante, que pas un œil ne demeura sec dans l'auditoire. L'émotion ne fut pas fugitive; au sortir de l'église, des secours de tout genre affluèrent dans la famille signalée à la charité publique. Vincent en fut témoin, en pleura de joie et bénit ses enfants avec effusion. Mais la surabondance excessive des provisions apportées dans cette misérable chaumière, lui donna l'idée d'une œuvre régulière et permanente, destinée à faire, désormais, aux pauvres une intelligente distribution de secours.

Cette idée, il l'étudia dans la réflexion et dans la prière, et lorsqu'il la crut assez mûre, il songea à sa réalisation. Il assemble donc quelques dames dont la générosité lui est connue; il leur détaille avec enthousiasme son projet, leur communique ses plans, exige qu'elles lui donnent leur avis; puis quand tout est bien discuté, compris, il arrête les statuts de l'œuvre nouvelle. La confrérie des servantes des pauvres était fondée (1). L'archevêque de Lyon l'approuva, le 24 novembre 1617, laissant à Vincent de Paul le droit d'y ajouter et d'y retrancher à son gré.

Cette œuvre fit à Châtillon-les-Dombes un immense bien. On en put juger surtout dans une peste qui survint quelque

---

(1) Cette confrérie était organisée pour assister corporellement et spirituellement les malades pauvres. Pour avoir droit aux secours, il fallait être pauvre, malade, habitant du lieu, au moins depuis trois mois. Les incurables, hydropiques, paralytiques, estropiés, n'étaient point à la charge de la confrérie; on pouvait faire des quêtes pour eux. Les malades passants n'étaient pas non plus compris dans les pauvres à secourir; la confrérie les faisait transporter à l'hôpital voisin. Les secours distribués consistaient en pain, vin, légumes, viande, bois à chauffer. (ABELLY)

temps après. Impossible de déployer plus de dévouement que le firent les femmes délicates formées par Vincent à la charité pratique. Chacune d'elle était un ange auprès de chaque chevet.

Vincent de Paul était absorbé par ces travaux de régénération et de bienfaisance, lorsque Dieu lui donna un étrange homme à convertir. A cette époque, à quelque distance de Châtillon, vivait un seigneur savoyard, fixé en Bresse depuis qu'Henri IV avait réuni cette province à la France. Ce seigneur se nommait Balthasard de Rougemont, baron de Chandé. Brutal et cruel comme il n'en fut jamais, il ne connaissait d'autre justice que celle de son épée ; et Dieu sait combien de différends elle avait vidés, combien de fois le sang l'avait rougie ! Disons seulement qu'il tenait à honneur de passer pour le plus fameux duelliste de son temps. La réputation qu'on lui avait faite sur ce point n'était pas une flatterie ; son avantage était malheureusement trop réel. Aussi ce haut et puissant baron répandait-il l'effroi dans un vaste rayon, et quiconque se trouvait avec lui en affaire d'intérêt ou d'honneur se jugeait perdu. Cependant, tout guerroyeur qu'il était et quoiqu'un meurtre lui coûtât peu, il ne connaissait pas cette audace de nos jours qui brave le ciel par l'impiété ; le cœur n'avait pas gâté l'esprit. Chose étrange ! tout en violant les lois divines et humaines, il croyait à la justice de Dieu ; il rêvait la pénitence au milieu du crime, et ses rares remords semblaient préparer le repentir.

Il entendit parler de Vincent. Les merveilleuses choses qu'on lui en dit le préoccupèrent quelque temps. Un jour, sans mot dire à ses gens, il part et chevauche vers Châtillon-les-Dombes. Vincent de Paul prêchait à ce moment ; le baron entre à l'église, il écoute avec indifférence d'abord, puis avec attention; il penche peu à peu la tête dans l'attitude de la méditation; quelques larmes roulent dans ses yeux; il n'y tient plus, il éclate en sanglots, il est vaincu réellement. Quelques conférences particulières avec **Vincent** dissipèrent ses premiers préjugés et il tomba aux genoux du prêtre pour se confesser. Il ne s'en tint pas à cette première démarche et à ce noble aveu; il vendit sa terre de Rougemont et en employa le prix en aumônes et en utiles fondations. Le château de Chandé ne fut plus cette splendide habitation où se donnaient joyeux festins, fêtes brillantes; les grandes sales eurent une autre destination : on y recueillit grand nombre d'infirmes et de malades que le baron pansait et servait de ses mains. Cet hôpital dont il se fit ainsi l'administrateur ne suffisait pas à sa charité; il parcourait toutes ses terres pour y découvrir des malheureux, et son immense fortune s'en allait rapidement en généreuses profusions. Vincent de Paul fut obligé de le modérer : le noble seigneur aurait bientôt été pauvre lui-même. Mais il ne tenait plus à rien; il avait même brisé son épée. Laissons raconter le fait à Vincent.

« Un jour, allant en voyage, il s'examina s'il lui était resté
» ou survenu quelque attache..... Il rejette les yeux sur son
» épée. Pourquoi la portes-tu, se dit-il à lui-même? Quoi!
» quitter cette chère épée qui, après **Dieu**, t'a tiré de mille
» dangers !..... Mais aussi il peut t'arriver quelque riotte où
» tu n'auras pas la force de ne pas t'en servir, et tu offenseras
» **Dieu** de rechef. Que ferai-je donc. Un tel instrument de
» ma honte est-il encore capable de me tenir au cœur. Je ne
» trouve que cette seule épée qui m'embarrasse. Oh! je ne
» serai plus si lâche que de la porter..... Et au même

» moment, il descend de cheval, prend cette épée, la rompt
» et la met en pièces. »

Ce sacrifice était héroïque dans un homme pour qui son épée était tout ; mais aussi que de paix et de calme il lui valut !... « L'acte de détachement que je fis, en brisant cette
» chaîne de fer, qui me tenait captif, disait-il à Vincent de
» Paul, me donne une liberté si grande, que jamais plus,
» depuis ce moment-là, je n'ai eu d'affection à chose péris-
» sable. »

On ne s'étonnera point après cela que cet homme que Vincent de Paul avait si bien formé, pût tenir ce langage à un prêtre de l'Oratoire : « Oh ! mon père ! que ce titre de
» seigneur me fatigue et que ces biens me pèsent. C'est
» monsieur Vincent qui me tient en cette contrainte. Je puis
» vous assurer que s'il me laissait faire, avant qu'il fût un
» mois, le baron de Chandé ne serait plus seigneur d'une
» touffe d'herbe ; car je m'étonne qu'un chrétien, voyant le
» fils de Dieu si pauvre sur la terre, ose rien retenir en
» propre. » N'y avait-il pas là quelque chose de l'ame de Vincent ?

Quelles que fussent les fatigues de Vincent de Paul, son cœur était à l'aise au centre de tous ces travaux. Une seule chose l'inquiétait : la crainte de ne pas assez faire. Son zèle lui demandait tant de choses, et son humilité lui en laissait voir si peu d'accomplies !

CHAPITRE VIII.

Retour de Vincent de Paul à Paris. — Ses travaux dans les terres du Comte et ailleurs. — Son séjour à Mâcon. — L'ordre de la Visitation. — Il en est nommé supérieur pour la France.

1617. — 1622.

Vos scitis quomodo nihil substraxerim utilium, quominus docerem vos publice et per domos. — Act. XX. 18.

Vincent de Paul était à peine depuis un an à Châtillon, ramenant à l'Eglise les Calvinistes, réformant les Catholiques, dirigeant les associations bienfaisantes, en un mot avançant rapidement l'œuvre de Dieu, lorsqu'au mois d'octobre 1617, on vit s'arrêter à sa porte un voyageur dont l'arrivée donna un riche aliment aux commentaires de la petite ville. On sut bientôt que c'était l'intendant d'une puissante maison; mais comme Vincent n'avait jamais rien révélé de sa vie d'autrefois, on se perdait en suppositions, pour rattacher cette visite à sa position actuelle. Ce voyageur était M. Dufrène que, en désespoir de cause, on députait de Paris, avec la mission de déterminer, par toutes les insinuations possibles et par toute la puissance de l'amitié, un retour que de mille manières on avait en vain jusque-là sollicité. Qu'on juge de la surprise générale au moment où, dans Châtillon, on apprit de la bouche même de M. Dufrène, et les antécédents de Vincent de Paul et le nom de ses puissants amis comme à genoux pour le rappeler auprès d'eux. On avait bien apprécié sa modestie; mais on était loin de penser qu'elle pût aller jusqu'à ce point.

Et aussi, quel embarras pour Vincent, placé entre sa réputation qui venait de grandir tout-à-coup et les pressantes sollicitations de son ami! Vainement prétexta-t-il d'insurmontables obstacles à son retour, il se vit sur le point de céder aux fortes raisons de M. Dufrène. Mais, se repentant bien vite de cette demi-faiblesse, il part pour Lyon et va consulter le supérieur de l'Oratoire. Celui-ci ne voulut pas prendre sur lui la responsabilité de cette grave affaire, et conseilla à Vincent d'aller à Paris prendre l'avis de M. de Bérulle, et de se soumettre à sa décision. Vincent de Paul se rendit enfin à ce conseil, se réservant toutefois deux mois pour se préparer au départ. Il écrivit au comte de Gondy encore en Provence, puis à la comtesse, la nouvelle de son prochain voyage où tout se déciderait, et renvoya M. Dufrène assez content de ses négociations. Cet homme jugea sa cause gagnée.

A l'époque fixée, Vincent de Paul fut obligé de partir. Il quittait Châtillon avec regret, mais non sans espérance; car il comptait bien faire parler à Paris, pour son retour, les malades, les pauvres et les orphelins qui l'attendaient. Quand on apprit la nouvelle de son départ, on eût dit que chaque habitant perdait un père ou un ami. Tous le suivirent, riches et pauvres, les larmes aux yeux, la douleur dans l'ame, la prière sur les lèvres ; et lorsqu'il eut donné à ce peuple bien-aimé sa dernière bénédiction avec ses derniers conseils, on l'accompagna long-temps encore du regard.

On avait conçu à Châtillon une telle idée de sa sainteté, qu'après sa mort ses paroissiens ont juridiquement attesté que, dès-lors, leur voix unanime prophétisait hautement sa canonisation.

Arrivé à Paris, il essaya par tous les moyens possibles de mettre M. de Bérulle dans les intérêts de sa chère paroisse. Celui-ci examina la question sous toutes ses faces, et, malgré toutes les sollicitations de la maison de Gondy, il mit dans cet examen tout son calme et toute son impartialité. Cependant, après quelques jours d'étude et de prière au pied du crucifix, il apporta une réponse contraire aux désirs de Vincent de Paul; il lui déclara que Dieu l'appelait encore chez le comte, pour donner à son zèle un plus vaste théâtre. Cette décision fut un ordre ; le cœur du prêtre saigna sans doute, mais la résignation recouvrit la blessure.

Ce fut une vraie fête chez le comte de Gondy, lorsque le saint fugitif y remit le pied. L'absence avait été si longue pour tous et si douloureuse ! La comtesse, bien décidée à ne plus quitter un directeur qui savait si bien ce qu'il fallait à son ame timorée à l'excès, lui fit promettre de l'assister jusqu'au lit de mort.

Vincent de Paul en rentrant avait fait ses conditions. Il ne devait plus être chargé de l'éducation des jeunes fils du comte ; cette charge n'allait plus à ses grandes idées ; le cercle de ses occupations ne pouvait plus être aussi étroit. Le bien opéré à Châtillon-les-Dombes, en développant chez lui une activité plus puissante, lui avait clairement montré, malgré son humilité profonde, que Dieu demandait davantage de lui. Il ne fit pas défaut à cette vocation qu'il s'était reconnue. Il déploya sur les terres du comte l'énergie de zèle qu'on lui avait vue dans son modeste presbytère. Villepreux, Joigny, Montmirail furent tour-à-tour évangélisés. Il avait soin de devancer partout la prédication par la charité : il savait, épreuve faite, que c'était un sûr moyen d'arriver à l'esprit et au cœur. Aussi jamais entreprise ne réussit mieux. Le terrain qu'il travaillait était ingrat, il devint fécond contre toute espérance; et l'on se demanda avec surprise comment, en si peu de temps, on était parvenu à y ramener la probité, les bonnes mœurs et des vertus dont le nom même semblait inconnu.

Ce résultat, il l'avait obtenu, non pas en rêvant, à la manière des progressistes modernes, des utopies d'une réalisation impossible et qu'acceptent, parfois sans contrôle, des âmes que trompe la contrefaçon de la charité ; il y était arrivé par la vérité catholique et les vertus qui la suivent de droit. Ce succès, autre part constaté mille fois, devrait bien apprendre où gît le principe qui régénère et civilise.

Tant de besoins et tant de labeurs avaient forcé Vincent de Paul à s'adjoindre, comme auxiliaires, quelques prêtres choisis de sa main et qui pour la plupart étaient docteurs en théologie. Avec ce renfort qu'il augmentait presque tous les jours, il put étendre plus loin ses travaux apostoliques. Plus que jamais fidèle à son principe d'arriver toujours par la charité, il recommanda à ses collègues de ne mettre jamais le pied dans un hameau pour l'évangéliser, qu'auparavant ils n'y eussent établi une de ses associations pour les pauvres et pour les malades. Cette précaution prépara toujours le succès, et d'admirables réformes furent ainsi amenées dans plus de trente paroisses.

Vincent de Paul, comme pour se délasser de ses fatigues, entreprit après cela à Montmirail, d'une manière toute spéciale, la conversion des protestants. A peine leur eut-il, pendant une semaine, expliqué la vérité catholique, avec la force et tout à la fois la mansuétude qui le distinguaient, que le plus grand nombre se rendit. Parmi ceux qui restaient, il y en avait un surtout qu'on désespérait de conduire au point où les autres étaient venus. C'était un homme enflé de cette demi-science qui, au dire de Bacon, éloigne de la religion, loin d'y ramener. Vincent ne s'effraya point de son opiniâtreté systématique ; il le vainquit à force de zèle et de persévérante douceur, et le rebelle fit enfin son abjuration. Bientôt on ne trouva presque plus de protestants à Montmirail.

Vincent de Paul n'était pas tellement absorbé par ses œuvres apostoliques, qu'il ne se retournât de temps en temps sur lui-même. Malgré tous ses efforts pour l'éteindre, il sentait dans son caractère une certaine disposition à la colère qui le rendait quelquefois un peu brusque dans la conversation. Madame de Gondy s'en était aperçue et, en soupçonnant le motif dans quelque mécontentement secret qu'il pouvait avoir dans sa maison, elle le priait souvent de lui ouvrir toute son ame. Il eut de la peine à lui faire comprendre que la source n'était pas là ; mais dès ce moment il travailla à réformer cette disposition qui pouvait nuire à la cause de Dieu. « Je » m'adressai à Dieu, disait-il plus tard, et le priai instamment » de me changer cette humeur sèche et rebutante, et de me » donner un esprit doux et bénin ; et, par la grâce de Notre » Seigneur, avec quelque attention que j'ai faite à réprimer

» les bouillons de la nature, j'ai un peu perdu de mon humeur
» noire. » Il avait fait plus que cela ; il était devenu le plus
doux des hommes.

L'idée du bien était vraiment une idée fixe chez Vincent de
Paul. Dans ses courtes heures de repos, dans ses voyages, il
ne rêvait que cela. Ainsi, vers l'an 1620, il apprit, en
traversant Mâcon, que cette ville était comme inondée de
pauvres, mais de ces pauvres chez lesquels on ne rencontre
rien de ce qui ennoblit la détresse. A leurs haillons qui, après
tout, n'ont rien de dégradant du point de vue de la foi, ils
joignaient des habitudes errantes, une ignorance profonde en
matière de religion et une corruption étrange. Le crime
même leur coûtait si peu, qu'ils étaient la terreur de la
contrée.

Vincent se décida, en apôtre, à essayer quelque réforme
pour des gens que cependant il ne connaissait pas. Les
démarches lui coûtaient peu, quand il fallait atteindre un noble
but. Aussitôt il s'entend avec l'autorité ecclésiastique, en
obtient toutes sortes de concessions, et se met à l'œuvre.
Les pères de l'Oratoire le reçurent chez eux avec une cordialité franche, et leur maison devint le centre de ses opérations
charitables. Son premier soin fut de former une association
semblable à celles que déjà il avait érigées ailleurs avec tant de
succès ; mais la chose parut si extraordinaire et si difficile
que, selon son expression, *on le montrait au doigt* dans les
rues. Il en vint à bout cependant, et en peu de jours il eut à ses
ordres assez d'hommes pour assister les pauvres, et assez de
femmes pour servir les malades. Trois semaines lui suffirent
pour fonder solidement un établissement où, avec l'instruction
religieuse, près de trois cents pauvres trouvaient un asile, la

nourriture, le vêtement et des soins maternels. La mendicité était éteinte à Mâcon.

Cette œuvre achevée, Vincent voulut partir. Quand on apprit sa résolution, les indigents versèrent des larmes de regret, les riches parlèrent de reconnaissance, et les échevins de la ville lui préparèrent de grands honneurs. La chose ne fut pas assez secrète ; Vincent ne crut pas avoir mieux à faire qu'à se dérober, par la fuite, à un triomphe, bien légitime aux yeux de la population, mais trop à charge à l'humilité du prêtre ; il s'en alla de nuit, échappant ainsi au concours et à la gratitude des habitants.

Pendant qu'il servait partout la cause de Dieu selon la mesure de ses forces, on voyait paisiblement s'étendre, au sein de l'Eglise, un ordre nouveau, l'ordre de la Visitation. Le fondateur (1) était bien ce qu'il y avait alors de plus aimable au monde, un homme à la vaste intelligence, à l'âme aimante, au gracieux sourire ; un homme d'une mansuétude inépuisable et qui faisait passer, pour ainsi dire, son esprit par son cœur, François de Sales, en un mot. Il avait, vers ce

---

(1) Saint François de Sales naquit en Savoie, en 1567. Il fit ses premières études à Paris, et son cours de droit à Padoue. Il fut d'abord avocat à Chambéry, puis prévôt d'Annecy, ensuite, en 1602, évêque de Genève. Depuis 1592, jusqu'à cette année 1602, il avait converti plus de 70,000 hérétiques. On ne peut compter le nombre de ceux qu'il ramena dans le cours de son épiscopat ; le cardinal Duperron disait : « Il n'y a point d'hérétique que je ne puisse convaincre : mais il faut s'adresser à l'évêque de Genève pour les convertir. » Il fonda la congrégation de la Visitation, congrégation qui fut érigée en titre d'ordre par le pape Paul V. Il mourut à Lyon, d'une attaque d'apoplexie, le 27 décembre 1622.

temps, envoyé à Paris cette noble dame de Chantal (1) qu'on ne trouva jamais au-dessous de ses grandes et difficiles entreprises. Elle était chargée d'y fonder un monastère de l'ordre nouveau. Cette femme forte avait rencontré des obstacles d'abord, puis des persécutions. C'était au milieu de l'orage qu'elle avait placé les premières assises de sa maison ; mais, peu à peu, le calme s'était fait autour d'elle, et les parfums de vertus qu'envoyait la nouvelle solitude, déterminaient, chaque jour, des ames fatiguées ou coupables à venir y respirer à l'aise l'air pur du ciel, la paix de l'innocence ou du repentir.

Il fallait à cette sainte demeure un ange, un guide dont la prudente sollicitude protégeât toujours, appuyée sur la croix, les vierges du Seigneur. François voulait un homme de grande vertu. Il en trouva bon nombre, en grand renom de science et de piété, dans l'Université de Paris ; mais il leur manquait encore quelque chose à ses yeux. Vincent de Paul lui parut

---

(1) Jeanne-Françoise Frémiot de Chantal naquit à Dijon en 1572. Veuve à vingt-huit ans, elle se livra plus que jamais au soin des pauvres et des malades. Elle vit, en 1604, saint François de Sales, et le prit pour conseil dans ses bonnes œuvres. Le saint évêque lui communiqua son projet pour l'établissement de la Visitation. Elle le seconda puissamment. Elle fonda pendant sa vie quatre-vingt-sept monastères de cet ordre. Elle mourut, à Moulins, en 1641. — Ce sont ces deux pures existences qu'a voulu flétrir, dans ces derniers temps, un homme que son orgueil froissé n'a que rendu ridicule. Le bon sens a fait justice de ses calomnieuses insinuations. Une seule chose étonne, c'est qu'il ait osé attaquer la vie et la gloire d'hommes qui portaient des noms comme ceux-ci : François de Sales, Fénélon, Bossuet !... Comment a-t-il pu oublier, dans ses petites colères, Vincent de Paul et Mlle Legras ?

seul tout-à-fait digne de son choix. L'ange de la mansuétude avait compris l'ange de la charité.

Celui-ci ne pouvait se décider à prendre sur soi cette nouvelle charge; il ne fallut rien moins que toutes les sollicitations de Madame de Chantal, les pressantes lettres de François de Sales, l'ordre enfin de l'archevêque de Paris; encore, en acceptant, confessa-t-il qu'on lui faisait violence et que le fardeau était au-dessus de ses forces. Dans sa modestie il le croyait ainsi; mais l'avenir montra bien que le choix ne pouvait être plus heureux. Bien que, de fois à autre, il essayât de repousser cet honneur qui lui pesait, il resta chargé pendant trente-huit ans, des quatre monastères de la Visitation, en France; et toujours digne de lui-même et de celui qui l'avait distingué entre tous, comme le plus capable de le seconder. Cette confiance d'un homme comme saint François de Sales n'est pas un petit éloge de Vincent de Paul.

CHAPITRE IX.

Vincent de Paul, aumônier général des Galères de France.

1622. — 1625.

Corrigite inquietos, consolamini pusillanimes, suscipite infirmos, patientes estote ad omnes. — I. THES. V. 14.
In Devblaboro usque ad vincula, quasi malè operans; sed verbum Dei non est alligatum. — II. TIM. II. 9.

M. de Gondy, témoin des bénédictions attachées au ministère de Vincent de Paul, crut faire chose utile de livrer à son zèle un autre genre d'infortune. En qualité d'inspecteur-général de toutes les galères de France, il avait vu de ses yeux combien il y avait de désordres et d'ignorance dans ces lieux où le repentir suit si rarement le crime. Il n'y a que la religion, se disait-il, qui puisse moraliser ce peuple de grands coupables; elle seule saura trouver des consolations aussi grandes que les malheurs; essayons d'y introduire un prêtre, et que ce prêtre soit M. Vincent.

Ce qu'il s'était dit à lui-même, il le dit à Louis XIII ; et ce roi, chez qui toute œuvre dont le terme était l'honneur de la religion ou le soulagement des peuples, rencontrait un gracieux accueil, entra tout-à-fait dans les vues du comte. En conséquence, Vincent de Paul fut, par lettres patentes, nommé aumônier royal pour toutes les galères de France (1).

(1) Voici le brevet par lequel Louis XIV rappelle la nomination de Vincent, et assure la charge pour toujours aux supérieurs de Saint-Lazare :
« Aujourd'hui, 16 de janvier 1664, le roi étant à Paris, sur ce que
» le sieur duc de Richelieu, général des galères de France, a remontré
» à sa Majesté, qu'attendu le grand fruit et avantage qui a été reçu,
» tant pour la gloire de Dieu que pour l'instruction, édification et
» salut de tous ceux qui servent sur lesdites galères, par l'excellent
» choix qui a été fait ci-devant de messire Vincent de Paul, supérieur
» général de la Congrégation des prêtres de la Mission, pour la charge
» d'aumônier réal desdites galères, dont il aurait été pourvu par
» brevet, avec supériorité sur tous les autres aumôniers desdites
» galères ; et attendu aussi qu'à cause de ses grandes occupations,
» tant auprès du roi et de la reine régente, sa mère, qui l'appellent
» souvent à leur conseil, il est impossible qu'il puisse toujours être à
» Marseille, il serait besoin de lui donner pouvoir de commettre en
» son absence le supérieur des prêtres de la Mission établis à Mar-
» seille, et d'affecter cette charge pour toujours au supérieur général
» de la Mission présent et à venir ; sadite Majesté, ayant agréable la pro-
» position dudit sieur général des galères, de l'avis de la reine régente,
» sa mère, a confirmé ledit messire Vincent de Paul en ladite charge
» d'aumônier réal des galères ; et outre ce, lui a donné pouvoir de
» destituer les aumôniers et d'en mettre d'autres en leur place ; comme
» aussi de commettre en son absence le supérieur des prêtres de la
» Mission de Marseille, pour en jouir avec pareilles fonctions, autorité,
» gages, honneurs et droits, et a affecté à toujours ladite charge d'au-
» mônier réal des galères de France, avec pareil pouvoir et autorité,
» au supérieur général de la Congrégation de la Mission, présent et à
» venir. Voulant sadite Majesté qu'en cette dite qualité, il soit couché
» et employé sur l'état des galères, en vertu des brevets qui lui en
» seront expédiés en conséquence de celui-ci que sadite Majesté a voulu
» signer de sa main, être contre-signée par moi, conseiller en son
» conseil d'Etat et secrétaire de ses commandements. — Signé Louis,
» et plus bas DE LOMÉNIE. »

Cette fois il reçut son nouveau titre avec joie et avec reconnaissance. Jusque-là, le titre d'aumônier général des galères n'avait été qu'une sinécure n'engageant à rien le titulaire ; lui, il en fit une charge sérieuse, toute de travail, toute de dévouement. Il s'y donna avec une sorte d'enthousiasme, et le pauvre peuple des galères eut, dès ce moment, dans son cœur une place aussi large que toutes les autres infortunes par lui adoptées jusqu'alors.

Il fallait visiter ses nouveaux enfants. Vincent partit pour Marseille dans le courant de l'année 1622. Arrivé dans l'antique cité phocéenne, il voulut, sans se faire connaître, examiner l'état des galères. Dieu ! quel spectacle dans ces demeures flottantes ! Le crime avait tant abruti ces pauvres natures et la souffrance les exaspérait à un tel point, que c'était un vrai repaire pour lequel nous n'avons pas de nom. Partout des blasphèmes, des paroles infâmes, des cris de désespoir. Il y avait là pour achever de flétrir tout ce qui n'est pas flétri tout-à-fait : le vol, la débauche, le meurtre, toutes les passions, toutes les fureurs. Quelle révélation pour l'aumônier général !

Il parcourait en silence, la tristesse dans l'ame, ces réduits abjects, lorsqu'il se trouva tout-à-coup en face d'un homme dont le regard n'avait rien de cette féroce expression qu'il voyait chez les autres (1). Il l'aborde, et lui adresse un mot plein de douceur. Le forçat prend courage et lui répond avec

---

(1) Une tradition populaire dit que ce forçat était un homme qui habitait, à Moulins, une maison dans le lieu où est aujourd'hui la rue des Garceaux, et qu'il avait été condamné pour avoir chassé, sans autorisation, sur les terres du seigneur.

confiance et repentir : « Hélas ! Monsieur, ajoute-t-il, ce n'est
» point pour moi que je m'inquiète et que je souffre : j'ai mérité
» mon sort, il est juste que je le subisse ! Mais ce qui m'afflige,
» ce qui me déchire, c'est la détresse dans laquelle j'ai laissé
» de pauvres créatures innocentes, ma femme et mes petits
» enfants ! Mon travail leur était nécessaire ; que vont-ils
» devenir sans moi ? » Et, ce disant, le forçat essuyait des
larmes. Une pensée traverse aussitôt l'esprit de Vincent. Il
sort sans mot dire. Bientôt il rentre : « Mon ami, dit-il au
» forçat, vous êtes libre ; j'ai obtenu le droit de prendre votre
» place et de porter votre chaîne. » La proposition fut
acceptée, et Vincent de Paul devint le frère des galériens :
« Excès prodigieux de charité, a dit quelqu'un, et qu'on a
» voulu regarder comme incroyable, qui *le serait de la part*
» *de tout autre que Vincent de Paul, et qui, de la sienne,*
» *n'a presque plus rien qui étonne* (1). »

« Au bout de quelque temps, dit Abelly, la vertu singulière
» de ce charitable libérateur ayant été reconnue dans cette
» rude épreuve, il en fut retiré. Plusieurs ont pensé, non sans
» apparence de vérité, que l'enflure de ses pieds lui était
» venue du poids et de l'incommodité de cette chaîne que l'on
» attache aux pieds des forçats; et un prêtre de sa congréga-
» tion, ayant pris de là un jour occasion de lui demander si
» ce que l'on disait de lui était véritable, qu'il s'était mis

---

(1) « On en connaît parmi nous qui ont présenté leurs mains aux
» chaînes pour en délivrer leurs frères ; d'autres qui se sont réduits
» en esclavage, et, avec le prix de leur liberté, ont acheté du pain à
» leurs frères. » (Saint Clément, pape; *Epître aux Corinthiens*.) —
On voit que le dévouement de Vincent de Paul a commencé avec
l'Église.

» autrefois en la place d'un forçat, il détourna ce discours en
» souriant, sans donner aucune réponse à sa demande (1). »

Vincent de Paul qui avait pu connaître à loisir le cynisme des galériens, essaya de les arracher à leur profonde dégradation. Il s'en approcha avec prudence et douceur, souvent l'aumône à la main. Il avait pour tous leurs maux une compassion qu'il leur manifestait par des paroles consolantes ; il usait, et largement, de son influence auprès des gardiens pour

---

(1) « La preuve de ce fait étrange dont il ne faut pas juger par notre
» police actuelle, la preuve de ce fait authentique, sans lequel vous
» verrez bientôt que tout le reste de la vie de Vincent de Paul serait
» inexplicable, cette preuve est rapportée et discutée dans le procès
» de sa canonisation. Ce n'est point dans l'enthousiasme de la jeunesse,
» c'est à sa quarantième année, que Vincent descend à ce sublime
» excès de bienfaisance et d'avilissement..... Peut-on ajouter quelque
» chose à la grandeur de cette action ? Oui, c'est le soin qu'il prit de
» la cacher à ses contemporains..... Dans un premier épanchement de
» cœur il avait confié par écrit ce secret à un ami. Il apprend dans sa
» vieillesse qu'on a conservé cette lettre. Dès ce moment il fait des
» efforts incroyables pour la recouvrer... L'homme de confiance qui
» écrivait sous sa dictée, rendit heureusement ses instances inutiles,
» en ajoutant : *Si la lettre qu'il vous demande est honorable pour lui,*
» *gardez-vous de la renvoyer; car il la brûlerait.* (MAURY. *Panégyrique*
» *de saint Vincent de Paul.*)

» Etant à Marseille, où il gardait l'incognito pour mieux connaître
» l'état des choses, il se mit à la chaîne pour en tirer un forçat qui s'y
» désespérait. L'action extraordinaire dont nous parlons était si connue
» dans la ville de Marseille, que le supérieur des prêtres de la Mission
» qui s'y établirent plus de vingt ans après, témoigne l'y avoir apprise
» de plusieurs personnes. » (COLLET. *Panégyriq. de saint Vincent.*)

Voici comment Collet, dont nous avons cité le témoignage, raconte le fait dans la vie de saint Vincent. « Il avait des raisons pour garder
» l'incognito, et peut-être que la Providence avait aussi les siennes. En
» effet, des personnes dignes de foi ont déposé que le saint prêtre
» allant de côté et d'autre, pour voir comment tout y allait, aperçut
» un forçat qui, touché plus que les autres du malheur de sa condi-
» tion, la souffrait aussi avec beaucoup plus d'impatience, et qui sur-

exiger moins de sévérité, plus d'égards, quelques privilèges. Peu à peu, ces hommes, qui avaient appris la défiance à l'école du crime et du malheur, se firent à cette robe de prêtre, à cette obséquieuse sollicitude et à cette persévérante bonté. Bientôt ils trouvèrent des charmes dans ses entretiens intéressants ; ils respectèrent leur aumônier, ils finirent par l'aimer. Alors Vincent redoubla d'égards et de prévenances ; il mêla à ses propos quelques paroles où le nom de Dieu était

» tout était inconsolable de ce que son absence réduisait à l'extrémité
» sa femme et ses enfants. Vincent fut effrayé du danger auquel était
» exposé un homme qui succombait sous le poids de sa disgrâce, et
» qui était peut-être plus malheureux que coupable. Il examina
» pendant quelques moments comment il pourrait s'y prendre pour
» adoucir la rigueur de son sort. Son imagination, toute féconde
» qu'elle était en expédients ne lui en fournit aucun qui la contentât.
» Alors, saisi et comme emporté par un mouvement de la plus ardente
» charité, il conjura l'officier qui veillait sur ce canton de trouver bon
» qu'il prît la place du forçat. Dieu permit que l'échange fut accepté,
» et Vincent fut chargé de la même chaîne que portait celui dont il
» procurait la liberté. On ajoute, et la bonne foi m'engage à avertir
» que cette dernière circonstance n'est appuyée que sur le témoignage
» d'un seul homme, on ajoute, dis-je que le saint qui apparemment
» avait bien pris ses mesures pour n'être pas reconnu, ne le fut effec-
» tivement que quelques semaines après, et qu'il ne l'eût peut-être
» pas été sitôt, si la comtesse de Joigny, étonnée de ne point rece-
» voir de ses nouvelles, n'eût fait des recherches auxquelles il était
» difficile qu'il échappât. On le découvrit enfin, et on convint que
» depuis le temps de saint Paulin qui se vendit lui-même pour rache-
» ter le fils d'une veuve, il ne s'était peut-être pas vu d'exemple d'une
» charité plus héroïque. Que penser d'une critique qui se réduit à dire :
» Cela n'est pas, parce que je ne puis concevoir que cela soit? »

Dans l'abrégé de la vie de Vincent, imprimé à Turin en 1746, on lit : « Vincent de Paul se substitua lui-même à la place d'un pauvre forçat
» sur les galères de Marseille. Les officiers qui inspectaient les galères,
» ayant admiré avec stupeur un si grand acte de charité, le mirent en
» liberté. »

Dans un autre abrégé chronologique de la même vie, par M. de la Torre,

prononcé ; il le montra recevant avec miséricorde l'homme repoussé, maudit par la société, l'appelant aussi aux joies pures du repentir et de la pénitence, plus tard à l'immortelle couronne des saints. Insensiblement les blasphèmes tombèrent, les conversations obscènes aussi. Quelques forçats firent plus. Ils comprirent que, justement frappés par les lois et exclus de la société humaine, il fallait songer à une autre législation, à une société plus parfaite. Ils ouvrirent leur

encore imprimé à Turin, on lit : « L'infirmité que souffrit Vincent de
» Paul à ses jambes enflées et ouvertes pendant quarante-cinq ans, pro-
» vint de la chaîne dont il fut chargé sur les galères de Marseille, où
» il se mit volontairement à la place d'un forçat. »

Voici quelques extraits du procès de canonisation. Ces passages sont tirés des actes admis à la Congrégation des rites, avec l'approbation du Promoteur de la foi, Prosper Lambertini, et adoptés dans le rapport officiel du cardinal de Polignac, rapporteur de la cause : « *Se ipsum libere*
» *triremium vinculis et servituti subjecit ut cuidam misero ad triremes*
» *damnato libertatem procuraret, talique modo restitueret matri, uxori et*
» *filiis pauperibus.* »

« Treizième témoin, M. René Thieulin, prêtre de la Mission, âgé de
» 76 ans, répond à la 45ᵉ question qu'il se trouve obligé de déposer
» en particulier qu'il a entendu dire à M. Bergnière, trésorier de France,
» demeurant à Caen, personnage d'une très grande réputation de sain-
» teté, que Vincent de Paul se mit à la place d'un forçat, sur les galè-
» res de Marseille, pour lui procurer sa liberté. »

« Nicolas Chapron, de l'ordre de la Merci, âgé de 84 ans, lequel
» avait vécu avec Vincent de Paul, répondant à la question 14ᵉ, dépose
» que, durant son séjour à Saint-Lazare, il avait toujours entendu dire
» aux frères de la maison que l'ulcère dont Vincent de Paul avait été
» incommodé aux jambes pendant quarante ans, provenait uniquement
» du poids des chaînes qu'il avait portées sur les galères de Marseille,
» lorsqu'il s'y mit volontairement à la place d'un forçat. »

Nous pourrions citer beaucoup d'autres témoignages rapportés dans la pièce que nous venons d'indiquer. C'est plus qu'il n'en faut pour montrer de quelle légèreté a fait preuve un auteur qui, dans ces derniers temps, a mis ce trait au nombre des faits apocryphes.

cœur à l'apôtre qui était parvenu à y faire entrer l'espérance, ils lui racontèrent leurs crimes, ils furent convertis. Chose admirable! le bien gagna de proche en proche; chaque jour de nouvelles conversions venaient consoler Vincent de Paul. Enfin, il vit le plus grand nombre de ceux qu'il ne craignait pas d'appeler ses frères, il les vit revenir à une religion jusque-là méconnue ou haïe. Ce triomphe lui était dû; il l'avait payé assez cher.

Il sentit si bien que, après Dieu, il devait ses succès à la patience et à la douceur, qu'il disait plus tard à l'un de ses prêtres : « Si Dieu a donné quelques bénédictions à mes pre-
» mières missions, on a remarqué que c'est pour avoir agi
» amiablement envers toutes sortes de personnes. Les forçats
» même avec lesquels j'ai demeuré, ne se gagnent pas autre-
» ment; et lorsqu'il m'est arrivé de leur parler sèchement, j'ai
» tout gâté, et au contraire, lorsque je les ai loués de leur rési-
» gnation, que je les ai plaints en leurs souffrances, que j'ai
» baisé leurs chaînes, compâti à leurs douleurs et témoigné
» affliction pour leurs disgrâces, c'est alors qu'ils m'ont
» écouté, qu'ils ont donné gloire à Dieu. Notre Seigneur
» Jésus-Christ est la suavité éternelle des hommes et des
» anges, et c'est par cette même vertu que nous devons faire
» en sorte d'aller à lui en y conduisant les autres. »

De retour à Paris, Vincent voulut amener la réforme partout où sa charge lui donnait inspection et autorité. C'était l'usage alors de retenir dans les humides cachots de la Conciergerie (1) les pauvres condamnés, jusqu'à ce que, assez

---

(1) Il n'y a que la prison du Palais de Paris qui soit appelée Conciergerie; et c'est par accident que cette geôle porte ce nom, qui lui

nombreux pour former ce qu'on nomme la chaîne, ils fussent dirigés sur le point où travaillait la chiourme. Vincent de Paul pénétra dans cette demeure, et son cœur se serra à la vue de tout ce que les prisonniers souffraient pour l'ame et pour le corps (1). Il va trouver M. de Gondy en toute hâte, lui fait une vive peinture du spectacle qu'il a eu sous les yeux, et le prie avec larmes d'apporter quelque soulagement au sort

fut donné, parce que c'était autrefois une partie des Palais de nos rois où demeurait le concierge. Ce nom ne doit point être étendu aux autres geôles ou prisons dans un palais. — (*Dict. de* Trévoux, *vol. suppl.*)

(1) La société se venge toujours sur le coupable qu'elle punit, et la pensée de la rédemption n'entre pour rien dans les châtiments qu'elle inflige pour punir l'homme de son crime ; et le malheureux coupable perd à la fois l'espérance et les moyens d'expier son crime par le repentir, et de satisfaire à la justice de Dieu et à celle des hommes... N'entrez point dans le lieu où l'homme envoie les coupables qu'il condamne, de peur que votre cœur ne prenne en haine la justice humaine, et qu'il ne s'aigrisse contre la société. Là, jamais une pensée d'espérance n'est montée de l'ame du coupable ; jamais une prière n'a été trouver le cœur de Dieu et n'a parlé à sa miséricorde... Là, habitent la vengeance, la haine, le crime et le désespoir ; là, est l'école de tous les crimes et l'apprentissage de tous les forfaits. Là, l'enfant qu'ont corrompu de bonne heure les mauvais exemples, est confondu avec l'homme qui a vieilli dans le crime, et livré au souffle contagieux de son ame, afin d'en apprendre tous les secrets de l'enfer, et de rapporter dans le monde, après le temps de sa peine, l'expérience, l'habitude et le besoin du crime, le dégoût, la haine et le mépris du bien... C'est de là que sort chaque année une génération dont le cœur et la pensée vivent dans le crime, dont les mains aiment le sang, et dont la présence effraie nos villes et ôte à nos nuits leur sécurité. La mort du coupable ne serait jamais nécessaire, si la peine que nous infligeons à son crime pouvait être pour lui une expiation et un remède... Notre système pénitentiaire est barbare, parce que nous ne comprenons point la pénitence et que nous n'avons point l'amour du coupable ; il n'y a que l'amour du Juste qui mourut sur la croix pour le coupable qui puisse donner l'amour du coupable pour lequel il est mort... — (Charles Sainte-Foi. *Le livre des peuples et des rois ;* chap. 36.)

de ces pauvres gens que le remords doit rendre assez malheureux. Le général des Galères convint sans peine qu'il était besoin de réforme à la Conciergerie et dans les autres prisons de l'Etat. « Je vous en charge, M. Vincent, ajouta-t-il ; c'est » votre affaire maintenant. Vous en viendrez à bout, j'en suis » sûr ; vous pouvez d'ailleurs compter sur mon crédit et sur » ma bonne volonté ; agissez comme bon vous semblera. »

C'était tout ce que voulait Vincent de Paul. Le voilà aussitôt à l'œuvre. Il loue, dans le faubourg Saint-Honoré, un vaste hôtel, le fait disposer en toute hâte, et parvient, à force de travail, à pouvoir y loger, dans cette même année 1622, tous les criminels dont il s'était fait l'avocat et le père. Chaque jour, il visitait cette demeure où son cœur l'appelait de préférence. Il y distribuait, avec l'aumône, de consolantes paroles, portant des remèdes pour les douleurs physiques et morales, et montrant à tous, dans la religion d'un Dieu pauvre, des joies que leur refusait le monde d'où, pour la plupart, ils étaient à tout jamais bannis. Il descendit même, pour ses chers criminels, aux plus basses fonctions : il pansait leurs blessures de ses mains sacerdotales. Rien ne l'arrêtait dans la manifestation de cette sorte d'amour, et plusieurs fois on l'a vu, au temps de la contagion, s'enfermer avec eux dans cet asile où, pour ainsi parler, à chaque instant il aspirait la mort.

Tant de dévouement porta ses fruits. Plusieurs d'entre ces hommes, sur qui pourtant la vérité et la vertu ont d'ordinaire si peu de prise, placèrent leur conscience entre ses mains, se prêtèrent à l'instruction religieuse et participèrent ensuite, avec une grande ferveur, aux sacrements de l'Eglise. Il parvint ainsi à moraliser une portion de son peuple bien-aimé ; et, si les autres ne se rendirent point à ses vœux, au moins n'osèrent-ils plus faire entendre de blasphèmes et d'impures paroles dans un asile où, au nom de Dieu et de sa religion, un prêtre leur faisait le plus de bien possible, et les aimait en frère généreux et indulgent.

On parle bien, à notre époque, de systèmes pénitentiaires; on songe à faire, des prisons si dégoûtantes de corruption, un asile où le criminel puisse retrouver quelque chose de cette moralité qu'il a perdue dans le crime; on y travaille quelque peu; mais je ne sais si l'on pense à chercher des inspirations et des chances de succès dans la religion qui a fait Vincent de Paul..... Qu'on introduise cette religion qui a du baume pour toutes les plaies, des espérances pour toutes les douleurs, un pardon pour tous les crimes, un mot d'amour pour tous les enfants du même Dieu; qu'on l'introduise dans nos bagnes et dans nos prisons d'Etat; qu'on l'y laisse un peu agir selon la mesure de sa puissante tendresse et de sa force patiente, on verra ce qu'elle peut encore sur des ames qu'on dit blasées, et qui ont soif, elles aussi, de vérité et d'amour. Vincent de Paul a réussi; Dieu merci, sa charité n'est point perdue: la source où il a puisé est toujours ouverte, elle a toujours son abondance. Qu'on la fasse déborder par quelqu'endroit sur les prisonniers, et l'on s'étonnera des résultats; la philanthropie ne les aura point prévus.

Dès que Vincent de Paul eût mis les prisons à peu près dans l'état où il les voulait, M. de Gondy vint visiter le nouvel établissement. Il en fut enchanté. Tout, selon lui, allait pour le mieux. Aussi, donna-t-il à Vincent une preuve de sa pleine satisfaction, en le priant de venir reprendre ses travaux d'autrefois auprès des galériens de Marseille, qu'on avait, à cause des guerres religieuses, depuis peu transférés à Bordeaux.

Il accepta avec joie, on s'en doute bien. Cependant, avant de partir, une pensée le préoccupa : il allait revoir sa terre natale ; fallait-il mettre le pied dans sa famille qu'il n'avait pas visitée depuis si long-temps? Ses amis le lui conseillèrent, et il se rendit à leur sentiment. Mais il en fut toujours fâché ; voici pourquoi. « Le jour que je repartis, a-t-il dit plus tard,
» j'eus tant de douleur de quitter mes pauvres parents, que je
» ne fis que pleurer tout le long du chemin, et pleurer quasi
» sans cesse. A ces larmes, succéda la pensée de les aider et
» de les mettre en meilleur état. Je le dis à ma confusion, et
» je le dis parce que Dieu permit cela pour me faire mieux
» connaître l'importance du conseil évangélique. Je fus trois
» mois dans cette passion ; c'était le point de mire continuel
» de mon pauvre esprit. Quand je me trouvai un peu libre,
» je priai Dieu qu'il eût pour agréable de me délivrer de cette
» tentation, et je l'en priai tant qu'enfin il eut pitié de moi.
» Il m'ôta ces tendresses pour mes parents, et, quoiqu'ils
» aient été depuis à l'aumône et qu'ils y soient encore, il m'a
» fait la grâce de les commettre à sa Providence. »

Que ne peuvent pas de tels hommes? Est-il étonnant que celui-là ait reçu le génie de la charité?

Arrivé à Bordeaux, il s'associa, pour remplir sa tâche, plusieurs religieux de différents ordres. Là, comme ailleurs, le succès dépassa les espérances ; la charité triompha de l'ignorance et du crime. Avant de repartir, Vincent eut le bonheur de voir se compléter presque l'œuvre de régénération qu'il avait commencé à Marseille, comme nous l'avons vu. Dieu ne pouvait manquer de bénir tant de dévouement.

CHAPITRE X.

Fondation de la compagnie de Missions. — Mort de Madame de Gondy. — Vincent en porte la nouvelle au comte. — Il quitte la maison de Gondy. — Premières missions.

1625. — 1626.

> *Messis multa, operarii autem pauci ; rogate ergò Dominum messis ut mittat operarios in messem suam.* — Luc X. 2.
> *Speculatorem dedi te domui Israel : et audies de ore meo verbum et annuntiabis eis ex me.* — Ezech. III. 17.

Il est des ames dont les obstacles ne brisent jamais la puissante énergie. La comtesse de Gondy était une de ces ames ; elle n'avait point renoncé au projet de fonder un institut qui perpétuât dans les campagnes l'œuvre des missions. Les inutiles démarches faites par elle, dans cette vue, auprès des deux ordres le plus en renom à cette époque, loin de la rebuter, avaient grandi ses désirs et enhardi ses efforts. Elle essaya de réaliser par elle-même ce qu'elle n'avait pu mener à bien par les autres. Elle comprit que ses intentions seraient parfaitement remplies, si elle parvenait à ouvrir dans Paris une maison d'où, comme d'une source commune, se répandraient dans les provinces des prêtres de foi et de dévouement. Monsieur de Gondy à qui elle fit entrevoir cette idée, y adhéra sans peine et réclama sa part dans la réalisation. Ce projet ils le communiquèrent à Jean-François de Gondy, frère du comte, premier archevêque de Paris, qui lui-même venait de succéder à son frère Henry, cardinal de Retz. Le prélat ne voulut pas seulement approuver, il promit son concours, et offrit tout d'abord de mettre à la disposition des missionnaires le collège connu sous le nom des *Bons-Enfants* (1).

Mais il fallait un homme de tête et de cœur qu'on pût charger de l'exécution de cette grande œuvre. Tous les trois ils pensèrent à Vincent de Paul. Ils le mandèrent aussitôt, et, malgré les résistances de son humilité, il fut obligé de céder aux instances et enfin à l'ordre de ces personnages qu'il estimait profondément et qu'il aimait de tout cœur. Quelques jours après, l'archevêque lui fit expédier la provision de la principauté, et, le 17 avril de l'année suivante, le contrat de fondation se passa en termes dignes de la piété de M. et de Madame de Gondy. Voici cette pièce telle qu'elle fut écrite :

« Les contractants déclarent que Dieu leur ayant donné,
» depuis quelques années, le désir de le faire honorer, tant
» en leurs terres qu'autres lieux, ils avaient considéré qu'ayant

---

(1) Ce collège, dont la fondation ne remonte guère au-delà de saint Louis, était dans le voisinage de Saint-Victor. Le médecin de Philippe-le-Hardi, Guy Renaud, lui assura quinze livres parisis de revenu sur la prévôté de Paris. Saint Louis légua, dans son testament, soixante livres à ce même collège ; et son fils, le comte d'Alençon, quarante sous d'or. (JEAN-FRANÇOIS FÉLIBIEN. *Description de quelques monuments anciens de la ville de Paris, 1706*).

» plu à sa divine majesté pourvoir aux nécessités spirituelles
» des villes par quantité de bons docteurs et d'excellents reli-
» gieux, il ne reste que le pauvre peuple de la campagne qui
» demeure comme abandonné. A quoi il leur avait semblé
» qu'on pourrait remédier par la pieuse association de quel-
» ques ecclésiastiques de doctrine, piété et capacité connues,
» qui voulussent renoncer, tant aux conditions desdites villes
» qu'à tous les bénéfices, charges et dignités de l'Eglise,
» pour, sous le bon plaisir des prélats, s'appliquer entière-
» ment au salut dudit pauvre peuple, allant de village en
» village, aux dépens de leur bourse commune, prêcher,
» instruire, exhorter ces pauvres gens...

» Et pour y parvenir, lesdits seigneur et dame, en reconnais-
» sance des biens et grâces qu'ils ont reçus et reçoivent tous
» les jours de la susdite majesté divine, ont donné et aumôné
» la somme de 40,000 livres, qu'ils ont délivrée comptant
» ès-mains de M. Vincent de Paul, prêtre du diocèse d'Acqs,
» aux clauses et conditions suivantes ; à savoir que lesdits sei-
» gneur et dame ont remis et remettent au pouvoir dudit sieur
» de Paul, d'élire et choisir dans un an tel nombre de per-
» sonnes ecclésiastiques que le revenu de la présente fonda-
» tion pourra porter, dont la doctrine, piété, bonnes mœurs
» et intégrité de vie lui soient connues, pour travailler audit
» œuvre, sous sa direction sa vie durant ; ce que lesdits sei-
» gneur et dame entendent et veulent expressément, tant pour
» la confiance qu'ils ont en sa conduite que pour l'expérience
» qu'il s'est acquise au fait desdites missions ès-quelles Dieu
» lui a donné grande bénédiction ; que lesdits ecclésiastiques
» et autres qui désireront, à présent et à l'avenir, s'adonner à
» ce saint œuvre, s'appliqueront entièrement aux soins du-

» dit pauvre peuple de la campagne, et, à cet effet, s'oblige-
» ront de ne prêcher ni administrer aucun sacrement ès-villes
» ès-quelles il y aura archevêché, évêché, présidial, sinon en
» cas de notable nécessité ; que lesdits ecclésiastiques vivront
» en commun sous l'obéissance dudit sieur de Paul, et de
» leurs supérieurs à l'avenir après son décès, sous le nom de
» *Compagnie* ou *Congrégation des prêtres de la mis-*
» *sion ;* qu'ils seront tenus d'aller, de cinq ans en cinq ans,
» par toutes les terres desdits seigneur et dame, pour y prê-
» cher, confesser et faire toutes les bonnes œuvres susdites ;
» enfin que lesdits seigneur et dame demeureront conjointe-
» ment fondateurs de l'œuvre, et comme tels eux et leurs
» hoirs et successeurs descendants de leur famille jouiront à
» perpétuité des droits et prérogatives concédés et accordés
» aux patrons par les saints canons, excepté au droit de nom-
» mer aux charges, auquel ils ont renoncé. »

Il semble que Dieu ait voulu couronner par cette bonne œuvre toutes les vertus de la vie, pourtant si courte, de la comtesse. Deux mois s'étaient écoulés depuis la signature de l'acte de fondation, lorsque madame de Gondy fut atteinte d'un mal qui devait la conduire au tombeau. Bien qu'elle eût à peine quarante-cinq ans, sa vie, si pure et si bienfaisante, épuisée déjà par ses premières maladies et aussi par les fatigues de son zèle, s'en alla vite sous l'actif travail de la fièvre. Sa belle ame, après quelques jours des plus rudes souffrances, prit son vol vers le sein de Dieu, le 23 juin 1625.

Abelly regrette que la vie de cette femme de courage et de dévouement n'ait pas été écrite. Il a raison. La vie de telles personnes tout abîmées dans les œuvres du dévouement, appartient aux générations futures ; c'est un patrimoine de vertus qui leur revient de droit. L'exemple qu'on y trouve laisse dans l'ame je ne sais quoi de suave et de consolant qui relève ou soutient le courage et réconcilie avec les hommes. Nous devons croire que si Vincent de Paul n'a rien écrit sur madame de Gondy, c'est qu'il a craint de s'y faire voir comme l'ange de ses conseils, le foyer de sa charité et l'ame de toutes ses actions. L'humilité du saint a protégé l'histoire de la noble dame contre les éloges de notre admiration.

Lorsque les dépouilles mortelles de la comtesse eurent été déposées, ainsi qu'elle l'avait voulu, dans un couvent de Carmélites, à Paris, ce fut à Vincent que revint le triste privilége de porter la nouvelle à M. de Gondy, depuis deux mois en Provence.

En homme accoutumé à ménager toutes les douleurs, il ne dit rien en arrivant qui pût faire entrevoir au général des galères le malheur qui pesait sur sa famille. Seulement, après quelques paroles échangées dans une première visite, il ajouta :

— Il faut convenir, Monseigneur, que Dieu vous a magnifiquement traité en cette vie.

— Oui, répartit le comte, il y aurait de l'ingratitude à me plaindre de lui.

— Sans doute, continua Vincent de Paul. Que n'a-t-il pas fait pour tous les vôtres, pour vous surtout, en vous donnant comme épouse un ange que les pauvres et les malheureux bénissent ?

— J'en conviens, monsieur Vincent; aussi je vous proteste de ma reconnaissance.

— Cette reconnaissance, Monseigneur, se doit manifester, moins dans les paroles que dans une soumission aveugle à sa volonté divine.

— Je le crois, monsieur Vincent ; mais où voulez-vous en venir ? Cette conversation m'agite étrangement ; quelle nouvelle m'apportez-vous ?

Vincent de Paul garda le silence ; mais le comte vit tomber une larme des yeux du prêtre. Cette larme lui dit toute la sombre vérité.

Sa douleur eut d'abord tous les caractères du désespoir. Vincent laissa passer les premiers mouvements de la nature ; puis, avec cette adresse admirable qu'on lui a toujours vue lorsqu'il s'est agi d'essuyer des pleurs, il porta la main sur la plaie, la ferma peu à peu, et parvint, à force de douces et tendres paroles, à endormir la douleur dans la résignation.

Avant de rendre le dernier soupir, madame de Gondy avait arraché de Vincent de Paul la promesse de ne point quitter le général ni ses enfants. Dans son testament, elle conjurait son époux de le retenir dans la famille, et ordonnait aux jeunes seigneurs de Gondy de ne s'en séparer jamais. Vincent parvint toutefois à dénouer doucement ces liens sacrés. Il disposa peu à peu le comte à lui laisser prendre un asile qui allât mieux à sa vie d'apôtre et qui lui permît d'être tout entier à ses diverses entreprises. M. de Gondy, en retenant chez lui Vincent qui chaque jour l'obsédait de nouvelles sollicitations, aurait cru réellement sortir des voies providentielles. Il consentit donc à son départ, et le prêtre entra enfin au collège des Bons-Enfants, avec l'abbé Portail, cet homme ardent qu'il s'était depuis quinze ans associé, et qu'il avait placé jusque-là comme aumônier dans la maison préparée pour les galériens.

Ces deux hommes avaient été, d'abord, tout le personnel

de la congrégation. Mais Vincent avait foi en Dieu, et Dieu développa ce petit germe déposé dans son Eglise ; un autre prêtre vint se joindre aux deux missionnaires, et Vincent de Paul crut qu'on pouvait commencer des missions dans les campagnes. C'était beau de les voir tous les trois, après avoir confié à quelque voisin obligeant la clé de leur pauvre demeure où ils n'avaient pas le moyen d'entretenir un concierge, c'était beau, disons-nous, de les voir partir sans inquiétude, comme les premiers missionnaires envoyés par Jésus-Christ, et aller de village en village, prêchant à tous la pénitence et le royaume des cieux. Rien de prétentieux dans leurs paroles ; toujours la simplicité de l'Evangile, la charité, la douceur. Mais cette semence, si chétive qu'elle parût, portait ses fruits. Plus d'une fois les trois prêtres rentrèrent dans leur maison, le cœur plein de joie et de reconnaissance : Dieu avait fécondé leurs sueurs.

La petite congrégation, ainsi que l'appela toujours Vincent, alors même qu'elle couvrit la France, la petite congrégation n'eut pas long-temps un personnel si limité. A de courts intervalles, lui arrivèrent des prêtres avides de travail et de perfection (1). Le nombre s'éleva bientôt à dix. L'archevêque de Paris crut alors l'occasion favorable pour donner son approbation publique à l'institut ; il la donna le 24 avril 1626. L'année d'après, malgré les guerres dans lesquelles il se trou-

---

(1) Voici le nom des premiers prêtres qui vinrent se réunir à Vincent et à ses deux confrères ; aucun nom ne doit être perdu, quand il s'agit de l'origine d'une société qui a rendu et rend encore tant de services au monde : François Ducoudray, Jean de Lassalle, Jean Bécu, Antoine Lucas, Jean Brunet, Jean de Horgny.

vait engagé, Louis XIII songea à la compagnie. Il confirma par ses lettres patentes l'érection de la nouvelle congrégation, avec permission de s'établir en tels lieux du royaume qui leur plairait, et d'accepter tous legs, aumônes et dons qui seraient faits.

CHAPITRE XI.

Accroissements de la Société. — Règles de conduite données par Vincent de Paul aux membres de sa Congrégation.

1626. — 1631.

> *Non sumus sicut plurimi, adulterantes verbum Dei ; sed ex sinceritate, sed sicut ex Deo, coram Deo, in Christo loquimur.* — II. Cor. II. 17.

A l'époque où nous sommes arrivé de la vie de Vincent de Paul, sa réputation, si brillante que l'eût faite son immense charité, ne s'étendait guère au-delà de Paris qui avait été le centre de ses bonnes œuvres, d'où elles rayonnaient seulement de temps en temps sur quelque coin des provinces. Nous allons le rencontrer maintenant sur un plus vaste théâtre, s'emparant du monde tout entier et l'embrassant dans les étreintes de son immense amour. Mais partout il nous apparaîtra aussi grand, aussi saint que ses entreprises; nous le trouverons toujours digne de lui-même et de sa haute vocation.

Sa compagnie grandit avec une incroyable rapidité ; le but de cette société, le nom du supérieur décidèrent un grand nombre de prêtres à y entrer. Vincent de Paul en fut ravi dans l'idée du bien (1). Il disait avec une joie sainte qui n'était que de la reconnaissance pour Dieu : « O Sauveur ! qui

(1) Les ordres religieux, dont l'influence aussi puissante qu'utile n'a pas été peut-être encore suffisamment appréciée, sont une des créations les plus admirables du Christianisme. Il faudrait écrire l'histoire de plus de quinze siècles et de toutes les nations, pour rappeler les services qu'ils ont rendus à la société. Quelques hommes, pénétrés d'un merveilleux amour pour les hommes, changèrent tout dans le monde en renonçant au monde. Ils communiquèrent à des peuples vieillis, usés, presque éteints, le souffle de vie qui était en eux ; ils les retrempèrent dans la foi, et, du fond de la corruption, ils ramenèrent à la vertu, en même temps qu'ils s'en allaient civilisant les peuples barbares, leur enseignant une doctrine sublime, et les formant tout ensemble à des mœurs pures et douces, à des habitudes d'ordre, à la pratique de l'agriculture, des métiers et des arts. Rien ne leur était étranger de ce qui pouvait servir au bien. Sans eux, où seraient aujourd'hui les sciences dont nous sommes si fiers ? Après la chute de l'empire romain, ils plantèrent la croix sur ses vastes ruines pour les sauver d'une destruction nouvelle, pour arrêter la dévastation des hommes et des temps. Recueillant avec soin les débris des connaissances antiques, ils les conservèrent au fond de leurs cloîtres pour les remettre aux âges suivants, et la maison de la prière fut aussi l'asile de la science..... Mais on s'est lassé de tant de bienfaits. Pour en rejeter, pour en briser le joug, l'ingratitude et la folie ont fait alliance contre la sagesse et la charité ; elles ont imposé silence aux siècles qui racontaient les touchantes merveilles des ordres monastiques..... Pourquoi n'ose-t-on même demander le rétablissement des ordres monastiques les plus nécessaires? Pourquoi le capucin, aimé du peuple, dont sa pauvreté le rapprochait, n'évangélise-t-il pas nos campagnes? Pourquoi le Chartreux n'obtient-il pas l'autorisation légale de rappeler par ses exemples les enfants du vice à la pénitence et à la vertu? Pourquoi n'y a-t-il de liberté que pour le mal et ce qui produit le mal?..... (*L'abbé* DE LAMENNAIS, *œuvres complètes*, t. VIII, p. 446.)

» eût jamais pensé qu'une aussi petite assemblée fût venue
» en l'état où elle est maintenant? Si l'on m'eût dit cela,
» j'aurais cru qu'on se moquait de moi. Eh! bien, appellerez-
» vous humain ce à quoi nul homme n'avait jamais pensé?
» Car ni moi, ni le pauvre M. Portail n'y pensions pas.
» Hélas! nous en étions bien éloignés! »

Mais ce n'était pas tout de grandir en nombre; il fallait assurer l'existence morale de l'œuvre. Vincent de Paul y songea. Il ne donna point, dès l'abord, de règles précises, de constitutions arrêtées : le rôle de fondateur d'ordre répugnait trop à sa modestie. Mais il chercha à mettre dans l'esprit de ses prêtres certaines vertus fondamentales qui leur servirent singulièrement à marcher dans le monde avec cette prudence, cette modestie et ce courage qui les caractérisaient. Nous en devons dire quelque chose. Les paroles sorties de la bouche d'un homme comme Vincent annoncent, par la mesure de sainteté qu'il exigeait des autres, la mesure qu'il se demandait à lui-même : ce sont des rayons qui décèlent l'ardeur du foyer.

Instruit par son expérience, il voulut avant tout que ses missionnaires s'appuyassent sur l'humilité. « Oh! que je vou-
» drais, disait-il, qu'il plût à Dieu faire la grâce à cette ché-
» tive congrégation, de se bien établir dans l'humilité, faire
» fonds et bâtir sur cette vertu, et qu'elle demeurât là comme
» en son poste et en son cadre. Ne nous trompons pas, si
» nous n'avons l'humilité, nous n'avons rien. Je ne parle pas
» seulement de l'humilité extérieure, mais je parle principa-
» lement de l'humilité de cœur et de celle qui nous porte à
» croire véritablement qu'il n'y a aucune personne sur la
» terre plus misérable que vous et moi; que la compagnie

» de la mission est la plus chétive de toutes les compagnies
» et la plus pauvre pour le nombre et la condition des sujets ;
» et être bien aise que le monde en parle ainsi..... Hélas !
» vouloir être estimé, qu'est-ce que cela, sinon vouloir être
» traité autrement que le Fils de Dieu ? C'est un orgueil
» épouvantable..... Prenons garde à cela ; prenez-y garde
» vous qui allez en mission, vous autres qui parlez en public.
» Quelquefois, et assez souvent, on voit un peuple si touché de ce
» que l'on dit ! L'on voit que chacun pleure ! Voyant cela,
» la nature se satisfait, la vanité s'engendre et se nourrit, si
» ce n'est qu'on réprime ces vaines complaisances et qu'on ne
» cherche purement que la gloire de Dieu. O mon Dieu,
» mon Dieu ! faites la grâce à cette pauvre petite compagnie
» que pas un de ses membres ne tombe dans ce malheur !
» Non, si la congrégation n'est humble et si elle n'est per-
» suadée qu'elle ne peut rien faire qui vaille, elle ne fera
» jamais grand chose. Mais lorsqu'elle sera et vivra dans
» l'esprit que je viens de dire, alors elle sera propre aux
» desseins de Dieu, parce que c'est de tels sujets que Dieu
» se sert pour opérer les grands et véritables biens. »

Le monde peut sourire en entendant poser de semblables principes, lui qui croit avoir la conscience de la dignité humaine ; on peut hausser les épaules et affecter le dédain ; mais quiconque laisse les flottantes idées d'une raison séparée de Dieu, pour s'attacher à la vraie philosophie de l'Evangile, ne comprendra pas ce mépris ; il connaît la sagesse de ces paroles et de cette doctrine que l'expérience s'est chargée de justifier.

Vincent de Paul, tout en demandant l'humilité à ses missionnaires, ne voulait pas qu'ils oubliassent le haut rang où les élevait leur vocation. « Ne sommes-nous pas bien heu-

» reux, mes frères, d'exprimer au naïf la vocation de Jésus-
» Christ? Car qui exprime mieux la manière de vie que Jésus-
» Christ a tenue sur la terre, que les missionnaires? Pensons
» qu'il nous dit intérieurement : sortez, missionnaires, allez
» où je vous envoie ; voilà de pauvres ames qui vous atten-
» dent ; leur salut dépend en partie de vos prédications. »

Il ne leur cache pas les difficultés du noble apostolat qu'ils exercent ; mais il relève leur courage par l'exemple du Christ, ce premier missionnaire qui a commencé sa tâche à Bethléem et l'a finie au Golgotha : « L'état du missionnaire est un état
» conforme aux maximes évangéliques, qui consiste à tout
» quitter et abandonner ainsi que les apôtres, pour suivre
» Jésus-Christ et pour faire à son imitation ce qui convient.
» Et cela étant ainsi, il n'y a que le diable qui puisse trouver
» à redire à cét état. Car y a-t-il rien de plus chrétien que de
» s'en aller de village en village pour aider le pauvre peuple
» à se sauver, comme vous voyez que l'on fait avec beaucoup
» de fatigues et d'incommodités. Cela n'approche-t-il pas
» de ce que notre Seigneur est venu faire ? Il n'avait pas seu-
» lement une pierre où il pût reposer sa tête, et il allait et venait
» d'un lieu à un autre, pour gagner les ames à Dieu, et enfin
» il est mort pour elles. Certes il ne pouvait mieux nous faire
» comprendre combien elles lui sont chères, ni nous persuader
» plus efficacement de ne rien épargner pour les instruire de
» sa doctrine et pour les laver dans les fontaines de son pré-
» cieux sang. »

Au reste, dans ces fatigues, qu'ont-ils à craindre? « Quelqu'un,
» disait-il, quelqu'un de ceux qui cherchent à vivre long-temps
» pourrait peut-être appréhender que le travail des mission-
» naires ne vînt à raccourcir ses jours, et pour cela tâcherait

» de s'en exempter comme d'un malheur qu'il aurait sujet de
» craindre ; mais je demanderais à celui qui aurait un tel senti-
» ment : Est-ce un malheur à ceux qui naviguent d'approcher
» du port? est-ce un malheur à celui qui voyage dans un pays
» étranger d'avancer son chemin ? Est-ce un malheur à une
» ame fidèle que d'aller voir et posséder son Dieu? Enfin,
» est-ce un malheur aux missionnaires d'aller bientôt jouir de
» la gloire? Quoi! a-t-on peur qu'une chose arrive que nous
» ne saurions assez désirer et qui n'arrive toujours que trop
» tard ? »

Toutefois il leur conseille de ne pas s'épuiser en pure perte. On reconnaît le bon père dans ces avis. « On m'a averti,
» disait-il à quelques-uns, que vous faites de trop grands
» efforts en parlant au peuple, et que cela vous affaiblit
» beaucoup. Au nom de Dieu, ménagez votre santé et modé-
» rez votre parole. »

Mais quel sera le ton de leurs prédications? Que feront-ils, obligés de parler devant des gens de tout âge et de tout rang ? Ils parleront toujours avec une simplicité évangé-lique. « Notre Seigneur bénit les discours qu'on fait en par-
» lant d'un ton commun et familier, parce qu'il a lui-même
» enseigné et prêché de la sorte, et que cette manière de
» parler étant naturelle, elle est aussi plus aisée que l'autre
» qui est forcée, et le peuple la goûte mieux et en profite
» davantage. »

Faudra-t-il pour cela négliger les hautes questions du catholicisme? le discours ne devra-t-il jamais s'élever jus-qu'aux discussions de la controverse? Non, certes. A cette époque, plus que jamais, il fallait de la science, du raisonne-ment. On ne savait guère sourire, comme aujourd'hui, de ce sourire dans lequel, au dire de La Harpe, il y a, après tout, si peu de logique; mais il y avait de rudes athlètes à combattre. Le protestantisme avait des champions par toute la France; à chaque pas les missionnaires en pouvaient rencontrer. Il était donc nécessaire d'étudier ce que, alors, on appelait *la théologie polemique* ; et Vincent de Paul le recommandait à ses prêtres. « Etudie-t-on? s'exerce-t-on sur les contro- » verses? y observez-vous l'ordre prescrit? Je vous supplie » qu'on travaille sérieusement. »

Cependant il voulait qu'on travaillât auprès des hérétiques, plutôt pour les convaincre que pour les confondre. « Il faut que j'avoue que la douceur, l'humilité et la patience, » en traitant avec ces pauvres dévoyés est comme l'ame » de ce bien. Il m'a fallu employer deux jours pour en » convertir un, deux autres ne m'ont pas coûté plus de » temps. J'ai bien voulu dire cela à ma confusion, afin » que la compagnie voie que s'il a plu à Dieu de se servir » du plus ignorant et du plus misérable de la troupe, il se » servira encore plus efficacement de chacun des autres. La » bonne vie et la bonne odeur des vertus chrétiennes mises » en pratique attirent les dévoyés au droit chemin; c'est à » quoi principalement vous devez travailler. Que si vous » désirez parler de quelque point de controverse, ne le faites » point si l'Evangile du jour ne vous y porte; et alors vous » pourrez soutenir et prouver les vérités que les hérétiques » combattent, et même répondre à leurs raisons, sans néan- » moins les nommer ni parler d'eux. »

Vincent de Paul fit aussi comprendre à ses premiers disciples que leur exemple devait être le fondement de la compagnie. « Les plantes, disait-il, ne poussent point de fruits

» plus excellents que la nature de leur tige. Nous sommes
» comme les tiges de ceux qui viendront après nous, qui
» vraisemblablement ne pousseront point leurs œuvres plus
» haut que nous. Si nous avons bien fait, ils feront bien.
» L'exemple en passera des uns aux autres. La compagnie
» est encore dans son berceau, elle ne fait que de naître ;
» ceux qui seront après nous, dans deux ou trois cents ans,
» nous regarderont comme leurs pères. Cela étant, quel
» exemple ne devons-nous point laisser à nos successeurs,
» puisque le bien qu'ils feront dépend en quelque façon de
» celui que nous pratiquerons. »

Voici maintenant ce qu'il voulait de tout prêtre demandant à entrer dans la compagnie. « Quiconque veut être admis
» dans cette compagnie doit se résoudre à vivre comme un
» pélerin sur la terre, à se faire pauvre pour Jésus-Christ, à
» changer de mœurs, à mortifier toutes ses passions, à cher-
» cher Dieu purement, à s'assujettir à chacun et à se consi-
» dérer comme le moindre de tous. Il doit se persuader qu'il
» est venu pour servir et non pour gouverner, pour souffrir
» et travailler non pour vivre dans les délices et l'oisiveté. Il
» doit savoir que l'on y est éprouvé comme l'or dans la four-
» naise et qu'on ne peut y persévérer si l'on ne veut s'humilier
» pour Dieu ; mais il peut s'assurer qu'en le faisant il aura
» un véritable contentement en ce monde et la vie éternelle
» en l'autre. »

Nous avons longuement cité Vincent de Paul ; qu'on nous le pardonne ! Il y a dans ses paroles quelque chose de si suave, qu'on ne peut résister au désir de les entendre et de les entendre encore.

CHAPITRE XII.

Établissement de la Compagnie à Saint-Lazarre. — Maison de correction. — Système pénitentiaire.

1631. — 1632.

Docebo iniquos vias tuas, et impii ad te convertentur. — Psal. L. 14.

Pendant que Vincent de Paul et sa petite congrégation songeaient avec humilité à faire le plus de bien possible, Dieu leur préparait une maison plus vaste, plus commode, plus en harmonie avec leur accroissement continuel.

Le prieuré de Saint-Lazare à Paris était, à l'époque où Vincent avait la direction du collége dit des Bons-Enfants, une seigneurie ecclésiastique où se tenait *justice haute, moyenne et basse*, comme on disait en ce temps-là (1).

---

(1) Au commencement du xiie siècle, St-Lazare n'était encore qu'une léproserie, où les lépreux avaient voix délibérative comme les frères du couvent. Les religieux de cette maison prirent, plus tard, la règle de St-Augustin. Quand, en 1536, on voulut réorganiser l'Hôtel-Dieu de Paris, St-Lazare fut une des quatre maisons d'où l'on tira les chanoines réguliers chargés de cet hôpital.

Bien que, depuis quelques années, cette abbaye eût perdu de ses richesses et de sa splendeur, elle avait toutefois conservé d'assez belles dépendances, et ses bâtiments spacieux étaient entourés de magnifiques enclos. Adrien Lebon, religieux de l'ordre des chanoines réguliers de Saint-Augustin, en était le prieur. Par suite de quelques contestations avec ses disciples, il pensa sérieusement à se démettre de ce riche bénéfice. On lui offrit en échange beaucoup d'autres abbayes où il aurait pu espérer le calme qu'il ne rencontrait plus chez lui. Mais ces démarches furent inutiles; le prieur avait d'autres projets. Il songeait à s'associer aux mérites des enfants de Vincent de Paul, et à leur offrir pour demeure son vaste et bel hôtel de Saint-Lazare. Cette pensée, il voulut la réaliser.

Accompagné du curé de Saint-Laurent à Paris, et d'un docteur en Sorbone, M. de Lestoc son ami, il se rendit un jour au collège des Bons-Enfants. Après de magnifiques éloges faits à Vincent sur sa congrégation naissante à peine et pourtant si florissante, il lui fit part du projet qui l'amenait à cette heure chez lui. Grande fut la surprise de Vincent de Paul ; elle alla jusqu'à l'épouvante.

— Eh ! quoi Monsieur, lui dit le prieur, vous tremblez ?

— C'est vrai, dit Vincent ; votre proposition m'effraie.

— Et pourquoi ?

— Parce que vous nous demandez, je crois, des choses au-dessus de nos forces.

— Comment, Monsieur, reprit M. Lebon ? Mais n'est-ce point votre intention d'étendre l'œuvre que vous avez commencée ? ne songez-vous pas à donner à votre compagnie une noble place dans le monde ?

— A Dieu ne plaise! se hâta de répondre Vincent de Paul; nous sommes de pauvres prêtres vivant dans la simplicité, sans autre dessein que de servir les pauvres gens des campagnes.

— Mais, Monsieur Vincent, rien ne gênera vos louables intentions; seulement vous serez plus au large pour une œuvre qu'il est de la gloire de Dieu de faire chaque jour grandir.

— Merci de vos offres, Monsieur le prieur; nous apprécions votre bonne volonté; elle nous réjouit autant qu'elle nous honore; mais pour accepter votre proposition, impossible! je ne veux pas *enjamber* sur les desseins de Dieu.

Ce fut peine perdue pour le prieur d'insister encore; Vincent lui ôta pour le moment toute espérance. Cependant il y avait eu dans l'accueil de celui-ci quelque chose de si gracieux et de si honnête, que M. Lebon crut devoir lui dire en sortant : Monsieur, je vous donne six mois pour faire vos réflexions; j'aime à croire que Dieu vous éclairera et que vous serez plus traitable d'ici à cette époque.

On croira peut-être que Vincent de Paul s'empressa d'aller visiter la magnifique abbaye qui lui était offerte; il n'en fut rien. Sa curiosité ne l'y mena point, et M. Lebon attendit vainement. Les six mois écoulés, le prieur, encore accompagné de M. de Lestocq, se rendit chez les prêtres de la mission. Mêmes offres, mêmes prières de sa part; de la part de Vincent même résistance, même refus.

— Je vous l'assure, dit M. Lebon, Dieu veut cet arrangement. Depuis six mois, je l'ai prié, et je n'ai jamais quitté le pied de mon crucifix sans trouver en moi une résolution plus forte encore de vous remettre entre les mains la maison de Saint-Lazare.

— Et moi, ajouta Vincent de Paul, je ne puis croire que Dieu nous veuille là. Nous ne faisons que de naître, nos prêtres sont peu nombreux encore, leur place n'est point dans la vaste abbaye ; c'est assez de notre petit collége.

— Tenez, Monsieur Vincent, se prit alors à dire M. de Lestocq, il me semble que vous allez contre les intérêts de Dieu-même. Etes-vous sûr de rencontrer plus tard une maison qui convienne aussi bien à votre institut, lequel sans doute prendra de rapides accroissements ? L'occasion est favorable; croyez-moi, ne la laissez point échapper.

— Messieurs, dit Vincent, je suis fâché de ne point me rendre à vos instantes prières, elles me couvrent de confusion; mais je ne veux point faire parler de nous. Nous craignons l'éclat; une chose semblable ne se peut réaliser sans bruit. Il nous faut, à nous pauvres prêtres, l'ombre et le silence d'une retraite obscure; en sortir, c'est exposer notre petite entreprise au grand jour, et le grand jour la tuerait.

Quelques gens voient peut-être ici de l'opiniâtreté ; ce n'est qu'une humilité profonde. Il a toujours fallu la forcer cette humilité, pour amener Vincent de Paul à quelque chose qui le mît en relief. C'est aussi sur cette assise que Dieu, le plus souvent, bâtit ses grandes œuvres.

Adrien Lebon, encore repoussé cette fois, ne se tint pas pour vaincu. Il avait l'œuvre trop à cœur pour la laisser là. Pendant quelques mois, il sollicita et fit solliciter, mais toujours sans succès. Enfin, pour la troisième fois, il se décida à voir Vincent de Paul. M. de Lestocq essaya de faire comprendre au supérieur qu'il devait renoncer ici à ses répugnances personnelles, et accepter, au moins au nom de la religion, un établissement qu'il n'avait point sollicité, et que

la Providence lui semblait offrir d'elle-même. Et comme Vincent de Paul gardait le silence, M. Lebon lui dit avec quelque vivacité : Quel homme êtes-vous donc ? De qui voulez-vous prendre l'avis ? Nommez quelqu'un d'entre vos amis que vous me permettiez de prendre pour arbitre ? J'ai le consentement de tous mes religieux, et le vôtre seul me manque ; laissez juger entre vous et moi.

Fatigué d'une si persévérante résolution, Vincent nomma enfin un docteur en Sorbonne, M. Duval, et promit de se rendre à son conseil. La chose fut décidée dans le sens du prieur de Saint-Lazare. Le supérieur des prêtres de la mission se résigna. « Jacob, écrivait M. de Lestocq, n'a pas tant
» insisté pour obtenir la bénédiction de l'ange que M. le
» prieur et moi pour obtenir un *oui* de M. Vincent. Je
» pouvais bien dire en cette occasion : *Raucæ factæ sunt*
» *fauces meæ* (1). J'eusse volontiers porté sur mes épaules
» ce père des missionnaires pour le transporter à Saint-Lazare.
» Ce ne fut point sa belle situation qui l'y attira, mais la
» seule volonté de Dieu et le bien spirituel qu'il y pouvait
» faire. »

Le premier concordat fut passé entre lui et M. Lebon, le 7 janvier 1632.

Vincent de Paul se transporta donc à Saint-Lazare, avec sa petite compagnie.

Il y était depuis quelque temps et tout y allait pour le mieux, lorsqu'un certain couvent fit valoir des prétentions sur la vaste abbaye. Pendant que l'affaire se plaidait,

---

(1) A force de crier, ma voix est devenue rauque. PSAL. LXVIII. 5.

Vincent, prosterné dans la chapelle du palais, se tenait dans une complète indifférence sur l'issue du procès. « Vous savez, écrivait-il à quelqu'un, que les religieux de
» N. nous contestent Saint-Lazare. Vous ne sauriez croire
» les devoirs de soumission que je leur ai rendus selon
» l'ordre de l'Evangile, quoique, en vérité, ils ne soient pas
» fondés en raison. Il en sera ce qu'il plaira à Notre Seigneur
» qui sait que sa bonté m'a rendu autant indifférent en
» cette occasion qu'en aucune autre affaire que j'ai jamais
» eue; aidez-moi à l'en remercier, s'il vous plaît. »

Mais l'affaire tourna bien. L'opposition fut levée par arrêt contradictoire, et la maison de Saint-Lazare, avec toutes ses dépendances, fut définitivement affectée à la compagnie de la Mission, par l'archevêque de Paris. Urbain VIII confirma ces dispositions, et Louis XIII, après le consentement des prévôts des marchands et des échevins de Paris, fit expédier de nouvelles lettres patentes qui furent enregistrées au parlement, le 17 septembre 1632.

En arrivant à Saint-Lazare, Vincent de Paul y avait trouvé quelques aliénés recueillis par la charité de M. Lebon. Il s'attacha bien vite à ces infortunés, avec une tendresse qui lui faisait dire, à l'époque du procès, que s'il venait à le perdre, il quitterait sans peine la maison seigneuriale, mais qu'il lui serait dur d'abandonner ces aliénés qu'il lui était si doux de servir. Aussi, loin de songer à renvoyer ces incommodes pensionnaires, ce fut pour lui le principe d'une touchante institution. Saint-Lazare devient, sous l'influence de cette charité si prodigue, un hospice dont la porte s'ouvrait devant les grandes maladies de l'ame, la folie et le crime déhonté. Trouvait-on une de ces natures que le vice saisit et domine

dès l'entrée dans la vie et pour qui le bien est toujours un hôte étranger, au moins incommode ; trouvait-on un de ces enfants dont les débauches et le dur caractère sont la honte et le désespoir d'une famille, on pouvait, avec l'autorisation du magistrat, conduire le coupable à Saint-Lazare ; et, dès cette heure jusqu'à sensible amendement, son existence était environnée de mystère. Nul autre que Vincent ne savait le nom du malade, nul autre ne correspondait avec la famille. Le système pénitentiaire qu'il établit chez les hommes de cette sorte, était merveilleusement organisé pour la moralisation de ces pauvres victimes du mal. « Ils y sont reçus et traités
» avec tant de douceur et tant d'ordre, disait quelqu'un, qu'ils
» y vivent presque comme des religieux, faisant ponctuelle-
» ment les exercices de piété. Et plusieurs en ont si bien
» profité, que, au sortir de là, ils se sont retirés en des
» cloîtres et ont embrassé l'état religieux. »

Ceux que Vincent employait à cette œuvre avaient la discrétion d'un ami et la tendresse d'une mère. Si les accès de fureur dans lesquels entraient parfois les détenus provoquaient de la part de ces hommes bénis une réprimande, un léger châtiment, ils rentraient bien vite avec leurs douces paroles, et, à force de charité, de consolation et d'humbles prières, ils se faisaient pardonner une conduite où perçait toujours l'amour. Au reste, c'était par l'instruction religieuse qu'on essayait de ramener vers le bien ces hommes égarés. Tandis que des frères prenaient soin du corps, les prêtres soignaient l'ame et y descendaient pour la guérir.

Vincent de Paul était l'ame de cette sage et paternelle direction ; il n'y avait que lui qui pût trouver en soi et communiquer à ses prêtres tant de sollicitude. Il leur parlait

souvent de cette charge : « Messieurs et mes frères, disait-il,
» rendons grâce à Dieu de ce qu'il applique cette communauté
» à la conduite des aliénés et des incorrigibles. Nous n'avons
» pas recherché cet emploi; il nous a été donné par la Pro-
» vidence. C'est une œuvre d'autant plus méritoire que la
» nature n'y trouve aucune satisfaction et que c'est un bien
» qui se fait en secret, et à l'endroit de personnes qui ne nous
» en savent aucun gré. Prions Dieu qu'il donne aux prêtres
» de la compagnie l'esprit de conduite pour ces sortes d'emplois
» et qu'il fortifie nos pauvres frères pour essuyer les peines et
» souffrir les travaux qu'ils ont tous les jours, autour de ces
» pensionnaires dont les uns sont malades de corps, les autres
» d'esprit; les uns stupides et les autres légers ; tous aliénés
» d'esprit, les uns par infirmité, les autres par malice. En les
» servant, nous voyons et touchons combien sont grandes et
» diverses les misères humaines, et, par cette connaissance,
» nous serons plus propres à travailler utilement vers le
» prochain ; nous nous acquitterons de nos fonctions avec
» d'autant plus de fidélité que nous saurons mieux par notre
» expérience ce que c'est que de souffrir. »

Un jour, on lui conseilla de renvoyer dans sa famille un jeune homme dont on n'espérait rien, tant jusque-là il s'était montré insensible et rebelle. Voici sa réponse; elle est sublime de charité : « Pensez-vous bien que la fin principale
» que nous devons avoir en recevant les pensionnaires céans
» est la charité? Or, dites-moi, n'est-ce pas un grande charité
» à nous de retenir cet homme, puisque, s'il allait dehors, il
» s'en irait renouveler le trouble qu'il a causé ci-devant à tous
» ses parents, lesquels l'ont fait enfermer parce qu'ils n'en
» pouvaient venir à bout?... Vouloir le renvoyer aujourd'hui,

» ce serait vouloir remettre le trouble dans une famille qui est
» maintenant en paix par son absence. Qu'on s'attende à voir
» tomber la malédiction divine sur la maison de Saint-Lazare,
» s'il arrive qu'on y néglige le juste soin qu'on doit avoir de
» ces pauvres gens. Je recommande surtout qu'on les nourrisse
» bien, et que ce soit du moins aussi bien que la commu-
» nauté. »

Dieu bénit tant de désintéressement. La puissante influence de la Religion, représentée par le dévouement et la vertu, eut là, comme partout, ses triomphes. Ces hommes qui, laissés au milieu du monde, fussent peut-être venus terminer en place de Grève une vie toute de crimes, sortaient pour la plupart de Saint-Lazare entièrement réconciliés avec le bien. Plusieurs, rendus à leur famille, la consolèrent des chagrins d'autrefois; d'autres avaient tellement pris à cœur, dans la solitude de la cellule, le salut et l'éternité, qu'ils se jetèrent dans le cloître; plusieurs reprirent si bien le chemin de la probité qu'ils obtinrent plus tard d'honorables places dans l'armée ou dans la magistrature; tous enfin proclamèrent partout qu'à la religion seule appartient de calmer les grandes tempêtes du cœur et d'entretenir en l'ame un calme toujours inaltérable, parce qu'il naît de l'innocence ou du repentir.

CHAPITRE XIII.

Retraites spirituelles pour les gens du monde et pour les ordinands.

1632. — 1633.

> *Quæ participatio justitiæ cum iniquitate; aut quæ societas lucis ad tenebras ? Exite de medio eorum; separamini, et ego recipiam vos.*—II. Con. VI, 14, 17.
> *Labia sacerdotis custodient scientiam et legem requirent ex ore ejus, quia angelus Domini exercituum est.* — Malach. II. 7.

Il y a nécessairement dans la vie des heures de lassitude ; l'homme a parfois besoin de solitude et de silence. Ici, ce sont des ames pures déjà qui veulent secouer la poussière que malgré soi elles prennent en traversant le monde. Chastes épouses du Christ, la moindre imperfection les effraie, elles craignent de ne point aimer assez. D'une année à l'autre, elles demandent un temps de calme plus parfait qui leur permette de se rapprocher plus encore de Dieu, afin de recueillir ses plus secrètes paroles : temps de joie céleste qui refait l'ame et lui donne du courage pour les épreuves de la vie. D'autres, et c'est le plus grand nombre, veulent prendre une autre voie que la voie jusque-là parcourue. Quelle que soit l'agitation du monde, l'entraînement des affaires et l'ivresse des plaisirs, on retombe souvent sur soi-même et l'on s'épouvante d'être vide ; car les affections, les intérêts, les passions ne remplissent pas le cœur, ils l'embarrassent. Alors, voyageur déçu, l'homme s'arrête et regarde en arrière. La route qu'il a suivie est bien rude ; elle n'a conduit qu'à l'angoisse et au remords. Ne faut-il pas, loin du bruit, essayer d'une autre existence plus pleine ; chercher un port où l'on ne soit plus ballotté par l'orage ? Et ce port n'est-il pas la religion ? Pour la trouver, il est besoin de silence et de retraite. C'est là qu'on se sent soi-même en sentant Dieu ; là que la vie du cœur, avec ses déplorables faiblesses, se montre tout entière ; là qu'on rêve de saintes réformes et qu'on lutte avec d'énergiques efforts ; enfin, c'est là que se fait tout le travail régénérateur qui prépare la vertu, travail qui devient une sorte de création d'où l'ame sort renouvelée, pure et presque divine.

Et maintenant comment comprendre pourquoi certains hommes s'acharnent à ne vouloir dans le monde, chez nous en particulier, aucun cloître, aucune retraite ? Et pourtant, quand ces maisons bénies, quand ces heures de réflexions sont-elles plus nécessaires qu'aux époques où les doctrines de l'incrédulité, semées partout, commencent à porter leurs fruits ? Le suicide se multiplie dans une effrayante progression. On en cherche les causes ; on en assigne de chimériques ou d'incomplètes, et pendant ce temps-là on se détourne pour ne point voir la cause véritable. Du temps de nos pères, lorsqu'on avait au cœur un de ces chagrins profonds, immenses, qui épuisent tout sentiment, toute pensée, on allait demander au cloître, au moins pour quelques jours, son silence, et le silence uni à la prière endormait la douleur ou l'absorbait dans une sainte résignation. Etait-on arrivé à l'un de ces moments où, las des hommes et des fragiles destinées que nous fait le monde, on ne demande plus que Dieu, la solitude vous ouvrait ses portes et les refermait sur vous : barrière que les passions franchissaient à grand'peine et derrière laquelle l'ame trouvait tout en se trouvant soi-même. Si le souvenir d'une faute ou le poids d'un crime rendait l'existence à charge, le monastère était encore là pour donner une seconde innocence et pour réconcilier avec la vie en réconciliant avec la vertu. Alors le suicide n'était pas l'histoire de chaque jour : le désespoir avait un asile où il était toujours bien reçu par l'espérance qui le transformait ; l'homme était sauvé des transports dangereux de sa propre douleur ; la Sœur de la miséricorde pleurait sur la fragile La Vallière, et oubliait les séductrices grandeurs de Versailles. Aujourd'hui, plus de port après les tempêtes de l'ame. On veut vous forcer à vivre malheureux ou à mourir. On ne vous pardonne pas même d'aller pendant quelque temps dans une solitude sainte, pour vous calmer un peu, et vous décider encore à vivre. Etrange tyrannie que le préjugé accepte et que la corruption s'ingénie à perpétuer !

A l'exemple des Ignace de Loyola, des Charles Borromée, Vincent de Paul avait compris le besoin du cloître ou d'une retraite temporaire pour l'innocence et pour le repentir. Comme le prophète, il savait que la désolation est sur la terre parce que nul ne descend dans son cœur par la méditation. L'idée lui était venue d'ouvrir un asile à ces pauvres ames qui voulaient sérieusement penser à la vie qui vient derrière le tombeau. Déjà, lorsqu'il habitait encore le collège des Bons-Enfants, il avait reçu quelques hommes du monde qui demandaient pour quelques jours le calme de sa maison. Mais l'enceinte se trouvait trop étroite pour contenir tous ceux qui se présentaient. Une fois fixé à Saint-Lazare, il en ouvrit les larges portes; l'abbaye se remplit d'étrangers qui venaient chercher les hauts enseignements de la conscience et de Dieu, enseignements si difficiles à saisir dans le monde. C'étaient des prêtres et des docteurs en Sorbonne, des étudiants et des gens d'épée, des magistrats et des gentilshommes, des officiers de la justice ou de la cour, et des hommes qui appartenaient aux diverses corporations de métiers. On a calculé que chaque année il passait sept ou huit cents personnes dans la seule maison de Saint-Lazare. Qu'on juge maintenant jusqu'où s'élevait ce chiffre quand on y joignait ceux qui, dans toutes les provinces, allaient faire la retraite dans les autres maisons de la compagnie! Et par là, que d'injustices réparées, de haines éteintes, de passions endormies ou vaincues! Que de consciences remises en paix, de crimes étouffés dans leur germe, de vertus inspirées ou accomplies! Que de bien fait aux familles et à la société!

Vincent de Paul ne refusait rien à ces solitaires de quelques jours; on allait au devant de tous leurs besoins. Ils étaient gratuitement logés, gratuitement servis. C'est à peine si les hommes riches avaient le privilége de laisser en partant une faible rétribution à titre d'aumône; on ne l'exigeait jamais. Tout s'y donnait pour Dieu, le pain de chaque jour comme le pain de l'âme.

Il y a des hommes à qui le zèle donne une sorte de confiance aveugle qui ne s'étonne de rien et ne se décourage jamais;

auprès de quelques gens, cela s'appelle de la présomption, de l'audace; ce n'est que la foi montée à son plus haut point et fixée sans crainte en Dieu. Telle était la confiance de Vincent de Paul. En vain lui représentait-on que toutes ces dépenses épuisaient les ressources, que les dettes préparaient des embarras à la maison, sa charité était au-dessus de tous les calculs. Il disait avec une simplicité admirable : « Mon » frère, c'est que ces gens veulent se sauver. Si nous avions » trente ans à subsister et qu'en recevant ceux qui viennent » faire retraite nous n'en dussions subsister que quinze, il ne » faudrait pas laisser pour cela de les recevoir. »

Un jour, on lui dit que, sous prétexte de faire la retraite, bon nombre de gens ne venaient à Saint-Lazare que pour trouver le vivre et le couvert. « Eh! bien, répondit-il, c'est » toujours une aumône qui est agréable à Dieu. Que si vous » vous rendez difficiles à les recevoir, il arrivera que vous en » rebuterez quelques-uns que Notre Seigneur voudra convertir » par cette retraite; et la trop grande exactitude que vous » apporterez à examiner leur dessein, fera perdre à quelques-» uns le désir qu'ils auront conçu de se donner à Dieu. »

Il était persuadé que ces retraites, si onéreuses qu'elles fussent, devenaient la bénédiction de sa maison. « Oh! mes » frères, disait-il à ses prêtres, que nous devons bien estimer » la grâce que Dieu nous fait de nous amener tant de per-» sonnes pour les aider à faire leur salut..... Cette maison » servait autrefois à la retraite des lépreux; ils y étaient reçus, » et pas un ne guérissait. Et maintenant elle sert à recevoir » des pécheurs qui sont des malades couverts de lèpre spiri-» tuelle, mais qui guérissent par la grâce de Dieu; disons » plus, ce sont des morts qui ressuscitent. Quel bonheur que

» la maison de Saint-Lazare soit un lieu de résurrection (1)! »

Ce que Vincent de Paul faisait si généreusement pour les gens du monde, il le faisait avec plus de joie encore, avec plus d'amour, pour ceux qui étaient prêtres ou qui allaient le devenir. Il n'était encore qu'à son petit collége, lorsque l'évêque de Beauvais, Mgr Pothier de Gesvres, déchargeant devant lui, avec tout l'abandon de l'amitié, son cœur malade des maux de l'Eglise, lui demanda si, dans ses inépuisables ressources, il n'aurait pas le moyen d'amener réforme dans le clergé de son diocèse. Vincent de Paul, en homme qui avait déjà sondé toute la profondeur de la plaie, lui dit que cette réforme n'était possible qu'en préparant mieux à l'ordination ceux qui voulaient entrer dans l'état ecclésiastique. Mais comment les préparer mieux à la science et aux vertus nécessaires, se demanda le bon évêque? Il cherchait une réponse quand, tout-à-coup, un trait de lumière traversant son esprit, il

---

(1) « Un mal ennemi, un tyran nous opprime, celui qui asservit le
» premier homme, qui ravage encore l'humanité : le péché, scission
» volontaire entre la créature et son auteur par l'infraction des lois
» divines ; révolte funeste, qui, entraînant l'ame loin de la majesté et
» de la beauté infinie, dégrade et souille ses plus nobles facultés. Pour
» briser ce joug, et aussi pour expier le trop long règne du mal,
» l'athlète des exercices spirituels s'arme de son humiliation même et
» de ses plus douloureux souvenirs. Le flambeau des justices divines
» à la main, il descend dans les profondeurs de sa conscience ; il par-
» court d'un regard scrutateur les traces honteuses imprimées par
» l'iniquité sur tout son être dans le cours des années écoulées.....
» L'ame commence à considérer les traits hideux du mal qui doivent
» exciter le vif besoin de la réparation pénitente. Puis la réflexion
» patiente, semblable à la charrue qui laboure un champ, exerce tour-
» à-tour chacune des facultés par la vue sévère des caractères et des
» châtiments d'un mal qu'on méconnut long-temps, par l'action des
» motifs impérieux qui nous pressent de le haïr et de le déplorer. » (DE
RAVIGNAN. *De l'Institut des Jésuites.*)

s'écria : « Eh ! bien, je les ferai venir en mon palais pendant
» quelque temps, et là, avec les allocutions d'un excellent
» prêtre, on les formera plus parfaitement aux dispositions
» que leurs augustes fonctions demandent; M. Vincent, vous
» m'aiderez en cela. » — « Oh! Monseigneur, répondit tout
» d'abord le supérieur de la Mission, voilà une pensée qui
» est de Dieu; voilà un excellent moyen pour remettre, petit
» à petit, tout le clergé de votre diocèse en bon ordre. »

Ce qui avait été résolu fut exécuté. A quelque temps de là, on trouvait Vincent de Paul au palais épiscopal de Beauvais, environné d'ecclésiastiques qui recueillaient ses saintes paroles et qui réglaient, sur ses conseils, leur vie présente, la mettant telle qu'il la fallait pour leurs hautes fonctions. Les fruits de cette première retraite furent abondants, et l'Eglise de Beauvais compta des bons prêtres de plus.

Il fallut que Vincent renouvelât à Paris ce que déjà il avait fait à Beauvais. L'archevêque, Jean-François de Gondy, informé, par Mgr Pothier, du bien opéré dans la retraite donnée aux ordinands, envoya les siens dans la maison des prêtres de la Mission. Il en fut ainsi à l'avenir. Bientôt nombre d'évêques lui adressèrent aussi leurs ordinands. Mais Vincent de Paul ne put répondre à toutes les demandes, tant qu'il ne fut pas à Saint-Lazare. Alors seulement, l'œuvre prit une extension proportionnée aux besoins. Dès ce moment on ne refusa personne ; et, dix jours avant chaque ordination, on voyait arriver une foule de jeunes lévites qui venaient apprendre à mettre plus utilement leur science et leur zèle au service de la religion.

Le bien produit par ces exercices fut bientôt apparent. Vincent de Paul lui-même, tout humble qu'il était, ne put s'empêcher de le faire connaître à l'un des prêtres de la Mission, avec tout le laisser-aller de l'étonnement et de la joie. « Par la grâce de Dieu, disait-il, il résulte un tel fruit de » ces exercices, que tous ceux qui les ont faits mènent une vie » vraiment ecclésiastique, et même la plupart d'entre eux » s'appliquent d'une manière toute particulière aux œuvres de » piété; ce qui commence à être manifesté en public..... Il y » en a plusieurs de considérables par leur naissance ou par » d'autres qualités, qui vivent aussi réglés en leur maison que » nous vivons chez nous. Ils s'appliquent à la visite des hôpi- » taux et des prisons, où ils catéchisent, prêchent et confes- » sent; ce qu'ils font aussi dans les colléges; d'où l'on voit » réussir de grands fruits. » On voit par là que Vincent de Paul formait aussi les retraitants à la charité dont il possédait si bien la science. Ses pauvres avaient une place dans chacune de ses entreprises; ils étaient comme une portion de lui-même.

Toutes les dépenses auxquelles il fallait faire face pour tant d'œuvres diverses, eussent été par trop à charge à la compagnie de Saint-Lazare. De nobles dames, toujours prêtes pour le bien, le comprirent et vinrent à son secours. Madame de Herse donna, pendant cinq ans, mille livres pour chaque ordination ; la sœur de l'archevêque de Paris, madame de Maignelet ne se montra pas moins généreuse; la reine-mère, Anne d'Autriche contribua aussi, pendant quelques années, aux frais les plus nécessaires.

Quoique chacune de ces retraites apportât pour Vincent un surcroît de sollicitude et de travail, il était cependant plein de joie lorsqu'il en voyait arriver l'époque. « Or sus, Messieurs » et mes frères, nous voici donc à la veille de cette grande » œuvre que Dieu nous a mise entre les mains ! C'est demain,

» mon Dieu ! que nous devons recevoir ceux que votre Pro-
» vidence a résolu de nous envoyer, afin de nous faire
» contribuer avec vous à les rendre meilleurs. Ah ! Messieurs,
» que voilà une grande parole : rendre les ecclésiastiques
» meilleurs ! Qui pourra comprendre la hauteur de cet emploi?
» Qu'y a-t-il dans le monde de si grand que l'état ecclésiasti-
» que? Les principautés et les royautés ne lui sont point
» comparables. Vous savez que les rois ne peuvent pas, comme
» les prêtres, changer le pain au corps de Notre Seigneur,
» remettre les péchés, etc. Et voilà pourtant les personnes
» que Dieu nous envoie pour les sanctifier? O pauvres et
» chétifs ouvriers, que vous avez peu de rapports à la dignité
» de cet emploi. Dieu ne s'est adressé pour cela ni aux
» docteurs, ni à tant de communautés et religions pleines de
» science et de sainteté ; mais il s'est adressé à cette chétive,
» pauvre et misérable compagnie, la dernière de toutes et la
» plus indigne. Qu'est-ce que Dieu a trouvé en nous ? Où
» sont nos beaux exploits ? Où cette grande capacité ? Rien de
» tout cela. C'est à de pauvres misérables idiots que Dieu,
» par sa pure volonté, s'est adressé pour essayer encore à
» réparer les brèches du royaume de son Fils. »

Des exercices si fructueux ne pouvaient rester circonscrits dans Paris ; d'ailleurs Saint-Lazare ne suffisait plus aux ecclésiastiques venus des divers diocèses. Vincent de Paul alla, par lui et par ses prêtres, donner ces retraites d'ordinands dans plusieurs provinces. Ils franchirent même les frontières du royaume. Gênes, Bergame, Rome, d'autres villes d'Italie les appelèrent. Partout on bénit le nom de Vincent de Paul en bénissant les prêtres qu'il avait formés.

CHAPITRE XIV.

Conférences ecclésiastiques à Saint-Lazare. — Bossuet.
— Richelieu. — Vincent chargé du choix des évêques. — M. Ollier. — Séminaires.

1633. — 1634.

Sapientiam sine fictione didisci et sine invidiâ communico ; infinitus enim thesaurus est hominibus ; quo qui usi sunt, participes facti sunt amicitiæ Dei. — SAP. VII. 13, 14.

« Les grandes rivières, dit le bon Abelly dans son naïf
» langage, vont toujours continuant leurs cours vers l'Océan,
» en augmentant et grossissant leurs eaux ; ainsi la charité de
» M. Vincent, en se portant toujours plus parfaitement vers
» Dieu, prenait tous les jours de nouveaux accroissements, non
» pas tant, à la vérité, en recevant du secours des autres,
» qu'en se répandant de plus en plus au-dehors, selon les
» occasions que la Providence divine lui présentait. »

Il avait compris tout le bien qui s'était fait dans l'Eglise par les retraites des ordinands ; il en bénissait Dieu en son cœur.

Mais une pensée amère traversait sa joie. Qu'allaient devenir, dispersés dans le monde, ces ecclésiastiques sortis de la retraite dans les dispositions les plus heureuses? La faiblesse humaine est si grande, se disait-il, les orages si nombreux, les combats si terribles! N'y aurait-il pas quelque moyen d'entretenir, dans les ames sacerdotales, le feu sacré qui s'est allumé au milieu des saints exercices?

Il en était là de ses pensées, acceptant et rejetant tour-à-tour mille projets dont son humilité ne lui permettait pas d'entrevoir la réalisation facile avec les seules ressources de son zèle, lorsque, soudain, entra chez lui un prêtre de ses amis qui lui demanda tout d'abord s'il ne lui serait pas possible de réunir à Saint-Lazare, à certains jours de la semaine, ceux d'entre les ecclésiastiques de Paris qui auraient à cœur de se conserver, à l'aide de saintes conférences, dans l'esprit de leur vocation. Vincent tout joyeux de rencontrer en un autre les mêmes intentions et pour la même fin, remercia le prêtre de sa démarche. Cependant il demanda quelques jours pour mûrir le projet; car il ne faisait jamais rien sans avoir consulté le ciel. La chose lui parut, en présence de Dieu, merveilleusement propre à remplir son but. En conséquence, il en parla à l'archevêque de Paris qui donna de suite son agrément et son approbation.

Ce fut au mois de juin 1633 que commencèrent les conférences. Vincent de Paul en fit l'ouverture par un de ces discours simples et chaleureux où il semblait faire passer toute son ame dans l'ame de ses auditeurs. Il parla de la haute mission du sacerdoce sur la terre; montra la nécessité de correspondre, par une vie pure et laborieuse, à une vocation si sublime; fit comprendre que, à une époque où la religion avait à lutter contre tant d'adversaires et de désordres, c'était bien le moins qu'il y eût aussi, dans le clergé, une sainte ligue contre le mal ; qu'à eux seuls appartenait, au moyen du zèle, de la parole et de l'exemple, de réformer les mœurs, d'éclairer les intelligences et de ramener à la vertu. Il ajouta que ces réunions hebdomadaires leur seraient fort utiles pour trouver des lumières, des conseils et des encouragements. Il termina en leur disant que son intention n'était point de les séparer entièrement du monde, mais seulement de les unir entre eux par des liens de charité, par une conformité de vie réglée sur certaines dispositions communes qu'il leur soumettrait bientôt. Ce règlement fut ensuite dressé ; il parut si sage, si bien en harmonie avec le but de l'œuvre, qu'on l'adopta d'une commune voix. On demandait de ceux qui voulaient se faire agréger aux conférences un entier détachement de tout intérêt presque, l'intention droite de se donner purement et parfaitement à Dieu, la promesse de tout sacrifier au bien général, et aussi la résolution de servir les malades, les prisonniers et les pauvres. Vincent faisait en toute chose entrer la charité.

Comme on traitait, dans ces conférences, les plus hautes questions de dogme, de morale et de discipline, elles furent bientôt fréquentées par l'élite du clergé de Paris. Curés et docteurs en Sorbonne (1), vicaires des paroisses et religieux des couvents y venaient en foule, tous également

---

(1) Le fondateur fut un pauvre prêtre, issu d'une famille obscure, né dans le village de Sorbonne, près de Rhétel ; il s'appelait Robert ; on l'appela depuis Robert de Sorbon. Arrivé à grand'peine au titre de docteur, ses succès le récompensèrent de toutes ses privations. Saint Louis le nomma son aumônier, puis son confesseur. Dès que Robert fut en faveur, il pensa à fonder un collège où seraient reçus de

impressionnés des paroles suaves et pénétrantes de Vincent. Entre tous ces ecclésiastiques de renom, parmi lesquels on compta les Abelly de Rhodez, les Pérochel de Boulogne, les Godeau de Vence, les Pavillon d'Aleth, les Vialard de Châlons, les Ollier, les Collonge, les deux abbés Chandenier, neveux du cardinal de la Rochefoucault, accourait comme les autres un jeune clerc qui, plus

jeunes clercs sans fortune, et où la théologie leur serait gratuitement enseignée. Saint Louis l'aida dans cette entreprise. Par divers échanges faits avec le saint roi, Robert acquit des maisons qu'il affecta à son établissement. D'abord, il y plaça seize pauvres jeunes gens auxquels il donna pour maître trois célèbres professeurs de l'Université, Guillaume de Saint-Amour, Eudes de Douai et Laurent Langlois; il retint pour lui le titre de proviseur. On transféra dans ce collége les leçons de théologie, jusque-là données à l'évêché. Le pape Clément IV, régla par une bulle, en 1268, ce qui concernait cet établissement. Le même ordre subsista jusqu'en 1451. — « On doit observer, dit Crévier, » que l'Université n'avait reçu que des souverains pontifes soit réfor- » me, soit règlement de discipline. Charles VII est le premier de nos » rois qui ait fait intervenir dans un pareil ouvrage la puissance sécu- » lière. » (*Histoire de l'Université de Paris*, t. 1er, p. 293.)
Les bâtiments et la chapelle de la Sorbonne étaient peu remarquables et tombaient de vétusté, lorsque le cardinal de Richelieu, devenu tout-puissant en France, se rappelant avec intérêt cette école où il avait fait son cours de théologie, et désirant laisser à la postérité un monument de sa munificence, fit reconstruire ces bâtiments sur un plan plus vaste et plus magnifique. En 1629, fut commencée la construction du collége, et en 1635, celle de l'église qui ne fut achevée qu'en 1659. C'est à la Sorbonne que furent établies les premières presses d'imprimerie. La Sorbonne et son enseignement furent supprimés le 5 avril 1792. Les bâtiments furent distribués entre des artistes, peintres, sculpteurs, graveurs : on y vit aussi des gens de lettres, leurs veuves et leurs enfants. L'église était divisée en ateliers pour des statuaires, et plus tard on y disposa une salle pour une section de l'école de droit; mais en 1818, les beaux-arts restituèrent à la théologie la place qu'elle occupait autrefois; la maison de Sorbonne et l'église ont été rendues à leur primitive destination. (*Dictionn. des origines*, etc., 2e édit., *art. Sorbonne*).

tard, se plaça bien haut pour juger les rois et les empires, un homme qui fut grand entre tous les grands hommes de son époque, noble intelligence que le génie emportait vers l'inaccessible soleil, l'aigle sublime de Meaux, Bossuet. C'est lui qui, écrivant, plusieurs années après, au pape Clément XI, « se faisait gloire d'avoir pris, dans les » conférences où Vincent de Paul répandait à la fois l'onction » et la lumière, le goût de la science ecclésiastique et de la » solide piété. »

La France avait alors un de ces grands hommes qui mériteraient de nommer leur époque, la France avait pour ministre Richelieu.

Quoi qu'on ait dit, il faut bien voir en lui autre chose que de l'ambition; son orageuse existence eut un autre mobile. On cherche trop souvent dans les petites passions du cœur l'explication d'immenses entreprises et de glorieux triomphes; on devrait, surtout dans un homme à qui un pays doit beaucoup, faire une plus large part à la générosité, à la vertu. Quand nous ne trouverions pas à chaque page des mémoires de Richelieu, la grande pensée du devoir lui dictant presque toutes ses démarches, nous en devrions croire sa vie elle-même. Quoique dans cette vie on le trouve touchant à toute chose pour montrer que son génie est capable de tout embrasser, guerre, diplomatie, administration, on voit que, dès son entrée dans les affaires, il s'est donné un noble but, et que ce but, il le poursuit avec persévérance. S'il rencontre un obstacle, cet obstacle même lui donne l'occasion de faire un plus grand pas et de marcher plus vite; lorsque tout lui manque, il sait trouver en soi-même, dans la puissance de son énergie, des ressources pour remplacer ce qui lui fait défaut; mais toujours c'est un grand dévouement servant, à ses risques et périls, la cause d'une grande nation ; et plus d'une fois, pour arriver au succès, il joue sa fortune, la faveur de son roi, sa popularité, sa vie même. Ce n'est pas l'égoïsme qui le mène; c'est la conscience d'un devoir à remplir. Quiconque juge autrement s'est placé à ce point de vue d'où tous les objets paraissent sous un faux jour. Nous aimons mieux laisser les côtés où l'homme apparaît toujours avec ses faiblesses, lui pardonner quelques inconséquences, quelques actes sévères (1), et nous rappeler sa sollicitude pour le bien de l'Eglise, l'intégrité de sa foi, ses fondations religieuses, la réforme des abus, et ses travaux pour transformer un grand peuple. Il y aura dans cette appréciation plus de justice et plus de reconnaissance aussi (2).

(1) On a parlé beaucoup de la cruauté de Richelieu ; un certain parti l'a même appelé l'*homme rouge ;* rien de plus faux que cette opinion. Sans doute c'est lui qui a écrit cette belle parole : « Si la » clémence est la vertu des princes, la justice est la vertu des états; » mais les conséquences qu'il en a tirées n'ont jamais été que pour le plus grand bien du pays. Il était de l'avis de Tacite : « Que rien ne conserve » tant aux lois leur vigueur que la punition des personnes dans les» quelles la qualité se trouve aussi grande que les crimes. » C'est dans ce sens qu'il a demandé, autre part, si « la justice qui, au prix d'une » seule tête, épargne tant de sang, ne pourrait pas s'appeler clémence.» D'ailleurs n'a-t-il pas fait abolir la peine de mort portée contre les duels, la réservant pour la récidive, et ne disait-il pas à cette occasion: « Ce n'aurait plus été un effet de justice, qui est de châtier un petit » nombre pour en rendre sages beaucoup ; mais plutôt un effet d'une » rigueur barbare, qui est d'étendre la punition à tant de personnes » qu'il semble n'en rester plus qui puissent s'amender par l'exemple ? » Il a pu se vanter, à son lit de mort, de n'avoir jamais fait périr un innocent.

(2) C'est à Richelieu qu'est due la création de l'académie ; c'est à lui aussi qu'on doit la bibliothèque qui se trouve à la Sorbonne. Son

Les conférences de Saint-Lazare ne pouvaient échapper au regard du grand ministre. Il avait suivi en silence les rapides développements de l'œuvre, il l'avait jugée de son coup-d'œil profondément scrutateur, et il l'avait comprise. Il sentit qu'ainsi organisée, dirigée par un homme tel que Vincent de Paul, elle ne pouvait faire qu'un bien immense. Pendant quelque temps, il l'environna donc de son estime, puis il la couvrit de sa protection. Ce ne fut pas tout ; dans une de ces fréquentes audiences qu'il donnait au supérieur des Lazaristes, il lui dit, après de magnifiques éloges :

— Monsieur Vincent, je désire donner à l'Eglise de France de bons évêques ; elle en a besoin. Je voudrais que tous ceux qu'on élève à cette haute dignité fussent dignes de leur place et se montrassent pasteurs par la science, par le zèle et par la vertu. Ces hommes, je puis, à coup sûr, les chercher parmi les membres de vos conférences. Nommez-moi ceux qui vous semblent et plus capables et plus vertueux ; je vais les proposer au roi ; aujourd'hui ou plus tard, ils seront tous nommés évêques. Monsieur Vincent, je compte sur vous.

Vincent de Paul s'inclina devant le profond politique, et lui nomma sur-le-champ ceux qu'il croyait les plus dignes de cet honneur. Richelieu en dressa la liste de sa propre main. Les candidats désignés arrivèrent tous à l'épiscopat.

Pendant toute la vie de Richelieu, le supérieur de Saint-

---

tombeau est dans l'église de cet établissement. On sait que Pierre-le-Grand, empereur de Russie, voyant ce tombeau s'écria : « O grand » homme ! si tu vivais encore, je te donnerais la moitié de mon empire » pour apprendre de toi à gouverner l'autre. »

Lazare nomma aux évêchés; il était aidé dans ce choix par un homme dont il n'avait jamais, disait-il, trouvé le pareil, le père de Condren. Madame de Chantal comparait cet oratorien à François de Sales, et ajoutait que « Dieu avait donné à » l'Eglise le bienheureux évêque de Genève pour instruire les » hommes, mais qu'il semblait avoir rendu le père de Condren » capable d'instruire même les anges. » Le cardinal de Bérulle, son supérieur, et bien en position de le connaître, le vénérait au point de s'agenouiller devant la porte de sa cellule, de baiser la trace de ses pas, et de transcrire à genoux, la tête découverte, les entretiens qu'il avait eus avec lui. Bossuet qui l'avait fort connu, a dit de lui : « Son nom inspire la piété, » sa mémoire toujours fraîche et récente, est douce à toute » l'Eglise comme une composition de parfums. »

Dans cette position, ces deux hommes, si dignes l'un de l'autre, ne servirent jamais les intérêts de ceux des corps dont ils étaient les supérieurs. « Ils réservaient, disaient-ils, les » plus capables de leurs disciples, pour une œuvre à leurs yeux » plus importante : la fondation des communautés et la réforme » du clergé de France par l'établissement des séminaires. »

Après la mort du cardinal-ministre, Louis XIII continua encore de recruter les évêques parmi les membres des conférences. Mais alors, comme sous Richelieu, Vincent mit tant de discrétion dans ses démarches, que, lui vivant, on ne sut jamais que c'était à lui qu'appartenait, de par le roi, le droit de faire de semblables nominations.

Les conférences prirent peu à peu une extension considérable. Les membres de celles de Paris ne manquaient pas, dans leurs voyages en province, de les établir quand ils le pouvaient. Mais nul ne servit plus puissamment cette institution que

M. Ollier, abbé de Pébrac, au diocèse du Puy, plus tard curé de Saint-Sulpice, et l'un des premiers affiliés à la conférence de Saint-Lazare. Vincent de Paul le vénérait autant qu'il l'aimait (1). C'est ce même M. Ollier qui fonda la célèbre congrégation de Saint-Sulpice, cette société aussi savante que modeste, laquelle, depuis plus de deux siècles, fait le bien avec zèle et sans bruit, et *qui semble*, a dit un beau génie de notre époque, dont aujourd'hui l'erreur a brisé les ailes, *vouloir faire de l'oubli des hommes la plus douce récompense d'un zèle que, malgré sa frivolité, le monde lui-même n'a pu s'empêcher d'admirer* (2).

Depuis long-temps Vincent de Paul méditait un autre grand projet. Le Concile de Trente avait décidé que, dans chaque diocèse, les évêques établiraient des séminaires où seraient, de longue main, préparés aux fonctions saintes les

---

(1) Jean-Jacques Ollier était le fils d'un maître des requêtes. A la suite d'un voyage à Notre-Dame-de-Lorette et à Rome, qu'un respect tout particulier pour le Saint-Siége lui avait fait entreprendre, il se lia avec Vincent de Paul. Après avoir réformé l'abbaye de Pébrac, il essaya une réforme dans un monastère de Bretagne; il y réussit parfaitement. Richelieu le fit nommer coadjuteur de Châlons-sur-Marne; mais l'abbé Ollier refusa invinciblement cette dignité. Plus tard, de concert avec plusieurs ecclésiastiques de ses amis, il songea à fonder un grand-séminaire. Cet établissement s'ouvrit d'abord à Vaugirard; mais le fondateur ayant été nommé curé de Saint-Sulpice, il transporta son séminaire dans sa paroisse. Cet établissement fut confirmé par l'autorité ecclésiastique et par les lettres patentes du roi, en 1645. La réputation de ce séminaire, toujours parfaitement gouverné, ne fit que s'accroître chaque année; en sorte qu'il devint comme une source d'évêques où l'on puise encore aujourd'hui. M. Ollier établit encore des séminaires à Nantes, à Viviers, au Puy-en-Velay, à Clermont et jusqu'à Québec. Il mourut à l'âge de quarante-neuf ans, le 2 avril 1657.

(2) M. de Lamennais.

jeunes enfants qui se destinaient à l'état ecclésiastique. Par suite des malheurs du temps et des entrées de faveur obtenues par des gentilshommes dont les enfants n'étaient nullement destinés au saint ministère, ces institutions ne réalisèrent point les espérances conçues et croûlaient d'elles-mêmes. C'était à ce mal que voulait remédier Vincent de Paul. Après bien des obstacles, bien des difficultés, il put enfin réaliser cette œuvre que toutes les ames d'élite de l'époque appelaient de tous leurs désirs. Il ouvrit un petit-séminaire dans le collège des Bons-Enfants qu'il avait laissé pour entrer à Saint-Lazare. Ce séminaire réussit parfaitement ; tout y était organisé à merveille pour s'emparer, au profit de la religion, de l'intelligence et du cœur des enfants ; et l'on put, dès le premier essai, concevoir, sans présomption, les plus belles espérances.

Mais des espérances n'étaient point assez pour le supérieur de la Mission ; il lui fallait quelque chose qui servît mieux les besoins présents. Il avait hâte de remettre le sacerdoce en honneur. Il lui aurait fallu d'autres séminaires pour former, pendant deux ou trois ans, ceux qui voulaient recevoir les ordres sacrés, à l'esprit ecclésiastique et à tout ce que les temps réclamaient d'eux en science et en vertu. Mais où prendre des ressources pour une telle entreprise ? Il était donc réduit à attendre.

Le cardinal de Richelieu qui, nous l'avons vu déjà, le mandait souvent auprès de lui, le trouva un jour tout pensif.

—Qu'avez-vous donc, Monsieur Vincent? Sans doute vous méditez quelque bonne œuvre, et vous n'osez l'entreprendre. Ne craignez rien, parlez ; n'ayez point peur d'épuiser ma bonne volonté ou mon crédit ; demandez seulement, je vous promets aide et protection. Comme vous, je veux la gloire de Dieu.

Vincent de Paul, enhardi par ces bienveillantes paroles, osa lui dire alors qu'il était désirable « qu'on établît, dans » chaque diocèse, des séminaires où, pendant deux ou trois » ans, on exerçât les jeunes gens prêts à recevoir les ordres, » à la vertu, à l'oraison, au service divin, aux cérémonies, à » l'administration des sacrements, à la prédication, sans né- » gliger les études théologiques ; et que, sans cette réforme, » il n'était pas possible d'espérer quelque bien dans la » société. »

Le cardinal qui n'avait pas moins de zèle pour le progrès du catholicisme que de vigoureuse persévérance contre l'hérésie, trouva le projet admirable. Il en témoigna sa pleine satisfaction à Vincent de Paul, l'exhorta lui-même à entreprendre la fondation d'un séminaire qui serait le type des autres, lui promit son concours et lui envoya une somme d'argent pour faire face aux premières dépenses.

Vincent de Paul ne tarda pas à effectuer son projet ; il fonda à Paris le premier grand-séminaire. Les autres diocèses en eurent bientôt sur le même plan. De toute part on appela les prêtres de la Mission pour les diriger. Ces prêtres, pleins de l'esprit de leur supérieur, se donnèrent de tout cœur à leur tâche. Aussi réussirent-ils partout. Le clergé, peu à peu renouvelé, reprit sa première science et ses premières vertus. L'Eglise de France, consolée, put dire en le montrant : Voilà l'ouvrage de Vincent de Paul.

CHAPITRE XV.

Quelques détails sur la vie intime de Vincent de Paul à Saint-Lazare.

1632. — 1660.

> *In omnibus, te ipsum præbe exemplum bonorum operum, in doctrinâ, in integritate, in gravitate, verbum sanum, irreprehensibile, ut is qui ex adverso est vereatur nihil habens malum dicere de nobis.* — AD TIT. 2, 7, 8.

Les grandes œuvres de Vincent de Paul se succèdent si rapidement, que c'est à peine si nous avons pu le suivre lui-même. Nous nous arrêtons donc un instant, et, loin du bruit et des affaires qui l'environnaient, nous allons descendre dans le secret de sa vie intime. Notre pensée, en quelque sorte, se fatiguera moins, mais il nous faudra autant d'admiration.

Tout en procurant, ainsi que nous l'avons vu, la plus grande gloire de Dieu et de l'Église par les magnifiques institutions dont il dota la France, on pourrait dire l'Europe, il trouvait encore le temps de ramener, une à une, à la vérité et au bien une foule de personnes. Dès-lors, il les suivait pas à pas, élaborant, avec une direction habile et prudente, l'œuvre de leur salut ; et jamais il ne mit à recevoir chez lui plus de bonté, de tendresse et de patience que lorsqu'il s'agissait de ces infortunés tels que les fait le crime et le remords. On ne peut savoir le nombre des ames qu'il a ainsi relevées, soutenues et conduites. Mais quoique cette partie de l'ouvrage qu'il s'était tracée entraînât une quantité de détails, jamais ses grandes entreprises n'eurent à en souffrir.

Où Vincent de Paul puisait-il cette intarissable ardeur qu'il partageait avec une égale mesure entre des occupations si diverses ? On le savait : dans la prière. Chaque matin, il préparait, par de longues méditations, les actions de la journée. Alors son ame se sentait plus que jamais captive dans le corps ; on eût dit qu'elle faisait des efforts pour s'échapper. Ses fréquents soupirs trahissaient souvent l'état de son ame, et plus d'une fois il rougit d'avoir laissé percer des transports dont ceux qui l'entouraient connaissaient bien la source. Outre cette oraison réglée, presque toujours faite au milieu de sa communauté, et qui prenait si souvent les formes de l'extase, il coupait la journée par d'autres prières, à moins que, pour le service du prochain, il eût été appelé ailleurs. Dans ce cas, il reprenait, la nuit, sur son sommeil, ce que la charité avait ravi à la ferveur, ne restant ainsi jamais le débiteur de Dieu.

Avait-il à réciter le bréviaire, cette prière que l'Eglise met plusieurs fois le jour sur les lèvres du prêtre, c'était toujours dans une posture humble et respectueuse, la tête nue, le genou en terre.

Célébrait-il la messe, sa piété prenait un caractère d'auguste et majestueuse gravité, ses traits se couvraient d'une angélique modestie. Son visage radieux montrait assez combien il lui était doux de converser, comme le prophète du Sinaï, et de conférer avec Dieu, au milieu des merveilles eucharistiques.

Il avait une dévotion toute particulière pour le sacrement où Dieu reste à l'état de victime. Il passait devant l'autel de longues heures, et l'on sait comme alors ses adorations étaient profondes et son amour inspiré ! « J'ai remarqué plusieurs
» fois, disait quelqu'un, lorsque M. Vincent était en prière
» devant le Saint-Sacrement, qu'il se tenait toujours prosterné
» à deux genoux, avec une contenance si humble qu'il sem-
» blait qu'il se fût volontiers abaissé jusqu'au centre de la
» terre pour témoigner davantage son respect envers la
» majesté de celui qu'il reconnaissait présent. Et certes, en
» considérant cette modestie respectueuse, qui paraissait en
» son visage, on eût pu dire qu'il voyait de ses yeux Jésus-
» Christ ; et la composition de son extérieur était si dévote et
» si religieuse, qu'elle était capable de réveiller la foi la plus
» endormie, et de donner aux plus insensibles des sentiments
» de piété envers cet adorable mystère (1). »

Sa vénération et son amour pour la Sainte Vierge se trahissaient de mille manières. On se souvient que, tout petit enfant, lorsqu'il avait encore la houlette de berger, il aimait à lui faire confidence de ses petites peines, de ses joies enfantines ; à l'âge où nous le considérons, il n'avait rien perdu de sa tendresse filiale et expansive. Chaque jour, il récitait le chapelet, cette prière populaire que n'ont pas dédaignée de

(1) Cité par Abelly.

grands hommes et de grands rois (1). Il faisait même, de fois à autre, des pélerinages à ses sanctuaires les plus en renom. Dans ses chaleureuses improvisations, dans ses discours, si peu de temps qu'il eût à parler, il savait toujours placer un mot pour elle, et ce mot partait bien du cœur.

Les hommes de haute sainteté ont toujours cru que, outre le sacrifice de l'esprit et du cœur, ils devaient encore à Dieu le sacrifice effectif du corps ; la mortification leur a semblé un complément nécessaire à leur vie sacerdotale et expiatrice (2). Vincent était un de ces hommes. Nous ne pouvons entrer dans le détail de tous les genres de mortification qu'il s'imposait, nous n'en finirions pas. D'ailleurs, il avait le talent de ne

---

(1) Lorsqu'un fidèle, dans l'exercice de sa religion se borne aux pratiques autorisées par l'Eglise, on ne saurait lui adresser raisonnablement le reproche de bigoterie. Il peut se faire sans doute que les chrétiens outrent certaines obligations de morale, certaines dévotions excellentes ; mais est-ce la peine d'y prendre garde ? Il serait ridicule de vouloir que tout homme connaisse tous ses devoirs avec une précision mathématique ; ridicule par conséquent de s'étonner trop, de se scandaliser, lorsque les justes bornes sont dépassées par quelques gens. Il est par trop absurde de rendre la religion responsable des bizarreries et des abus qui sont le fait de quelques-uns de ses membres. Les reproches de l'incrédule tombent parfois sur toute autre chose que sur l'abus ou l'excès de certains devoirs : savez-vous pourquoi ? C'est parce qu'ils n'en connaissent ni l'origine, ni les motifs, ni l'esprit.

(2) « C'est du dogme de la réversibilité des douleurs de l'innocence » au profit du coupable, que dérive l'usage des sacrifices dans tout » l'univers, le dévouement des Décius, etc. Il peut y avoir eu dans le » cœur de Louis XVI et dans celui de la céleste Elisabeth, tel mouve- » ment, telle acceptation capable de sauver la France. On demande » quelquefois à quoi servent ces austérités terribles exercées par cer- » tains ordres religieux ; autant vaudrait demander à quoi sert le » christianisme, puisqu'il repose tout entier sur ce même dogme » agrandi. » (J. DE MAISTRE. *Considér. sur la France*, chap. 3, édit. Mig., t. 1, p. 33).

presque rien en laisser paraître. Plus d'une fois, on s'est aperçu qu'il trouvait le moyen de ne coucher que sur la paille, ôtant chaque soir le matelas destiné à le remettre un peu, la nuit, des fatigues du jour. Quand on venait à découvrir quelqu'une de ses austérités, il avait toujours à la bouche une parole adroite pour expliquer le fait, et sauver sa vertu d'un éloge ou de l'admiration.

Il avait toujours l'Évangile sous les yeux ; c'était sa règle et son conseil. Dans toutes ses actions il cherchait à se conformer au divin modèle et à porter son esprit dans les petites affaires comme dans les grandes.

« Ce sont, disait-il, les maximes évangéliques que j'ai
» toujours cru les plus conformes à notre état. La simplicité
» surtout doit être pour nous une vertu habituelle, car elle
» nous fait aller droit à Dieu. Agissez donc toujours simple-
» ment, sans déguisement ni artifice, ô mes frères, toujours,
» en la vue de Dieu, soit dans les affaires, soit dans les exer-
» cices de piété. Faire paraître les choses bonnes au-dehors,
» être tout autre au-dedans, n'est-ce pas imiter les Pharisiens
» hypocrites et le démon même qui sait se transformer au
» besoin en ange de lumière ? »

Il n'y a que Dieu qui connaisse tout ce qu'il répandit d'aumônes tant qu'il resta à Saint-Lazare. Chaque jour, il recevait deux pauvres à sa table, les accueillait avec une affabilité respectueuse, leur donnait la place d'honneur et les servait lui-même. Chaque jour aussi, il faisait à plusieurs familles des distributions de pain et d'argent. A toute heure, les portes de Saint-Lazare étaient encombrées d'indigents, jusqu'à six cents à la fois, et aucun ne se retirait les mains vides. Ce n'est pas tout. Tous les matins, il envoyait un prêtre et un clerc dans

Paris, à la recherche des pauvres honteux. Les aumônes qu'ils avaient le droit de distribuer, étaient, grâce à Vincent, toujours proportionnées aux besoins.

Une fois, il trouva près de la porte de pauvres femmes qui sollicitèrent sa charité ; il leur promit de leur envoyer quelque chose sur l'heure ; mais à peine rentré, il l'oublia. Dès qu'il s'en souvint, il vint lui-même porter l'aumône promise, et se jeta à genoux devant ces pauvres femmes, leur demandant pardon de son oubli.

Si, lorsqu'il était en voiture, il lui arrivait de rencontrer un malheureux, il le faisait monter près de lui, cet homme fût-il couvert de haillons, eût-il de dégoûtants ulcères. Dans les rues, il s'arrêtait devant tous les pauvres pour les consoler et leur faire l'aumône ; s'ils souffraient, il payait des hommes pour les porter à l'Hôtel-Dieu (1). Que de faits nous omet-

(1) « Dès les premiers siècles de l'Eglise, dit Fleuri, une partie » considérable des biens des chrétiens fut appliquée à fonder et entre-» tenir des hôpitaux pour les différentes espèces de misérables. » Aussitôt que l'Eglise fut un peu libre, on bâtit différentes maisons de charité et on leur donnait différents noms suivant les différentes sortes de pauvres. Nous en avons parlé dans l'introduction de ce livre. Si l'on ne voit point d'hôpitaux établis en France dans les premiers temps de la monarchie, c'est qu'alors les évêques prenaient soin des pauvres et des malades. Il leur était ordonné par plusieurs conciles de visiter les prisonniers, les pauvres, les lépreux ; de leur fournir des vivres et des moyens de subsister. Dans les temps malheureux qui suivirent la chute de la famille de Charlemagne, les pauvres furent à peu près abandonnés ; les biens de l'Eglise étaient tombés entre les mains des princes et des seigneurs qui ne faisaient que guerroyer. Les maladies contagieuses qui suivirent pendant le XIIIe et le XIVe siècles rendirent les hôpitaux absolument nécessaires. — De tous les hôpitaux de l'Europe, l'Hôtel-Dieu de Paris est le plus célèbre par son antiquité. On ne sait rien de précis sur l'époque de sa fondation, mais il existait avant 814. Le huitième concile de Paris, tenu en 829,

tons, que de traits nous échappent ! Il faudrait compter toutes les heures de Vincent pour compter toutes ses œuvres secrètes et tous ses bienfaits !

Eh ! bien, cet homme, prodigue, on peut le dire, pour toutes les misères, se refusait parfois le nécessaire à lui-même, toujours le superflu. Personne d'entre ses prêtres n'était plus pauvrement vêtu que lui. Il réclamait comme un droit les habits les plus usés et les plus grossiers. Sa chambre était sans cheminée, sans meubles, sans tenture ; sa table, sans tapis ; son lit, sans matelas, sans rideaux. Pour toute décoration, une image, un crucifix (1).

Dans ses repas, il était d'une sobriété presque sans exemple ; encore avait-il coutume de dire : *Ah ! misérable ! tu n'as pas gagné le pain que tu manges.*

Que dire maintenant de son intention toujours pure ; de son union avec Dieu, toujours intime ; de la prière continuelle de son esprit et de son cœur. C'est un secret à jamais impénétrable que Dieu seul a connu. Nous ne pouvons que soupçonner partout la perfection : ce que nous en connaissons nous y autorise.

Voilà quelque chose sur la vie privée de Vincent de Paul. Malheur à qui oserait sourire de ce que quelques gens

---

ordonne que la dîme de toutes les terres cédées aux chanoines de Paris par l'évêque Incade, seront affectées à *l'hôpital Saint-Christophe*. Hélyot nous apprend qu'en 1217 il y avait trente-huit religieux et vingt-cinq religieuses pour le service de cette maison.

(1) « J'avoue, dit dans sa déposition M. Chomel, premier médecin du roi, que je fus tout étourdi quand je vis un homme d'un tel mérite et d'une si grande réputation, logé si misérablement, et n'ayant pour tout meuble que ce dont il ne pouvait absolument se passer. »

appellent les minuties de la piété ! Qu'on se souvienne que c'est là que Vincent puisait les inspirations de son zèle, et non dans une vague religiosité qui n'est que l'indifférence habillée d'un nom moins odieux. Qu'on songe à ce que, avec cela, il a fait pour la France, pour le monde ; et ensuite, qu'on le juge !...

CHAPITRE XVI.

Madame Legras. — Associations de charité. — Institut des filles de charité. — Règles de conduite qui leur sont données. — Madame de Polladion.

1629. — 1635.

> *Beatus qui intelligit super egenum et pauperem.* — Psal. XI. 1.
> *Hæc erat plena operibus bonis et eleemosynis quas faciebat.* — Act. IX. 36.

Vincent de Paul aimait les pauvres avec une sorte de passion sublime; l'infortune et l'indigence trouvaient toujours le chemin de son cœur. On eût dit qu'il n'était sur la terre que pour venir au secours de ceux qui souffraient. Il semblait même se croire obligé d'envelopper dans sa charité toutes les douleurs. « Je suis en peine, disait-il un jour à l'un de
» ses prêtres avec lequel il traversait la ville, je suis en peine
» pour notre compagnie; mais, en vérité, elle ne me touche
» point à l'égal des pauvres. Nous en serons quittes en allant
» demander du pain à nos autres maisons si elles en ont, ou à
» servir de vicaires dans les paroisses; mais pour les pauvres,

» que feront-ils et où pourront-ils aller? J'avoue que c'est là
» mon poids et ma douleur. » Ses grandes entreprises, ses
voyages, ses correspondances, ne l'arrachaient point à ces
préoccupations : elles les torturaient. A l'époque dont nous
parlons, il tremblait surtout pour ses confréries de charité. Il
aurait eu besoin depuis long-temps d'une ame comme la sienne
pour les soutenir, les diriger et leur donner des ramifications.
Dieu enfin lui envoya cette ame.

Elle fut pour Vincent de Paul ce qu'avait été madame de
Chantal pour le doux et angélique évêque de Genève. C'était
Louise de Marillac, nièce d'un maréchal de France de ce nom,
veuve de monsieur Legras, gentilhomme, autrefois secrétaire
de la reine Marie de Médicis. Sur l'avis de Jean-Pierre
Camus, évêque de Belley et ami de François de Sales, elle
s'était placée, depuis la mort de son mari, sous la direction
de Vincent. Femme forte s'il en fut jamais, d'un profond
savoir, d'un exquis jugement, d'une ame ardente, d'une mâle
vertu, d'un caractère à la fois plein de fermeté et de douceur, elle prit sous la main de Vincent un grand amour, une
véritable passion pour les pauvres; à ce point qu'elle est
devenue, elle aussi, comme la personnification de la charité.
Elle mit son zèle à la diposition de son directeur qui l'exploita
largement au profit du malheur. Bientôt elle avait pensé
sérieusement à consacrer sa vie entière aux pauvres. Vincent,
consulté sur cette dernière résolution, lui répondit de suite :

— « Oui, certes, je le veux bien ; pourquoi non ? puisque
» Notre Seigneur vous a donné ce saint sentiment. Communiez
» demain, et après cela vous commencerez les saints exercices
» que vous vous êtes ordonnés. Je ne saurais vous exprimer
» combien mon cœur désire ardemment de voir le vôtre pour

» savoir comment cela s'est passé en lui ; mais je m'en veux
» bien mortifier pour l'amour de Dieu, auquel seul je désire
» que le vôtre soit occupé. Vous avez paru aujourd'hui devant
» les yeux de Dieu comme un bel arbre, puisque par sa grâce
» vous avez produit un tel fruit. Je la supplie qu'il fasse, par
» son infinie bonté, que vous soyez à jamais un véritable arbre
» de vie qui produise des fruits d'une vraie charité. » Cette
lettre n'est-elle pas digne de saint François de Sales.

Cependant, selon son habitude, Vincent laissa passer le premier enthousiasme de Mme Legras, et ce ne fut qu'en 1629 qu'il lui permit de se donner entièrement au service des malheureux.

Dès cette heure, la noble dame, malgré la faiblesse de sa constitution et ses nombreuses infirmités, allait parcourant les hameaux et les petites villes où déjà se trouvaient établies les confréries de la Charité. Arrivait-elle dans une paroisse, aussitôt elle réunissait les *servantes des pauvres*, relevait ou entretenait leur courage et leurs espérances, réveillait leur zèle, et faisait des distributions de remèdes, de linge et d'argent. Elle leur enseignait les mille moyens ingénieux que Vincent employait pour mieux réussir auprès des divers genres d'infortunes. Avant de se retirer, elle rassemblait les petites filles de la bourgade, les catéchisait avait intérêt, leur rappelait les principaux devoirs de la vie chrétienne, et leur laissait une aumône avec son touchant adieu. Ainsi faisant, elle traversa les diocèses de Beauvais, de Paris, de Senlis, de Soissons, de Meaux, de Châlons, de Chartres, partout bénie sur son passage, laissant après soi des marques de sa générosité et des consolations. Elle se donnait à ces voyages avec une telle ardeur que Vincent de Paul était obligé d'en modérer les élans ; sa santé n'y aurait pas tenue : « Ayez soin de la conserver cette santé,

» lui écrivait-il, pour l'amour de Notre Seigneur et de ses
» pauvres membres. » Il avait soin aussi de la mettre en
garde contre l'orgueil : « Lorsque vous serez louée, unissez
» votre esprit aux mépris que le Fils de Dieu a soufferts.
» Certes, un esprit vraiment humble est humilié autant dans
» les honneurs que dans les mépris, et fait comme l'abeille
» qui compose son miel aussi bien de la rosée qui tombe sur
» l'absinthe que de celle qui tombe sur la rose. J'espère que
» vous en userez ainsi ! »

Grâce à Vincent et à madame Legras (1), toutes les provinces de Paris avaient leurs associations de charité. On s'imagine tout le bien qui en dut sortir, avec une telle femme ! Mais Dieu voulait que cette œuvre fût le berceau d'une autre institution plus magnifique encore. Je veux parler de cette institution devant laquelle la philosophie même du dix-huitième siècle, cette philosophie qui n'avait qu'un sourire de dédain pour le catholicisme, n'a eu que des éloges et de l'admiration, l'institut des sœurs de la Charité.

Tant que les confréries des servantes des pauvres restèrent circonscrites dans les villages, il s'y trouva toujours, dans la bourgeoisie, assez de dames pour secourir les indigents ; mais lorsque ces associations pénétrèrent dans les cités, il fut assez difficile, à Paris surtout, d'obtenir des dames de qualité, enrôlées dans l'œuvre, qu'elles portassent elles-mêmes, jusque dans les mansardes, la nourriture, le linge ou l'aumône en ar-

---

(1) Le titre de *dame* n'appartenait alors qu'aux femmes de la haute aristocratie ; l'épouse d'un simple gentilhomme n'avait droit qu'à celui de *demoiselle*. Néanmoins, pour nous conformer à l'usage adopté aujourd'hui, et quoique les autres historiens de saint Vincent de Paul aient fait autrement, nous dirons *madame* Legras.

gent destiné aux malheureux. On conçoit que leurs maris qui n'avaient ni tant de foi ni tant de charité surtout, se souciaient fort peu de voir leurs femmes descendre à ce qu'ils appelaient des fonctions au-dessous de leur rang. Force fut bien aux servantes des pauvres de se démettre sur leurs domestiques d'un emploi qui, tout en les honorant, les exposait aux reproches de leurs seigneurs et maîtres, comme on disait alors. Les serviteurs n'avaient ni la main assez légère, ni surtout le cœur assez compatissant; l'esprit de charité leur manquait. Aussi, ne voyant dans cette charge qu'une servitude de plus et un surcroît d'occupation qui, pensaient-ils, allaient mal avec les riches livrées du grand seigneur, leur maître, ils s'en acquittaient de mauvaise grâce et avec maladresse. Il fallait donc se décider à ne plus employer ces mains mercenaires ou se résoudre à voir tomber une institution qui n'atteignait plus son but, dès que les pauvres étaient traités sans égard par ces hommes que soudoyait pourtant la charité.

Vincent de Paul comprit toute la difficulté, et travailla courageusement à la faire disparaître. Il se souvint que, dans ses courses apostoliques, il avait souvent rencontré dans les campagnes des filles honnêtes et pieuses qui, ne voulant point s'établir et n'ayant point d'ailleurs de dot pour entrer dans un monastère, seraient merveilleusement propres à servir les pauvres malades. Dans le cours de sa mission la plus prochaine, il en trouva deux qui acceptèrent de grand cœur un emploi qui remplissait en partie leurs désirs. Il les envoya de suite à Paris pour qu'on les formât; mais ce fut peine perdue, leur bonne volonté ne fut pas secondée par leur aptitude. La rude tâche qui leur était imposée s'éloignait trop des habitudes du village. Il fallut chercher autre part. Plusieurs jeunes filles de tout rang se présentèrent d'elles-mêmes. D'abord on en choisit sur ce nombre quatre seulement. Grâce à madame Legras qui voulut bien les former, elles furent en état, peu de temps après, de correspondre aux intentions du fondateur. La petite troupe grossit bien vite ; et quoique on fût très difficile dans le choix des sujets et qu'on ne les admît qu'après épreuve, les filles de la charité se trouvèrent bientôt assez nombreuses pour suffire aux premiers besoins.

Un estimable auteur (1) a écrit que « sans rien ôter à la » gloire de saint Vincent de Paul, on peut dire que le père » Bernard, autrement dit le pauvre prêtre, fut la première » cause de l'établissement des sœurs de la charité. » Cette assertion n'est basée que sur une vie du père Bernard, écrite en 1708, et qui entre là-dessus dans peu de détails. L'histoire des commencements de l'Institut créé par Vincent et madame Legras, nous montre que les fondateurs ont tâtonné longtemps avant d'arriver au résultat. Il nous semble que s'ils eussent eu sous les yeux une congrégation déjà existente qui pût leur servir de type, ils auraient eu moins de difficultés pour réussir ; ils n'auraient eu qu'à copier (2).

(1) M. le baron Henrion ; *hist. de l'Eglise*, t. VIII, p. 432.

(2) Nous devons un mot au père Bernard qui joua à cette époque un grand rôle de charité. Né à Dijon d'une famille noble, en 1588, il fut converti par Pierre Camus, l'intime ami de saint François de Sales. Après avoir renoncé à tous ses bénéfices, il vint à Paris où il s'occupa activement du soin des malheureux. Il vendit tous ses biens et leur en consacra le prix. Les prisons et les cachots furent les principaux théâtres de son zèle ; les malades les plus dégoûtants, les criminels les plus hideux avaient toute sa tendresse. Il fut d'abord tourné en ridicule ; on l'appelait le *fou du bon Dieu* ; ses parents, humiliés de sa manière de vivre, le renièrent presque ; mais sa charité inouïe

Il fallait assurer l'existence de l'œuvre. Madame Legras, qui depuis long-temps voulait se consacrer par vœu au service des infirmités humaines, proposa de former une communauté véritable avec règles et statuts. Vincent de Paul, avec la prudence qu'on lui connaît, ne répondit pas d'abord. Madame Legras insista pour avoir son avis; voici la réponse :

« Je n'ai pas le cœur assez éclairé devant Dieu en cette
» affaire. Je vous prie une fois pour toutes de n'y point penser
» jusqu'à ce que Notre Seigneur fasse paraître qu'il le veut;
» car on désire souvent plusieurs bonnes choses d'un désir qui
» semble être selon Dieu, et néanmoins il ne l'est pas toujours;
» mais Dieu permet ce désir afin de préparer l'esprit à ce que
» veut la Providence. Vous cherchez à devenir la servante de
» ces pauvres filles, et Dieu veut que vous soyez la sienne et
» peut être de plus de personnes que vous ne seriez en cette
» façon. Pour Dieu, que votre cœur honore la tranquillité de
» celui de Notre Seigneur, et il sera en état de le servir.
» Honorez souverainement le Dieu de paix et de dilection. »

Cette apparente indifférence dura deux ans. A cette époque seulement, l'an 1633, témoin de tout le bien fait par les saintes filles formées et dirigées par la pieuse veuve, il consentit à jeter les premiers fondements de l'Institut.

---

triompha de tout, et l'admiration succéda au mépris. On le connut bientôt à la cour; Richelieu le voulut voir. Frappé de sa sainteté, il le pria de lui demander une grâce; Bernard ne demanda que la permission d'assister les criminels à la mort. Mandé une seconde fois à la cour, il répondit à Richelieu qui le priait de lui déclarer sérieusement ce qu'on pourrait faire pour lui : « Je prie Votre Eminence d'ordonner » que l'on mette de meilleures planches au tombereau dans lequel je » conduis les criminels au lieu du supplice. » Il mourut le 23 mars 1641. Il fut enterré dans l'église de l'hôpital de la Charité.

La première maison, établie d'abord sur la paroisse de Saint-Nicolas-du-Chardonnet, fut, en 1642, rapprochée de Saint-Lazare. Tout alla selon les désirs du fondateur, et l'archevêque de Paris approuva la congrégation. Le roi en autorisa et confirma l'existence.

Vincent de Paul voulut lui donner un esprit digne du but qu'il fallait atteindre. Il élabora lentement des constitutions dont la rédaction ne fut terminée que vingt ans après; mais, en attendant, il donna aux filles de la charité des règles pleines de sagesse. Nous n'essayerons pas de les analyser, ce serait leur ôter ce charme inexprimable qu'on trouve dans les paroles de Vincent; nous nous bornerons à en transcrire quelques fragments :

« Une fille de charité, disait-il, a besoin de plus de vertus
» que les religieuses les plus austères. Il n'y a point de religion
» de filles qui ait plus d'emplois qu'elles n'en ont; car elles
» ont presque tous les emplois des autres religieuses, ayant
» premièrement à travailler à leur perfection, deuxièmement
» au soin des malades, troisièmement à l'instruction des
» pauvres filles.

» Elles considéreront qu'encore qu'elles ne soient point
» en une religion, néanmoins parce qu'elles sont beaucoup
» plus exposées que les religieuses cloîtrées et grillées, n'ayant
» pour monastère que les maisons des malades, pour cellule
» quelque pauvre chambre, pour chapelle l'église paroissiale,
» pour cloître les rues de la ville, pour clôture l'obéissance,
» pour grille la crainte de Dieu et pour voile la sainte modes-
» tie, elles doivent avoir autant et plus de vertus que si elles
» étaient professes dans un ordre religieux. C'est pourquoi
» elles tâcheront de se comporter, en tous ces lieux-là, du

» moins avec autant de retenue, de récollection et d'édification
» que font les vraies religieuses dans leur monastère.

» Elles penseront souvent à la fin principale pour laquelle
» Dieu a voulu qu'elles fussent envoyées, qui est de servir les
» pauvres malades, non-seulement corporellement en leur
» administrant la nourriture et les remèdes, mais encore
» spirituellement en procurant qu'ils reçoivent de bonne heure
» les sacrements. En sorte que tous ceux qui tendront à la
» mort partent de ce monde en bon état, et que ceux qui
» guériront fassent une bonne résolution de bien vivre à
» l'avenir.

» En servant les malades, elles ne doivent considérer que
» Dieu et partant ne prendre non plus garde aux louanges
» qu'ils leur donnent qu'aux injures qu'ils leur disent, si ce
» n'est pour en faire un bon usage, rejetant intérieurement
» celles-là en se confondant en leur néant, et agréant celles-ci
» pour honorer les mérites du Fils de Dieu en la croix, in-
» sulté par ceux qui en avaient reçu tant de grâces.

» Elles ne recevront aucun présent, tant petit qu'il soit, se
» gardant bien de penser que les pauvres leur soient obligés
» pour le service qu'elles leur rendent ; vu qu'au contraire
» elles lui en doivent de reste, puisque, pour une petite aumône
» qu'elles font, non de leurs biens, mais seulement de leurs
» soins, elles se font des amis dans le ciel. Et même dès cette
» vie, elles reçoivent plus d'honneur qu'elles n'en eussent
» jamais osé espérer dans le monde ; ce dont elles ne doivent
» point abuser, mais plutôt entrer en confusion, dans la vue
» qu'elles en sont indignes. »

On nous permettra encore de citer quelques paroles des allocutions de Vincent à ses chères filles.

« Les filles de la charité sont envoyées sur la terre pour
» représenter la bonté de Dieu à l'égard des pauvres malades ;
» elles doivent donc écouter leurs plaintes comme des mères,
» c'est-à-dire avec douceur, avec compassion et amour.

» Vous quittez l'oraison, la lecture ou le silence pour
» assister un pauvre, soyez en paix : servir ce pauvre c'est faire
» ce que vous quittez.

» Mes sœurs, ne demeurez jamais oisives. Après le service
» des malades, occupez-vous à coudre et à filer.

» Oh ! il faut, mes filles, travailler pour gagner sa vie, et
» être bien soigneuses d'employer le temps dont Dieu vous
» demandera un compte bien exact. C'est chose si précieuse
» que le temps !

» Vivez ensemble en grande union et ne vous plaignez
» jamais les unes des autres ; supportez-vous mutuellement ;
» chacune de vous a ses défauts, et si vous ne supportez pas
» votre sœur, pourquoi vous supporterait-elle ?

» Respectez-vous les unes les autres, parce que vous
» êtes toutes au service d'un maître qui est plus grand que les
» princes et les rois du monde...

» Avez-vous jamais vu une belle robe de brocard d'or ?
» Que cela est beau et éclatant ! Mais si vous y ajoutez des
» escarboucles, des émeraudes, des rubis, ces pierres précieu-
» ses en augmentent le prix d'une manière considérable. Mes
» filles, vous ne ferez jamais une action par obéissance que
» vous n'y ajoutiez comme un diamant. »

En sage législateur qui prévoit tout, Vincent de Paul, pour
prémunir les nobles ouvrières contre des regrets souvent
inutiles, et afin d'entretenir dans cet institut une ferveur
toujours jeune et forte, ne les admit à la profession de leurs

vœux qu'après cinq ans entiers d'épreuves, et ne leur permit de s'engager que pour une seule année : comme s'il eût voulu que ce noviciat continuel, incessamment mêlé à la vie active de la miséricorde, leur donnât chaque jour, et sur la terre et au ciel, les mérites d'une perpétuelle consécration.

Avec des éléments tels qu'il les avait dans les filles de la charité, Vincent de Paul pouvait tout tenter. Des œuvres multiples et diverses n'étaient pas trop pour ces anges députés auprès de toutes les misères. On les vit tour-à-tour servir de mères aux orphelins, se consacrer à l'éducation des enfants, assister les malades et les infirmes, les vieillards, les prisonniers, les pauvres honteux, les soldats blessés. Il semble, aujourd'hui comme autrefois, qu'elles épient chaque souffrance, comme si, de droit, elles avaient un mot à lui dire, un mot de consolation, de bon conseil ou d'espoir; que c'est à elles seules que l'indigence, les revers, les accidents, les vices, les crimes mêmes sont comptables de leurs douleurs. Les vertus qui font le plus de bien à l'humanité et d'honneur à la religion, sont les actions ordinaires de leur vie, et l'on ne sait ce que l'on doit admirer le plus, de leur joie au milieu des plus rebutantes occupations, ou de leur inépuisable courage en face de tous les maux qui les appellent et les bénissent, dans les cités comme dans les campagnes, dans les bagnes comme au fond des cachots, dans la mansarde reculée et infecte comme dans le palais des grands.

Nous ne disons pas tout le bien qui a été fait par les filles de la charité. Les annales de tous les mondes où le Christianisme a passé nous fourniraient des volumes sur leur héroïsme si plein de mansuétude. Cet institut est jugé depuis long-temps; c'est dire qu'il est respecté partout, partout aimé. A part quelques hommes que le nom de Dieu effarouche encore, parce que sa religion leur pèse, il n'est personne qui ne trouve en son cœur, pour ces douces vierges, de l'admiration et de l'amour (1). On sait que, dans ces derniers temps, les Arabes du désert, ravis de tant de courage et de dévouement au milieu de tant de jeunesse et de privations, leur demandaient naïvement par quelle route secrète elles étaient descendues du ciel.

Personne, dans les œuvres dont il a été parlé en ce chapitre, ne servit mieux Vincent et Madame Legras, que Madame de Polladion. Formée à la piété par un fervent bénédictin, le père Lebrun, elle avait, à huit ans, un amour

---

(1) Voici un curieux exemple cité par monseigneur Dupuch, premier évêque d'Alger : « Faut-il, écrit-il au pape, citer à Votre Sainteté » un déplorable exemple des dispositions de certaines personnes envers » la Religion !... Je le ferai avec courage en transcrivant le document » qui suit :

MADAME LA SUPÉRIEURE,

L'Algérie doit être avant tout le pays de la tolérance, en matière de religion. Toutes les sectes chrétiennes, tous les cultes les plus opposés s'y rencontrent. Les hôpitaux surtout doivent être un champ neutre pour toutes les dissidences religieuses. On a pu autoriser sans danger aucun, dans quelques hôpitaux de France, le placement de l'image du Christ ; mais ici, il ne saurait en être de même. Ainsi, j'ai l'honneur de vous prier d'inviter les sœurs sous vos ordres à faire enlever des salles les signes du culte extérieur qui pourraient s'y trouver encore. Toute prière publique doit y être également interdite. J'espère que ces observations de ma part suffiront pour faire cesser un état de choses regrettable sous bien des rapports, et qui nuit essentiellement au bon ordre de l'établissement...   Alger, 10 novembre 1845.

« Je dois ajouter qu'à Paris cette incroyable mesure n'a pas été » approuvée. » (*Mémoire au pape Grégoire XVI; 29 janvier 1846*). — Inutile de dire que les sœurs de la charité préféraient sortir de l'hospice que de renoncer à un droit et à un besoin. Où auraient-elles pris la force, la charité et la douceur, sans le Christ qui console et encourage, sans la prière ? Que feraient-elles dans un hospice si leur charité n'allait pas chercher plus encore les âmes que les corps ?

si grand pour les pauvres que son père, Jean-André Lumague, fut obligé de la charger de la distribution de ses aumônes. Ses parents la marièrent à François de Polladion, gentilhomme ordinaire de la maison de Louis XIII. Elle le perdit peu de temps après. A peine veuve, elle pensa à réaliser les projets qu'elle avait toujours eus de se consacrer aux pauvres, et ce fut Vincent de Paul qu'elle choisit pour directeur. Nous verrons, dans la suite de cette histoire, les résultats de cette habile direction sur cette femme chez qui le zèle s'harmonisait d'une manière admirable avec la plus grande prudence.

Un de ses premiers soins fut, en attendant une vie plus parfaite, de prendre l'habit du tiers-ordre de saint Dominique. Elle le porta jusqu'au dernier de ses jours sous ses autres vêtements. La première femme de Gaston d'Orléans la nomma, sur sa haute réputation et sans sollicitation étrangère, sa dame d'honneur et gouvernante de ses enfants ; Madame de Polladion accepta d'abord et vécut quelque temps à la cour, donnant à tous le spectacle d'une angélique vertu ; mais elle craignit bientôt que cette atmosphère toujours si dangereuse n'eût une mauvaise influence sur son ame ; elle brisa tous les liens, et sortit. Elle n'eut plus désormais d'autres occupations que celles de Madame Legras qu'elle accompagnait dans ses courses charitables et qu'elle secondait de son mieux. Elle s'attacha de plus à retirer du vice les jeunes personnes que le besoin y avait jetées ; et ce fut le principe de cette belle œuvre dont nous parlerons plus tard, l'institut des *filles de la Providence*.

CHAPITRE XVII.

Les dames de Charité. — L'Hôtel-Dieu. — Les condamnés aux galères.

1635. — 1639.

> [*Religio munda et immaculata apud Dominum et Patrem hæc est, visitare pupillos et viduas in tribulatione eorum et immaculatum se custodire ab hoc seculo.* — JAC. I. 27.]

L'administration laïque introduite dans l'Hôtel-Dieu, à Paris, vers l'an 1505, avait singulièrement fait décliner cet établissement. Des réglements d'une austère sagesse et des réformes, plusieurs fois tentées, n'avaient rien pu pour le soutenir. Le dévouement des sœurs grises se brisait contre des obstacles étrangers; et les cœurs vraiment charitables étaient réduits à gémir et à désespérer. Vincent de Paul partageait sur ce point la douleur commune et aurait bien voulu y mettre un terme. Mais son humilité qui lui faisait un devoir de ne rien entreprendre de lui-même, arrêtait aussitôt les élans de sa volonté. Il se contentait de prier et de verser des larmes.

Un jour, il vit entrer chez lui une jeune et noble dame, la veuve du Président de Goussault, laquelle avait refusé les plus riches partis de la cour pour rester simple servante des pauvres.

— Monsieur Vincent, lui dit-elle, je sors de l'Hôtel-Dieu ; mes regards ont été attristés de tout ce que j'y ai vu d'étrange ; au nom de la charité et de la religion, dites-moi, Monsieur, ne vous serait-il pas possible de faire quelque chose pour ce précieux établissement ?

Vincent de Paul convint sans peine des réformes nécessaires au grand hôpital ; mais, malgré toutes les instances de la pieuse veuve, il ne put se décider *à porter la faux dans la moisson d'autrui*, comme parle Abelly ; il fut inébranlable.

A quelques jours de là, on le manda chez l'archevêque de Paris. C'était un coup monté contre Vincent par madame de Goussault. Elle savait bien que son humilité ne tiendrait point contre le vœu de l'autorité légitime ; elle avait donc mis sa cause entre les mains du prélat.

— Monsieur Vincent, lui dit monseigneur de Gondy, madame de Goussault m'a fait part d'un projet qui tendrait à l'amélioration de l'Hôtel-Dieu ; je goûte fort ce projet. Vous me seriez infiniment agréable si vous essayiez de le mener à bien. Vous pourriez, par exemple, fonder une congrégation de dames charitables qui se chargeraient de visiter l'établissement et de prendre soin des malades. Vous y réussirez, je n'en doute pas. Si mon désir n'était point assez, permettez, Monsieur Vincent, que j'y ajoute un ordre. Dieu veut cela de vous.

C'était terminer la question. Vincent de Paul s'inclina et se mit en devoir d'obéir. Il parvint à rassembler quelques dames dont il connaissait les dispositions généreuses, et on en trouvait un grand nombre à cette époque ; sa charité, comme toujours, fut si éloquente et si persuasive que, toutes, elles acceptèrent la charge, résolues à ne pas reculer devant les sacrifices.

Encore pleines de l'enthousiasme que leur a communiqué Vincent, elles essaient de faire du prosélytisme. En quelques jours, elles ont recruté, pour la nouvelle entreprise, ce qu'il y avait de plus nobles dames dans Paris. On y compta et madame Legras, la femme la plus digne de distribuer les aumônes de Vincent de Paul ; et la duchesse de Beaufort, épouse d'un petit-fils d'Henri IV ; et madame d'Aligre, femme d'un chancelier de France ; et madame de Miramion qui devint fondatrice d'ordre (1); et madame la présidente de Herse dont les mains prodigues ne pouvaient retenir l'or ; et la jeune marquise de Fouquet qui plus tard eut

---

(1) Marie Bonneau de Rubelle, dame de Miramion, naquit à Paris. Elle épousa Jacques de Beauharnais, seigneur de Miramion, qui mourut dans l'année même de son mariage. La jeune et riche veuve refusa tous les partis et consacra sa brillante fortune à de pieuses fondations. Pour soulager les malheureux que les guerres civiles avaient faites, elle vendit sa vaisselle d'argent et un collier estimé 24,000 francs. Elle fonda la maison du *Refuge* pour les femmes et les filles que le crime avait déshonorées et qu'on voulait arracher au mal ; puis la maison de Sainte-Pélagie pour celles qu'y ramènerait le repentir. En 1661, elle établit une communauté de douze filles pour assister les malades et intruire les jeunes personnes de leur sexe. Elle la réunit ensuite à celles de Sainte-Geneviève qui avaient le même but. On donna à ces filles le nom de *dames Miramiones*. Madame de Miramion mourut en 1696, à l'âge de 67 ans.

à pleurer de grandes infortunes, la disgrâce de son fils, le trop malheureux surintendant de Louis XIV ; et madame de Polladion qui institua les filles de la Providence ; et madame de Lamoignon que Vincent nommait son bras droit et dont le cercueil, enlevé par les pauvres, devint comme un char de triomphe ; et la princesse de Mantoue, depuis reine de Pologne ; et la marquise de Maignelet, sœur de l'archevêque de Paris ; et Mesdames de Brienne, de Traversoi, de Villesavin, de Sénecey, de Bailleul, de Sainctot, du Macq ; et enfin la spirituelle et généreuse nièce de Richelieu, la duchesse d'Aiguillon. Avec de tels éléments l'œuvre devait réussir.

Une seconde réunion fut indiquée ; elle fut et plus brillante et plus nombreuse. On s'occupa de nommer une supérieure. Naturellement, le choix tomba sur madame de Goussault (1). On convint cependant que, dès ce moment et à toujours, la supérieure relèverait des supérieurs de Saint-Lazare qui en seraient les directeurs de droit. On nomma aussi une assistante et une trésorière. La présidente de Lamoignon obtint que les assemblées se tiendraient chez elle.

Après tous les détails d'une première organisation, Vincent de Paul, sans dissimuler aux nouvelles associées les obstacles qu'elles auraient à vaincre, enflamma leur courage par l'idée du bien à faire, des mérites attachés à leur concours et de la gloire qui les attendait au ciel. Il recommanda la prudence et la charité pour qu'on n'éveillât point des susceptibilités faciles

---

(1) Après Madame de Goussault, la société eut pour supérieures Madame de Soucarrière, la présidente de Lamoignon, puis la duchesse d'Aiguillon. — (*L'abbé* CARRON ; *Vie des dames françaises*, etc.)

à prévoir. Il se chargea lui-même d'avertir les administrateurs de l'Hôtel-Dieu des dispositions prises par la nouvelle société. Ce n'était ni la part la plus agréable ni la plus facile.

Il se hasarda néanmoins. Il fit ses observations avec un tact si parfait, avec des précautions si insinuantes et en termes si humbles, expliquant les démarches par la nécessité d'obéir à un ordre reçu de la bouche de l'archevêque, que personne n'osa se montrer opposé à une réforme que, après tout, il eût bien fallu subir. On eut même l'air de s'y prêter d'assez bonne grâce.

Vincent de Paul, débarrassé d'un obstacle qu'il avait jugé plus difficile à vaincre, se mit en devoir de faire entrer en exercice les dames qui avaient accepté la sublime tâche. Il leur recommanda de se donner auprès des religieuses déjà établies dans la maison, non comme des inspectrices, mais comme des aides, comme des sœurs avec qui elles voulaient faire un échange de piété, de zèle et d'amour (1).

---

(1) Tout le monde s'accordait à faire l'éloge des sœurs hospitalières, dites sœurs grises. Le cardinal Jacques de Vitri en parle ainsi : « Il y en avait qui, se faisant violence, souffraient avec joie et sans » répugnance l'aspect hideux de toutes les misères humaines, et aucun » genre de pénitence ne peut être comparé à cette espèce de martyre. » Pierre Hélyot, dans son volumineux ouvrage des ordres monastiques religieux et militaires, s'exprime en ces termes : « Il n'y a personne » qui, en voyant les religieuses de l'Hôtel-Dieu, non-seulement panser, » nettoyer les malades, faire leurs lits, mais encore, au plus fort de » l'hiver, casser la glace de la rivière qui passe au milieu de cet » hôpital, et y entrer jusqu'à la moitié du corps pour laver leur linge » plein d'ordures et de vilenies, ne les regarde comme autant de » saintes victimes qui, par un excès d'amour et de charité pour secourir » leur prochain, courent volontiers à la mort qu'elles affrontent, » pour ainsi dire, au milieu de tant de puanteur et d'infection causées » par le grand nombre des malades. »

« Nous prétendons, leur disait-il, contribuer au salut et au
» soulagement des pauvres, et c'est ce qu'on ne peut faire sans
» l'aide et l'agrément de ces bonnes religieuses qui le gouver-
» nent : il est donc juste de les prévenir d'honneur et de les
» traiter comme les dames de la maison. C'est le propre de
» l'esprit de Dieu d'agir suavement, et c'est le moyen le plus
» assuré de réussir que de l'imiter en cette manière d'agir. »

Avec cette précaution, les dames de la charité ôtèrent aux yeux des hospitalières ce que leurs visites pouvaient avoir de pénible pour des personnes qui se croient supplantées ou compromises. Elles furent accueillies avec déférence, et bientôt généralement aimées de celles dont elles devenaient comme les compagnes.

C'était beau de voir ces dames de haute naissance et de grand nom aller de salle en salle, de lit en lit, servant les malades de leurs mains délicates, leur parlant de Dieu et leur apprenant à faire un bon usage de leurs souffrances. On aimait à contempler la misère ainsi servie par la richesse qui se présentait sous les traits de la charité. D'ailleurs Vincent de Paul avait voulu éviter un trop frappant contraste. Il exigea que celle qui était de service laissât de côté toute parure trop élégante, et se contentât d'une mise simple devant des pauvres en qui une brillante toilette eût provoqué une pénible comparaison, celle de leurs tristes haillons et des luxueux habits d'une classe privilégiée.

Leur charité allait au-devant des besoins, même des désirs. Plus d'une fois, elles portèrent aux malades quelques-unes de ces petites douceurs qui coûtent si peu et qui les réjouissent tant ; essayant ainsi de donner à la misère tout le bien-être de la prospérité. Cette charité prenait les caractères d'un zèle d'apôtre lorsqu'il s'agissait de l'ame; car outre que chacune devait à son tour servir corporellement les malades, tous les trois mois on en nommait quatorze qui n'avaient à s'occuper que du bien spirituel. Celles-ci avaient grand soin de disposer tout le monde à la réception des sacrements. Les malades désespérés, elles les préparaient à bien mourir, et traçaient à ceux qui entraient en convalescence les règles d'une vie probe et chrétienne. Rien d'ailleurs qui sentît en elles l'affectation; elles instruisaient avec la simplicité d'une mère parlant à son enfant, avec la même patience et le même amour. Vincent avait même voulu, que, pour ne pas éveiller la plus petite susceptibilité, elles ne parlassent jamais de religion sans avoir un livre à la main, afin que chacun comprît qu'elles faisaient, non une prédication, mais une simple lecture instructive. Aussi bien, étaient-elles accueillies comme des anges. Il était doux aux malades d'être servis avec tant d'affabilité et de dévouement par des femmes qui semblaient préférer aux salons dorés, aux brillantes fêtes, leurs salles tristes et nues et leurs dégoûtants ulcères. La vérité, passant par leur bouche, leur paraissait plus belle encore, et la consolation prenait sur leurs lèvres quelque chose de plus suave et de plus gracieux.

Dès la première année, on compta plus de sept cents abjurations de luthériens, de calvinistes et de musulmans. On fut obligé, pour que la confession devînt plus facile, d'attacher à la maison un prêtre qui savait plusieurs langues. On lui donna pour aides cinq autres prêtres, préparés par la retraite chez les Lazaristes.

De toutes les dames de la charité, aucune n'avait un zèle plus actif que Madame Legras. Vincent de Paul était même

obligé de la modérer avec la bonté naïve qui le caractérisait :
« Etre toujours à l'Hôtel-Dieu, lui écrivait-il, il n'est pas
» expédient ; mais d'y aller et venir, il est à propos. »

Bientôt, on ne parla de tous côtés que des merveilleux changements opérés dans l'administration et le service de l'Hôtel-Dieu ; on préconisa le zèle et la délicatesse avec lesquels toutes les plaies de l'ame et du corps étaient pansées. Plusieurs bourgeois de Paris demandèrent même en grâce d'être transportés à l'hospice pour y être, dans leurs maladies, ainsi servis et consolés.

Quelques mois suffirent pour ramener dans cet hôpital l'esprit d'ordre, d'économie, de prudence et de vraie humanité. On y vit régner la piété qui est l'ame de toutes les bonnes œuvres. D'un côté, Vincent avait multiplié les ressources des pauvres malades ; de l'autre, il avait réformé les abus. Ainsi, il avait remarqué avec douleur qu'un ancien réglement exigeait que tout malade reçu dans l'hospice allât immédiatement se présenter au tribunal de la pénitence. La foi de Vincent était trop éclairée et son zèle trop prudent pour ne pas sentir que la Religion ne devait nulle part imposer par contrainte une démarche qui doit être volontaire. Il rendit donc la confession libre, et il fit cesser pour toujours un usage qui n'allait pas le moins du monde à une institution ouverte à toutes les religions comme à tous les hommes.

Vincent de Paul, tout en rappelant à l'Hôtel-Dieu la charité intelligente et discrète, n'oubliait pas *ses pauvres enchaînés*, comme il les appelait, je veux dire les condamnés aux galères, qu'il ne pouvait guère, faute de temps, que *visiter d'affection*, dit Abelly. Déjà il avait obtenu de Louis XIII qu'on les mît plus au large. Une vaste tour, située entre la Seine et la porte Saint-Bernard, leur avait été affectée avec d'assez belles dépendances. Mais ce qu'il manquait à l'établissement, c'était un revenu fixe qui lui donnât des chances d'existence pour l'avenir. La Providence y pourvut. Une personne riche lui laissa par testament une somme de six mille livres. Ce secours permit d'attacher à la maison quelques filles de la charité. L'administration spirituelle fut confiée à quelques prêtres étrangers à la congrégation de Saint-Lazare ; leurs immenses travaux l'exigeaient. Cependant ils y venaient de temps en temps donner les exercices de la retraite.

Ce n'était pas assez d'avoir mis sur un pied satisfaisant les prisons de Paris ; Vincent de Paul visait plus loin. Emmanuel de Gondy qui, après la perte de son épouse avait renoncé à ses honneurs et était entré à l'Oratoire (1), venait de mourir ; Richelieu restait chargé de l'administration générale des galères de France, Vincent qui avait ses entrées libres auprès du grand ministre, lequel lui avait dit une fois : *Il n'est personne ici qui porte autant d'envie à mon crédit que j'en porte à votre vertu*, l'alla trouver et lui peignit vivement les rudes épreuves par où passaient les galériens quand ils étaient arrivés à Marseille. Le cardinal fut touché autant qu'étonné de ce qu'il entendit. Il promit à Vincent qu'on bâtirait un hôpital où les condamnés malades pourraient désormais respirer à l'aise, et que l'on supprimerait au bagne les actes de trop grande rigueur. Vincent de Paul s'en occupa

---

(1) Il prit même les ordres sacrés et vécut dans la pratique des vertus chrétiennes et sacerdotales. On conservait à l'Oratoire sa vie manuscrite. — (*L'abbé* CARRON ; *Vie des dames françaises*, etc.)

le plus tôt possible (1). De toute part des aumônes lui arrivèrent et la nièce de Richelieu lui envoya une première somme de quatorze cents livres. Cependant, ce ne fut qu'après la mort de Louis XIII et de Richelieu que cet hospice fut doté, et encore par l'influence de Vincent appelé au conseil de la régence. Une somme de douze cents livres, à prélever sur les gabelles de Provence, fut alors affectée à cet établissement. Grâce à ces royales libéralités, et encore à celles de M. de Simiane et de l'évêque de Marseille, cette maison, où l'on compta jusqu'à trois cents lits, prospéra au-delà de toute espérance. Les Lazaristes qui en avaient la direction spirituelle y établirent le bon ordre par la Religion (2), et apprirent encore une fois au monde que les criminels sur qui la justice des hommes a passé, ne peuvent être sauvés du vice, du remords et du désespoir que par l'action douce et forte du Catholicisme ; lui seul peut faire entrer dans les prisons la résignation par l'espérance, le bonheur par la vertu.

---

(1) Vincent de Paul avait laissé de lui une telle idée dans le bagne de Marseille, qu'un vieillard, forçat qui l'y avait vu, s'écria lorsqu'il apprit qu'on travaillait à sa canonisation : *Quoi ! vous voulez le faire canoniser ? Oh ! je l'ai bien connu, il ne le souffrira jamais : il était trop humble.* (5ᵉ Mémoire du premier recueil des actes pour la canonisation).

(2) Voici en quels termes, M. de Simiane rendait compte des résultats dans une lettre écrite à Vincent : « On nous a donné les malades
» des galères. Certes, je ne saurais vous exprimer la joie que reçoivent
» ces pauvres forçats, lorsqu'ils se voient transportés de cet enfer
» dans l'hôpital qu'ils appellent un paradis. A l'entrée seulement on les
» voit guérir de la moitié de leur mal, parce qu'on les décharge de la
» vermine dont ils viennent couverts. On leur lave les pieds, puis on
» les porte dans un lit un peu plus mol que le bois sur lequel ils ont
» coutume de coucher. Certes, Monsieur, nous pouvons dire que Dieu
» a béni cette œuvre ; ce qui paraît non-seulement en la conversion des
» mauvais chrétiens, mais même des Turcs qui demandent le baptême.»

CHAPITRE XVIII.

Les ennemis marchent sur Paris. — Occupation de Saint-Lazare par les troupes du roi. — Les Lazaristes à l'armée. — Noviciat établi à Saint-Lazare.

1636. — 1638.

Benedictus Deus qui consolatur nos in omni tribulatione nostrâ, ut possimus et ipsi consolari eos qui in omni pressurâ sunt, per exhortationem quâ exhortamur et ipsi à Deo. — II. Cor. I, 4.

Après de magnifiques succès, Richelieu se croyait en droit de ne plus redouter pour la France d'invasion étrangère. Les armées du roi stationnaient en Savoie, en Navarre, en Lorraine, en Alsace, prêtes à faire face à tout événement. Il se flattait aussi, comptant sur les habiles diversions opérées en Allemagne, d'occuper loin de lui les forces de l'Autriche et de la ruiner peu à peu. Déjà même, il revenait en faveur dans l'opinion publique, un instant irritée de la guerre entreprise. Le cardinal-infant laissa le cardinal français se bercer de toutes ces espérances; mais c'était pour mieux le surprendre. Il rassemble, le plus secrètement possible, une armée imposante, en cavalerie surtout ; et, à la tête de quarante mille hommes que commandaient sous lui le prince Thomas de Savoie, le duc François de Lorraine, Jean de Werth et Piccolomini, il fond sur la Picardie avec l'impétuosité de l'aigle. Plusieurs places, surprises ou mal défendues, se rendent presque sans résistance. La cavalerie espagnole inonde toute cette province ainsi que la Champagne, portant partout le ravage et l'effroi. Le torrent menace bientôt la Capitale ; il n'en est plus qu'à vingt lieues. Paris, accoutumé depuis quelque temps au chant du *Te Deum*, entend sonner tout-à-coup le tocsin d'alarmes. Rien n'était prévu contre un siège ou une attaque ; point de troupes, point de munitions. On se fortifie donc tant bien que mal, on met toute la population sous les armes, on enrôle même les domestiques, tant le danger semble grand, tant Paris est épouvanté !

Vincent de Paul qui n'était pas moins bon citoyen que prêtre zélé, mit à la disposition de Louis XIII le vaste enclos de Saint-Lazare, pour qu'on pût loger les nouvelles recrues. La maison de la prière et du silence fut convertie en caserne militaire.

« Tout le plat pays se vient réfugier dans la Capitale, » écrivait, le 15 août 1636, Vincent de Paul à l'un de ses prêtres ; « l'épouvante est telle que plusieurs des habitants de
» Paris vont se retirer en d'autres villes..... Notre maison est
» le lieu où l'on dresse et l'on arme les soldats nouvellement
» enrôlés. L'étable, le bûcher et les salles sont pleines d'armes,
» et les cours sont remplies de gens de guerre. Ce saint jour
» de l'Assomption n'est pas exempt de ces embarras tumul-
» tueux. On commence à battre le tambour quoiqu'il ne soit
» encore que sept heures du matin, et depuis huit jours on a

» dressé céans soixante et douze compagnies. Or, quoique les
» choses soient en cet état, toute notre communauté ne laisse
» pas de faire sa retraite, trois ou quatre exceptés qui sont sur
» le point de partir et de s'en aller au loin. »

Ainsi, rien n'était changé dans la vie de Saint-Lazare. Les exercices de la communauté se faisaient dans l'église; mais tout n'en marchait pas moins avec ordre et recueillement. Vincent avait appris à ses prêtres à faire de leur ame un sanctuaire inaccessible à tous les bruits du dehors.

Cependant il fallut que quelques-uns s'arrachassent à cette vie paisible quand même. Le roi voulait que vingt Lazaristes suivissent les armées. Cette pensée était digne de sa piété; Vincent la comprit et envoya les prêtres demandés par la volonté royale, avec promesse d'en envoyer davantage, si besoin était. Mais avant de les laisser entrer dans cette carrière toute nouvelle pour eux, il leur dressa une sorte de règlement où l'on retrouva toute sa prudence. Nous en rapportons quelques passages. « Les
» prêtres de la Mission se représenteront que Notre Seigneur
» les a appelés à ce saint emploi : 1° pour offrir leurs prières
» et sacrifices à Dieu pour l'heureux succès des bons desseins
» du roi et pour la conservation de son armée ; 2° pour aider
» les gens de guerre qui sont dans le péché à s'en retirer et
» ceux qui sont en état de grâce à s'y conserver ; 3° pour faire
» leur possible que ceux qui mourront sortent de ce monde
» en état de salut... Ils auront pour cet effet une particulière
» dévotion au nom que Dieu prend dans l'Ecriture, *Dieu des*
» *armées*, et aux sentiments qu'avait Notre Seigneur quand
» il disait: *Non veni pacem mittere sed gladium* (1); et cela

(1) Je ne suis point venu porter la paix, mais le glaive. (MATH. X, 34.)

» pour nous donner la paix qui est la seule fin raisonnable de
» la guerre... Ils se représenteront que si bien ils ne peuvent
» ôter tous les péchés de l'armée, que peut-être Dieu leur
» fera la grâce d'en diminuer le nombre... Les vertus de
» charité, de ferveur, de mortification, d'obéissance, de
» patience et de modestie leur seront grandement nécessaires
» pour cela. C'est pourquoi ils en feront une continuelle pra-
» tique intérieure et extérieure... Ils célébreront la messe tous
» les jours et communieront à cet effet. Ils honoreront le si-
» lence de Notre Seigneur aux heures accoutumées, et toujours
» à l'égard des affaires d'État, et ne témoigneront leurs peines
» qu'à leur supérieur... Ils feront souvent des conférences...
» L'on observera, le plus exactement qu'on pourra, les petits
» réglements de la Mission, notamment à l'égard des heures du
» lever et du coucher, de l'oraison, de l'office divin, de la lec-
» ture spirituelle et des examens. Le supérieur distribuera les
» offices à chacun, et ils logeront ensemble, si faire se peut. »

Quelque temps après leur départ, Vincent de Paul apprit qu'une maladie contagieuse décimait les troupes royales ; loin de retenir, auprès de lui les prêtres qui devaient compléter le nombre de missionnaires demandés, il les envoya de suite en disant : « La peste est à l'armée ; allez donc, allez dans le même
» esprit que saint François Xavier alla aux Indes, et vous rem-
» porterez comme lui la couronne que Jésus-Christ vous a mé-
» ritée par son sang. »

Les prêtres Lazaristes ne firent pas défaut aux espérances de Louis XIII. Leur courage et leur dévouement ne se démentirent nulle part : ils furent partout à la hauteur de leur difficile mission, et ils trouvèrent dans les camps des consolations qu'ils n'auraient pas osé espérer.

Vincent félicita l'un d'eux par cette lettre :

« Dieu soit loué de la bénédiction qu'il donne à votre
» travail ! O Jésus ! Monsieur, qu'elle me paraît grande !
» Quoi ! avoir déjà procuré pour votre part le bon état de
» 300 soldats qui ont si dévotement communié, et des soldats
» qui vont à la mort ! Mardi passé, il y avait déjà 900 com-
» munions faites en toutes les autres missions de l'armée, sans
» compter les vôtres, outre ce qui s'est fait depuis. O Dieu !
» Monsieur, que cela est au-dessus de mon espérance ! »

Et dans une autre lettre écrite à l'abbé Portail :

« Les missionnaires que nous avions préparés pour M. Ollier
» ont été condamnés de suivre les régiments qui étaient à
» Luzarches, à Pons, à Saint-Leu et à la Chapelle-Orly et de
» camper avec eux dans l'armée où déjà quatre mille soldats
» ont fait leur devoir au tribunal de la pénitence, avec grande
» effusion de larmes. J'espère que Dieu fera miséricorde à
» plusieurs par ce petit secours, et que peut-être cela ne nuira
» pas au bon succès des armes du roi. »

Ces résultats seraient encore possibles aujourd'hui. On le dit en rougissant : mais ne semble-t-il pas que Dieu ne soit rien pour le soldat et que les mots religion et bravoure, catholicisme pratique et gloire ne puissent aller ensemble (1)? Le soldat

---

(1) Voici quelques paroles prononcées par le noble comte de Montalembert, dans son admirable discours à la Chambre des pairs, le 30 juin 1846. « Je crois que le besoin des secours religieux existe
» aussi pour l'armée française. Je ne parle pas de ces officiers qui se
» croient des hommes éclairés et en état de se passer de toute religion,
» je parle des soldats, simples paysans enlevés de chez eux à vingt-un
» ans, âge auquel ils ont presque tous rempli exactement les devoirs
» de leur religion, et qui arrivent en Afrique pour y apprendre que
» l'État qui les a arrachés à leur foyer n'a nul souci de la foi de leurs

serait-il moins courageux, moins moral, moins docile parce que, sous la tente ou sur le champ de bataille, il aurait près de lui un prêtre? Il y a bien d'autres blessures à panser que celles du corps, et l'ame demande quelquefois un ami, un conseil, une consolation. Il n'y aurait rien d'étrange à trouver, entre les morts et les mourants, un prêtre qui, la croix à la main, le pardon sur les lèvres, parlerait de Dieu et de l'autre vie. La Religion n'a jamais rien ôté au courage ni à la gloire des Bayard, des Condé, des Turenne, des Luxembourg.

Les Lazaristes continuèrent leur mission aussi long-temps que dura la campagne. Quand, après le siége de Corbie, le duc de Lorraine eut été refoulé jusqu'au Rhin, ils rentrèrent à Paris, avec l'armée victorieuse qui venait attacher aux voûtes de Notre-Dame les drapeaux conquis sur l'ennemi, et ils reprirent leur vie de silence et de zèle, auprès de leur supérieur qui pensait toujours à de nouvelles œuvres.

Depuis long-temps il rêvait un noviciat pour ses prêtres. Jusque-là il avait à peu près reçu dans sa compagnie des

» pères... Vous avez présent à l'esprit le sort du fils d'un de nos vé-
» nérables collègues, le duc de Caramen, mourant à Constantine sans
» secours spirituels. Depuis cette circonstance, pareille chose s'est
» plus d'une fois reproduite. Plus d'une fois les aumôniers qui ont
» désiré accompagner les colonnes d'expédition n'ont pas trouvé les
» ressources matérielles, sans lesquelles il leur était impossible d'ac-
» compagner les colonnes expéditionnaires auxquelles ils voulaient
» accorder le secours de leur ministère... Ce n'est pas seulement en
» Afrique que les privations de la foi religieuse dans l'armée se font
» sentir. En France même, les besoins religieux auxquels l'armée a droit
» ne sont pas satisfaits... Je demande que l'Etat démente la persuasion
» où l'on pourrait être qu'il n'y a pas de religion, qu'il n'y a pas de
» culte reconnu par lui, et qu'on ne ressuscite Dieu pour l'armée que
» le 28 juillet et le 1er mai, seuls jours où l'on reconnaisse officiellement
» une religion. »

prêtres de tout âge et de tous pays, pourvu qu'ils eussent de l'instruction, du zèle et de la prudence ; mais à cette heure que cette même compagnie avait pris une si large extension, il lui semblait nécessaire de ménager un temps de probation où l'on se préparât, par la méditation et le silence, à l'esprit apostolique et aux vertus spéciales qui doivent l'accompagner. Il y avait des difficultés ; il les eut bientôt aplanies, et le noviciat s'ouvrit. Il nomma pour directeur Jean de la Salle, un des trois premiers prêtres qui s'étaient joints à lui à l'époque de ses premières missions, homme de haute sainteté et d'une angélique douceur qu'il ne faut pas confondre avec Jean-Baptiste de la Salle, le modeste fondateur des bons frères des écoles chrétiennes. Vincent aimait son noviciat avec une sorte de tendresse ; il l'appelait toujours avec un doux sourire *spem gregis* (1), et *la pépinière* des prêtres de la Mission. Quelque grand désir cependant qu'il eût de le voir s'accroître et prospérer, il ne voulut jamais qu'on essayât d'y attirer des sujets ; il laissait à Dieu seul le soin de lui en amener, comme aussi il ne contrariait personne sous ce rapport.

Ayant appris qu'un chapitre diocésain ne voyait pas d'un bon œil une de ses maisons nouvellement fondée et qui promettait bon nombre de novices, il donna de suite des instructions pour que la maison fût fermée.

« Après avoir rendu compte à messieurs les grands-vicaires,
» dit-il au supérieur, et retiré une décharge des choses que
» vous avez reçues, vous prendrez gracieusement congé d'eux,
» sans dire aucune parole de plainte, et sans témoigner d'être

---

(1) L'espérance du troupeau.

» bien aise de sortir de ce lieu-là, et vous prierez Dieu de
» bénir la ville et tout le diocèse. Surtout je vous prie de ne
» rien dire, en chaire ni ailleurs, qui témoigne aucun mécon-
» tentement. Vous prendrez la bénédiction de ces messieurs
» et la ferez prendre par toute la petite famille et la deman-
» derez en même temps pour moi, qui souhaite me prosterner
» en esprit avec vous à leurs pieds. »

Souvent il rassemblait ses novices pour stimuler leur ardeur à l'étude, et pour leur apprendre à mener de front la piété et la science. Il cherchait surtout à leur inspirer l'abnégation, l'humilité et un héroïque courage pour faire le bien à travers toutes les entraves et toutes les difficultés. Quelquefois même il se laissait aller jusqu'à leur souhaiter les dispositions du martyre.

« Plaise à Dieu, mes frères, disait-il, que tous ceux qui
» viennent pour être de la compagnie y viennent dans la
» pensée du martyre, et dans le désir de souffrir la mort, et de
» se consacrer totalement au service de Dieu, soit pour les
» pays étrangers, soit pour celui-ci. Oui, la pensée du mar-
» tyre ! Oh ! que nous devrions demander souvent cette grâce à
» Notre Seigneur !... Hélas ! messieurs et mes frères, y a-t-il
» rien de plus raisonnable que de se consumer pour celui qui a
» si librement donné sa vie pour nous ? N'est-ce pas chose
» étonnante de voir des marchands qui, pour un petit gain,
» traversent les mers et s'exposent à une infinité de dangers !
» Combien plus le devons-nous faire pour porter la pierre
» précieuse de l'Evangile et gagner des ames à Jésus-Christ ! »

Quand on voit que c'est à de telles dispositions que Vincent de Paul façonnait ses prêtres, peut-on s'étonner de les avoir vus toujours, dans leur ministère sans cesse en action, braver habituellement, et avec un courage toujours égal à soi-même, la proscription, la capitivité, la faim, la peste et le martyre, survivant toujours aux malheurs mêmes et se trouvant presque partout, afin de porter secours à toutes les classes de la société, à celles surtout pour qui *la religion seule est une puissance vraiment populaire pour la conscience, parce qu'elle seule donne des bases immuables et un ressort tout-puissant à la morale publique* (1)?

(1) Le cardinal Maury.

CHAPITRE XIX.

La maison de la Couche. — Naissance de l'œuvre pour les enfants trouvés. — Discours de Vincent aux dames de la Charité. — Institution des filles de la Croix. — Les filles de la Providence. — Vincent travaille à cet établissement et le fait approuver. — Il offre sa démission de supérieur-général de Saint-Lazare.

1638. — 1641.

Tibi derelictus est pauper ; orphano tu eris adjutor. PSAL. IX. 38.
Ego quasi nutritius portabam eos in brachiis meis. — OSÉE. XI. 3.

« Les peintres voulant représenter la charité sous quelque
» figure sensible, dit Abelly dans sa charmante simplicité, la
» dépeignent ordinairement avec un nombre de petits enfants
» qu'elle tient entre ses bras et sur son sein. Si on voulait
» faire un emblème de la charité de M. Vincent, il ne faudrait
» point se servir d'autre peinture que celle-là qui viendrait
» aussi fort à propos au sujet dont nous allons parler en ce
» chapitre. »

La ville de Paris était déjà, du temps de Vincent de Paul,

trop étendue et trop peuplée (1) pour que le crime n'y imprimât pas des traces de son séjour. On exposait sur les places publiques, à la porte des églises et au coin des rues, les enfants nés du libertinage ou au sein de la misère. Le nombre s'en élevait chaque année à plus de cinq cents, et non-seulement la vie de ces petites créatures était en péril, mais encore le salut de leur ame. Les pauvres, pour l'ordinaire, les achetaient à bas prix, comme des instruments dont ils se servaient pour exciter la commisération publique. Le gouvernement n'avait presque rien fait pour ces enfants. Il y avait bien, dans la rue Saint-Landry, une maison appellée *la Couche*, où une veuve, aidée de deux servantes, en recueillait quelques-uns et se chargeait de les nourrir; mais, trop peu chrétienne pour faire acte de dévouement (2), trop gênée parce que la somme affectée par l'État à cette œuvre était loin de lui suffire (3), elle cherchait le plus souvent à se décharger de cet immense fardeau de la débauche. Plusieurs de ces enfants périssaient de faim ; ceux-là, trop à charge à ces femmes mercenaires que leurs cris incommodaient, étaient endormis au moyen de dangereux soporifiques, et les pauvres petits ne s'éveillaient plus ! Quelques-uns étaient livrés à une sorte de bohémiens *à bonne*

---

(1) La Caille, dans sa description de Paris, en 1714, donnait à cette ville 989 rues, 21,700 maisons, sans compter les hôpitaux, séminaires, couvents, etc., et 700,000 habitants. Dom Félibien explique cette grande population, eu égard à l'étendue de la cité, par le grand nombre d'étages de chaque maison. Déjà cependant elle avait deux lieues de traverse et six lieues de tour.

(2) Cette femme a osé avouer qu'elle n'avait pas fait baptiser un seul de ces enfants.

(3) Le revenu qu'elle percevait n'était que de douze cents livres.

fortune et *à malifice*, comme parle Abelly. Ceux qui échappaient par hasard à ces crimes ou à ces honteux trafics, étaient achetés afin d'être introduits furtivement, avec des vues cupides, dans des familles opulentes, dont on supplantait ainsi les héritiers légitimes Ces frauduleuses substitutions d'enfants furent, durant plusieurs siècles, une intarissable source de procès, dont on trouve encore les pièces et les détails dans les compilations de nos anciens jurisconsultes. Presque aucun de ces enfants n'échappait donc, et la maison qui aurait dû leur servir de berceau, devenait pour eux, par la négligence et la malice d'une femme, un véritable tombeau.

Depuis long-temps Vincent de Paul gémissait en secret sur ces graves désordres. Le cœur lui manquait presque en pensant au sort de ces enfants qui n'avaient pas de mère. » Dieu sait, a dit quelqu'un de ses amis, combien de soupirs » et de gémissements M. Vincent a poussés vers le ciel au » sujet de ces pauvres petits ! Quelles recommandations il a » faites à sa compagnie de prier Dieu pour eux ! »

Mais comment venir au secours de ces enfants sans famille, comment faire rentrer dans les droits de la nature ceux qui étaient abandonnés en naissant ? Il avait déjà embrassé tant de choses ! Et c'était à si grand'peine qu'il faisait face à toutes ses œuvres ! Impossible de les adopter : la charge eût été trop pesante.

C'était jusque-là le seul défi que lui eût jeté le malheur, et auquel il ne pouvait répondre cette fois par un puissant acte de charité.

Un jour qu'il revenait de faire une mission, il trouva sous les murs mêmes de Paris, un de ces enfants qu'un mendiant meurtrissait afin de s'en servir pour exciter la pitié et s'attirer de plus abondantes aumônes (1). Saisi d'horreur et de compassion, il s'élança vers ce pauvre, et lui dit avec toute l'indignation du zèle et toute l'autorité de la vertu : « *Barbare! vous m'avez bien » trompé ; de loin je vous avais pris pour un homme.* » Aussitôt il lui arrache l'innocente victime, l'emporte dans ses bras, et, n'écoutant que son cœur, traverse Paris, et va trouver les anges qu'il avait pour ainsi dire donnés à la Providence, les dames de la charité. Elles le suivirent, les larmes aux yeux, jusque dans la rue Saint-Landry, à la maison de *la Couche*. Le spectacle qui s'offrit à leur vue, les brûlantes prières de Vincent, ses pathétiques paroles enlevèrent les craintes qui s'élevaient dans leur cœur à la première proposition qu'il leur fit. Elles mirent douze de ces enfants à part, Vincent les bénit, et elles les emportèrent avec une vraie félicité. On les plaça dans une maison qu'on loua hors de la porte Saint-Victor.

Madame Legras, aidée de ses filles de la charité, leur prodigua ses soins.

Les dames de la charité visitèrent encore chaque jour la maison de la rue Saint-Landry. Chaque jour aussi, elles arrachaient un de ces enfants à leur indigne marâtre et l'emportaient auprès de leurs enfants d'adoption. Bientôt elles ne purent plus lutter contre leur tendresse : elles résolurent de prendre à leur charge toutes ces petites créatures. L'affaire était grave, la charité avait besoin d'être plus prudente que jamais. On pria beaucoup, on se concerta ; mais le résultat présumé ne sembla point favorable à l'entreprise. Toutes ces grandes

---

(1) Septième mémoire, troisième recueil des actes pour sa canonisation : « Un mendiant qui venait de dépecer un enfant prêt à expirer, et » dont il voulait se servir pour demander l'aumône, etc. »

ames se découragent et tendent à décliner la responsabilité que quelques-unes d'entre elles voulaient faire prendre. Vincent de Paul ne s'en inquiète pas; le découragement, bien moins encore le désespoir, ne peut entrer dans son ame. C'est justement parce que la position lui semble critique qu'il espère contre l'espérance même, et qu'il s'écrie : « *Le tour du bon Dieu est enfin venu ; la Providence va s'en mêler.* »

En effet, après quelques difficultés, on indique à tous les membres de l'association des dames de la charité une assemblée générale ; Vincent de Paul la préside. Devenu plus que jamais éloquent à force de charité, il parla en termes si énergiques et si touchants de l'œuvre projetée, mais si combattue, que, d'une commune voix, on décida qu'il fallait se charger définitivement des enfants trouvés. Ils furent aussitôt retirés de l'infâme maison de la Couche et portés dans l'établissement déjà préparé, où les filles de la charité leur servirent de mères.

Quelques hommes, croyant mieux traduire sans doute le zèle que Vincent de Paul mettait à l'œuvre des enfants trouvés, ont avancé que, la nuit, il parcourait les rues de Paris pour ramasser les enfants qu'on avait exposés ; nous ne pouvons ajouter foi à ce fait. Trop d'occupations retenaient, le soir, le supérieur de Saint-Lazare. On sait qu'il passait une partie de la nuit à revoir les affaires de la journée et à prévoir les occupations du lendemain. Il fallait bien que le reste fût consacré au sommeil qui lui était fort nécessaire après ses longs travaux. Et puis, qu'on se le rappelle, Paris n'était rien moins que sûr pendant la nuit (1) ; des bandes en armes le

---

(1) A l'époque dont il est ici question, on avait ordonné qu'à Paris, pour cause de sûreté, les théâtres seraient ouverts à deux heures d'après

traversaient en tous sens pour dévaliser es citoyens attardés : il n'est pas croyable que Vincent eût l'imprudence de s'exposer seul dans des quartiers le plus souvent déserts et si éloignés de Saint-Lazare (1). On a cru réfuter cette dernière raison en disant que les malfaiteurs respectaient assez sa vertu pour le respecter lui-même ; on ajoute même qu'une fois il leur arriva de le saisir à la gorge, mais qu'ils tombèrent à ses genoux dès qu'il se fut nommé. Nous ne savons ce qu'il faut penser de ce dernier trait ; il serait honorable pour Vincent de Paul et sans doute sa vertu était digne d'imposer même à des brigands ; mais les mémoires de l'époque écrits sur lui n'en parlent point, et peut-être pourrait-on, sans se compromettre trop, le ranger parmi les anecdotes apocryphes : Vincent de Paul a bien assez d'autres titres de gloire, et des titres certains.

Ce qui est bien certain encore, c'est qu'il employa à la complète réussite de cette grande œuvre toutes les ressources de sa charité. Il sollicita avec instance auprès des personnes de condition qu'il savait généreuses, et le plus grand nombre

---

midi et fermés à quatre heures et demie du soir, en hiver. — « Paris, » dit le président Hénault, était alors bien différent de ce qu'il est » aujourd'hui : il n'y avait point de lanternes, il y avait beaucoup de » boue et quantité de voleurs. »

(1) On ne peut supposer que Vincent de Paul, déjà âgé, vint de Saint-Lazare à la porte Saint-Victor, à onze heures du soir, un enfant sur chaque bras, et qu'il fît ouvrir les portes de cet établissement deux heures après que tout le monde y était couché, pour s'en retourner ensuite à pied à Saint-Lazare ; c'est-à-dire faire plus de deux lieues, en pleine nuit, à travers des rues étroites, sinueuses et obscures. — D'ailleurs Vincent de Paul n'aurait pu, sans sortir de la légalité, recueillir un seul enfant exposé ; c'était aux officiers du Châtelet à les lever, après avoir constaté l'exposition par procès-verbal.

répondit à son appel. De plus, il obtint, par l'entremise d'Anne d'Autriche, une rente de douze mille livres à prélever sur cinq fermes royales.

Cependant ces diverses sommes étaient loin de s'élever à la hauteur de la dépense. Cette dépense avait crû d'une manière effrayante avec le nombre d'enfants adoptés. En peu de temps elle monta à quarante mille livres. Aussi Vincent eut-il bientôt à lutter contre l'opinion publique de la Capitale; les mots d'imprudence, de témérité s'échappaient de presque toutes les bouches; ses fidèles coopératrices mêmes, travaillées par la crainte d'une critique qui semblait juste, plus encore par la conscience de leur impuissance personnelle, sentaient tomber leur courage et s'éteindre leur ardeur.

Voilà donc Vincent de Paul seul au milieu de ses orphelins, obligé de les défendre seul encore contre une mort qui paraît assurée, puisque la charité les abandonne. Tous les cris de ces petits enfants viennent répondre dans son cœur; n'y trouveront-ils pas d'écho cette fois? Que fera-t-il devant cette grande infortune qui pèse sur lui et y détermine d'inexprimables angoisses? Il prie; et la prière l'a rendu plus fort que son malheur. Transformé comme en un homme nouveau, que l'urgence du besoin et du péril fait sortir de lui-même, il ne demande plus rien au temps, et ne descend point aux moyens délatoires. Attendre, dans cette circonstance, serait trop cruel. Il montre alors une sorte d'impétuosité qu'on ne connaissait point encore à sa miséricorde; les difficultés, les obstacles ne sont plus rien; il a trouvé d'autres ailes pour les franchir. Il est si sûr d'arriver au but, que, la veille même du jour qu'il a marqué pour le triomphe de la charité sur le découragement et la crainte, il dit aux dames timides: *Encore un jour ; je ne vous demande plus qu'un jour* (1).

Il convoqua pour le lendemain une assemblée générale. Elle fut nombreuse : personne n'y manqua ; car on allait mettre en question la cause des enfants trouvés, on devait la décider. Jamais on n'avait été plus agité, parce que jamais solution n'avait dû être aussi grave dans ses conséquences. Vincent de Paul fait placer, dans les bras des filles de la charité, cinq cents de ces pauvres enfants dont il va plaider la cause ; il monte en chaire, et, le cœur plein de cette inépuisable tendresse qu'on aurait peine à trouver plus énergique même dans une mère, il remue par un pathétique discours cette assemblée frémissante d'émotion, et termine par ces paroles éternellement citées, éternellement dignes de l'être :

« Or sus, Mesdames, la charité et la compassion vous a fait » adopter ces petites créatures pour vos enfants ; vous avez » été leurs mères selon la grâce depuis que leurs mères selon » la nature les ont abandonnés ; voyez maintenant si vous » voulez les abandonner aussi. Cessez d'être leurs mères pour » devenir à présent leurs juges, leur vie et leur mort sont » entre vos mains. Je m'en vais prendre les voix et les suffra-» ges. Il est temps de prononcer leur arrêt, et savoir si vous » ne voulez pas avoir de miséricorde pour eux. Ils vivront si » vous continuez d'en prendre un charitable soin, et au » contraire ils mourront infailliblement si vous les abandon-» nez. »

Impossible de trouver dans l'éloquence humaine de plus pathétique mouvement ; impossible aussi de rendre l'effet de

---

(1) Septième mémoire du troisième recueil des actes pour sa canonisation.

cette voix pour ainsi dire mêlée aux vagissements des orphelins. On ne répondit à Vincent de Paul que par des pleurs et des sanglots. Toutes les fibres du cœur avaient été remuées ; le cri désespéré de la miséricorde était arrivé au plus sensible de l'âme, pour éveiller les sentiments de commisération les plus nobles et les plus généreux. Cette même assemblée, dont le plus grand nombre était venu avec la résolution de renoncer à toujours à l'œuvre intéressante, mais onéreuse, des enfants trouvés, cette assemblée électrisée, transformée, comme fondue avec l'âme de Vincent de Paul, vota par acclamation la fondation d'un hôpital plus vaste ; et une première dotation de quarante mille livres de rente tomba immédiatement dans le sein de ces pauvres enfants que le supérieur de Saint-Lazare venait, par un miracle, de rappeler en quelque sorte à la vie.

Quelques jours après, Vincent de Paul demanda, pour les enfants trouvés, le château de Bicêtre. Louis XIII qui appréciait l'œuvre fondée par Vincent et patronée par des personnes de la plus haute distinction, l'accorda sans peine. Mais à quelque temps de là, on reconnut que l'air trop vif de cette maison nuisait à la santé des enfants. On loua, dans Paris, au faubourg Saint-Lazare, un vaste hôtel, où ils furent confiés à la sollicitude de douze sœurs de la charité.

Chaque année, malgré des allocations de sommes assez fortes, faites à l'établissement par des personnes qui, le plus souvent ne se nommaient pas, Vincent de Paul était obligé d'imposer de grands sacrifices à sa compagnie de Saint-Lazare. Ces sacrifices pesaient quelquefois si fort sur cette maison, que les membres s'en plaignaient un peu. Pour lui, il ne s'inquiétait pas de l'avenir et se reposait sur la Providence dont il était l'économe. Un jour qu'un de ces prêtres avait osé

blâmer sa trop grande générosité, il fit cette réponse :
 « Dieu lui pardonne cette faiblesse qui le fait ainsi s'éloigner
» des sentiments de l'Evangile ! Oh ! quelle bassesse de foi de
» croire que pour faire du bien à des enfants pauvres et aban-
» donnés comme ceux-ci, Notre Seigneur ait moins de bonté
» pour nous, lui qui promet de récompenser au centuple ce
» qu'on donnera pour lui ! Puisque ce débonnaire Sauveur a
» dit à ses disciples : *Laissez venir à moi ces enfants,*
» pouvons-nous les rejeter ou abandonner lorsqu'ils viennent
» à nous ? Quelle tendresse n'a-t-il point témoignée pour les
» petits enfants, jusqu'à les prendre entre ses bras et les
» bénir de ses mains ? N'est-ce pas à leur occasion qu'il nous
» a donné une règle de salut, nous ordonnant de nous rendre
» semblables à des petits enfants, si nous voulons avoir entrée
» au royaume des cieux ? Or, avoir charité pour les enfants et
» prendre soin d'eux, c'est en quelque façon se faire enfant ;
» et pourvoir aux besoins des enfants trouvés, c'est prendre
» la place de leurs pères et de leurs mères, ou plutôt celle de
» Dieu qui a dit que si la mère venait à oublier son enfant,
» lui-même en prendrait soin et ne le mettrait pas en oubli.
» Si Notre Seigneur vivait encore parmi les hommes et qu'il
» vît des enfants abandonnés, penserions-nous qu'il voulût
» aussi les abandonner ? Ce serait sans doute faire injure à sa
» bonté infinie d'avoir une telle pensée ; et nous serions infi-
» dèles à sa grâce, si, ayant été choisis par sa Providence pour
» procurer la conservation corporelle et le bien spirituel de
» ces pauvres enfants trouvés, nous venions à nous en lasser
» et les abandonner à cause de la peine que nous y avons. »
 La charité d'un tel homme avait toujours un mot de victorieuse réfutation pour toutes les objections de l'égoïsme.

ou pour les excessifs calculs de la prudence humaine.

A l'époque où Vincent de Paul sortait des embarras que lui avait donnés la fondation de la maison pour les enfants trouvés, la Providence qui ne laissait pas sommeiller son zèle un seul jour, l'engagea dans une autre œuvre. Une dame de haute piété, Marie l'Huilier s'était sentie le désir de se consacrer à l'instruction des filles de la campagne, dont souvent l'éducation religieuse est si négligée. Trop humble cependant pour se mettre à la tête d'une pareille entreprise, elle vint consulter Vincent de Paul sans lequel, ce semble, aucun grand acte de charité ne pouvait se faire en France. Lui qui souriait de bonheur toutes les fois qu'il s'agissait de glorifier Dieu par la miséricorde, et qui, d'ailleurs, avait le cœur trop près du ciel pour y donner place à cette espèce d'égoïsme orgueilleux qui méprise tout ce qui vient d'autre part que de nous-même, se prêta de la meilleure grâce du monde aux projets de la pieuse dame. Après avoir calculé les ressources sur lesquelles reposaient les espérances de l'œuvre nouvelle, et fait associer quelques personnes généreuses aux nobles intentions de la fondatrice, il usa de tout son crédit pour mener cette entreprise à bien. Il en vint à bout sans trop de peine, et en assez peu de temps, et la congrégation fut constituée sous le titre de *Société des Filles de la Croix*. Le roi en approuva les statuts.

Au moment même où tout était en train, Madame l'Huilier mourut avant d'avoir réalisé les espérances conçues par l'existence matérielle de l'institut; tout manquait avec elle. Mais Vincent de Paul était là; il ne manqua point aux pauvres orphelines qu'on avait déjà recueillies et dont la mère commune était allée au ciel. De toute part on disait que la congrégation naissante ne pouvait, selon tous les calculs humains, subsister encore quelques jours ; lui, il pensa le contraire. Il alla de suite trouver la veuve d'un conseiller au Parlement, lui exposa la situation déplorable d'une entreprise utile, la pria avec instance de s'en charger, et la détermina enfin à prendre en main la direction de l'établissement, lui promettant aide et conseil. Il prédit vrai : l'œuvre se releva. Il nomma pour directeur un prêtre de son choix qui, s'entendant à merveille avec son mandataire et marchant avec zèle et prudence, obtint d'admirables résultats. Vincent de Paul, qui était venu à bout de donner des mères aux petits orphelins de Paris, put s'applaudir aussi, en voyant la prospérité des filles de la Croix, d'en avoir donné aux orphelines du pauvre peuple des campagnes.

Cependant madame de Polladion, après avoir dénoué doucement ses liens de famille, n'avait qu'une chose à cœur : organiser, sur le plan d'un institut, ses œuvres diverses qui avaient pour but d'attirer à la vertu les jeunes personnes que le vice en avait éloignées. Bravant toutes sortes d'humiliations, de mécomptes, de calomnies même, elle était parvenue, en quelques années, à réunir, dans l'hôpital de la Pitié, dont Vincent était supérieur, quarante de ces pauvres victimes. La Providence approuvait hautement par ce succès un zèle et des démarches que le monde, alors comme aujourd'hui, incapable de comprendre l'esprit de l'Évangile, jugeait passer de beaucoup les bornes de la prudence. Cette femme qui avait l'amour du bien au point qu'on la trouva un jour cachée sous un humble habit de paysanne pour catéchiser plus à l'aise, sans les effaroucher, les petites filles de la campagne, se décida enfin, en présence de ce succès apparent, à communiquer son projet à son pieux directeur. Le supérieur de St-Lazare qui se réjouissait du bien déjà obtenu, jugea cependant opportun de différer. Madame de Polladion avait fait déjà une large brèche à sa fortune; ses meubles les plus précieux étaient engagées; ne fallait-il pas attendre que la Providence ouvrît d'autres ressources, et n'y aurait-il pas de la témérité à marcher plus avant? Cette objection n'en fut pas une sérieuse pour madame de Polladion; les moyens délatoires ne vont pas à son âme ardente. Ses ressources sont épuisées, elle prendra chez les autres. Elle n'eut pas besoin de sortir de sa famille : son gendre lui avança de fortes sommes qui la mirent à même de commencer aussitôt à réaliser son plan. Elle arriva toute triomphante auprès de Vincent de Paul, qui, cette fois, ne fit plus d'objections et se mit en mesure de la seconder.

A eux deux ils décidèrent que l'œuvre aurait un double but : préserver de la contagion celles qui s'y trouveraient exposées, et retirer de l'abîme celles que le vice y aurait conduites. On arrêta que le nombre des religieuses chargées d'instruire ou de moraliser les pauvres pensionnaires ne dépasserait pas trente-trois, et qu'elles auraient sous leur direction, subordonnée cependant à celle de Vincent et de madame de Polladion, les unes et les autres d'entre ces infortunées. En soi, c'était beaucoup; mais c'était peu eu égard au grand nombre des personnes déjà recueillies.

L'établissement s'ouvrit d'abord à Fontenay, près de Paris, où madame de Polladion avait une vaste maison. Ce local fut bientôt trop étroit; on transféra la communauté à Charonne où, les dames de la charité aidant, on acheta une maison vaste et commode. Dès ce moment le succès de l'entreprise parut certain; des jeunes personnes de première distinction se présentèrent pour prendre l'habit religieux et pour donner leurs soins aux malheureuses que le crime avait dégradées. On y compta Rénée de Grammont, parente de la princesse douairière de Lorraine, Anne de Croze, Marguerite Aba, et beaucoup d'autres en qui la naissance ne le cédait qu'à la piété. Vincent de Paul allait les visiter souvent, il leur donnait des conseils, il formait les pensionnaires à la vertu et les maîtresses à la perfection. La part qu'il avait prise à l'œuvre lui donnait le droit d'en être le supérieur; il ne l'accepta pourtant que lorsqu'il lui eut été imposé par l'archevêque de Paris.

Ce fut alors qu'il usa de son crédit auprès de Louis XIII pour obtenir ses lettres patentes en faveur du nouvel établissement. Elles furent expédiées sans retard. Après la mort de ce prince, Anne d'Autriche continua de protéger cette maison. Elle prospéra, et les religieuses justifièrent admirablement, par leur zèle, leur douceur, leur dévouement, le nom qu'on leur avait donné, le nom de *Filles de la Providence*.

Vincent, absorbé par d'autres travaux, ne pouvait guère conserver que le titre de supérieur honoraire de cet institut; il se déchargea sur deux hommes bien capables de le seconder, le père Lebrun, dominicain, que nous avons déjà nommé, et l'abbé Vacher, prêtre zélé qui fut l'instituteur de l'*Union chrétienne*.

C'est vers cette même année 1641, que Vincent, avec cette humble défiance qui caractérise les saints au milieu de la vie la plus pleine, rassembla les principaux prêtres de sa compagnie, et s'écria, après un modeste discours : « Je remets la charge de supérieur général entre vos mains; » faites, au nom de Dieu, élection d'un autre d'entre vous » pour être notre supérieur. » — Surprise générale parmi les prêtres; on se regardait, on s'interrogeait pour savoir quel pouvait être le motif d'une semblable démission, dans un homme qui était si bien à sa place et que tous vénéraient comme un saint et qu'ils aimaient comme un père. Pendant ce temps-là, Vincent de Paul s'était prosterné devant l'autel, priant Dieu de le décharger du fardeau pour le laisser rentrer dans la modeste position d'un simple religieux. Il était tout en larmes. Ses enfants le relevèrent malgré sa résistance, et lui dirent tout d'une voix : « Eh! bien, c'est vous-même que » nous élisons pour notre supérieur général, et tant que Dieu » vous conservera sur la terre, nous n'en aurons point » d'autre. » Vincent de Paul, vaincu par des instances où perçait l'amour, baissa la tête, et se résigna de nouveau. Le monde put jouir encore du magnifique spectacle de ses vertus.

CHAPITRE XX.

Missions faites en France par Vincent de Paul ou par ses prêtres. — Mission dans la campagne de Rome. — Mission dans les États de Gênes, en Piémont et en Savoie. — Mission en Corse, en Irlande, dans les Hébrides, en Pologne. — Missions en Barbarie et à Madagascar.

1625. — 1660.

Egressi, circuibant per castella, evangelisantes et curantes ubique. — Luc, IX, 6.
Nolite timere, pusillus grex, quia complacuit Patri vestro dare vobis regnum. — Luc, XII, 32.

Certains hommes chagrins de notre époque ont osé demander à quoi bon les missions. Vincent de Paul qui était éminemment l'homme du peuple (1), n'aurait trouvé d'autre réponse logique à cette question que l'envoi de ses missionnaires sur tous les points du monde. Il savait trop bien que,

(1) Privés des enseignements religieux, les habitants des campagnes tombent dans l'abrutissement de l'état sauvage. Des désordres inouïs, des mœurs prodigieuses s'introduisent dans les chaumières ; les esprits, les cœurs, tout se dégrade. Et comment en serait-il autrement ? Dénués d'éducation, incapables de réfléchir, l'existence de

sur tous les coins de la terre, il y a des hommes que l'impiété domine, que le doute agite, que les passions tyrannisent. Il essayait de rendre, aux uns leur Dieu, aux autres la lumière, à ceux-là l'innocence par le repentir, à tous la paix. Il comprenait bien que ramener quelqu'un à la vertu, c'est le ramener à la liberté, à la gloire et au bonheur.

On ne sait pas précisément le nombre des missions qu'il prêcha par lui-même, surtout depuis que ses œuvres de charité eurent pris un si considérable accroissement. Mais ce qu'on sait bien, c'est que, depuis la naissance de sa congrégation en 1625 jusqu'à l'an 1632, époque où il s'établit à Saint-Lazare, cent quarante missions furent données ; et depuis ce temps jusqu'à sa mort, plus de sept cents. Dans ce nombre ne sont point comprises les missions prêchées par les autres maisons de Lazaristes, dépendantes de Saint-Lazare. Il y a peu de diocèses en France qui n'aient aussi été visités par Vincent de Paul ou ses prêtres. Nommons seulement les diocèses de Paris, de Mende, de Saintes, de Luçon, de Montauban, du Puy, de Bordeaux, de Marseille, de Toulouse, d'Angoulême, de Reims, de Toul et de Rouen ; la Bretagne, la Bourgogne, la Champagne.

Partout les succès répondirent au zèle.

---

ces pauvres gens ne se compose plus que de penchants aveugles, d'habitudes machinales. La Religion seule en fait des hommes, en leur inspirant des idées morales, en éveillant en eux la conscience, en leur donnant un guide, un moniteur, un modèle, et en établissant, en quelque sorte, au milieu d'eux, une école de civilisation. Otez-leur ce frein, privez-les de ces secours, ce ne sont plus que des bêtes féroces ou des animaux stupides. (LAMENNAIS. *Réflexions sur l'état de l'Eglise en France*. Œuv. compl., t. VI, p. 103).

Et pouvait-il en être autrement? Tout s'y faisait purement pour Dieu, et avec des précautions infinies de prudence et de charité. On avait à ménager les prêtres séculiers, dans la moisson desquels on portait la faux ; les populations grossières et ignorantes, dont l'intelligence ne pouvait que s'ouvrir lentement à la lumière ; les dissidents qui voyaient tout à travers l'esprit de parti ; les pasteurs mercenaires tels que les avaient fait les guerres civiles et la corruption. On les ménageait avec une adresse admirable et tellement noble qu'on ne pouvait jamais y trouver un pacte entre les passions et le devoir, entre la vérité et l'erreur. Quoique les Lazaristes fussent toujours munis de l'autorisation épiscopale, ils ne se présentaient jamais dans le plus humble hameau sans l'agrément du prêtre qui le desservait. Ils ne s'imposaient nulle part, et pour peu qu'on refusât leur concours, ils se retiraient humblement sans humeur ni colère. Tout devait être pour Dieu, le succès comme le non-succès.

« Aimons Dieu, disait Vincent à ce propos, aimons Dieu,
» mais que ce soit aux dépens de nos bras et à la sueur de
» notre visage. Il y en a plusieurs qui, ayant l'extérieur bien
» composé et l'intérieur rempli de grands sentiments de Dieu,
» s'arrêtent à cela ; et quand il est question de travailler pour
» Dieu, d'instruire les pauvres, de souffrir, d'aimer qu'il leur
» manque quelque chose, d'agréer quelques disgrâces, hélas !
» le courage leur manque. »

Rien de plus désintéressé que le zèle des Lazaristes ; tout était gratuitement donné pour Dieu. Vincent fit cette réponse à la question d'un de ses prêtres :

« Je m'étonne de la demande que vous me faites, si vous
» souffrirez que l'intendant de M. de Liancour défraie la mission

» de Montfort. Vous ne savez donc pas qu'un missionnaire
» qui travaille sur la bourse d'autrui est coupable. Je vous
» prie une fois pour toutes de ne jamais faire de missions qu'aux
» dépens de votre maison. »

Voici ce qu'il demandait de tous : « Un missionnaire doit
» vivre comme s'il n'avait point de corps, et ne craindre ni le
» chaud, ni le froid, ni la faim, ni la maladie, ni les autres
» misères de ce monde. Il doit s'estimer heureux d'endurer
» quelque chose pour Jésus-Christ, et s'il fuit la peine, le
» travail et les souffrances, il est indigne du nom qu'il porte
» et n'est bon à rien. »

Lorsqu'il devait y avoir mission dans une paroisse, on en faisait l'ouverture par le mandement épiscopal qui l'autorisait. Les exercices consistaient à prêcher, faire le catéchisme, entendre les confessions, visiter les malades, réconcilier les ennemis, pacifier les familles, terminer les procès, éteindre les scandales publics et ramener, par tous les moyens possibles, à la religion pratique. Pour ne pas nuire aux travaux des champs, la première prédication avait lieu à l'aube du jour ; après midi, on faisait un petit catéchisme aux enfants, et le soir, au coucher du soleil un autre catéchisme raisonné pour tout le monde. Les exercices de la mission se terminaient par des processions solennelles, des communions générales et de publiques actions de grâces.

Un homme qui s'était écrié un jour : « Qu'heureuse est la
» condition d'un missionnaire qui n'a point d'autres bornes
» de ses missions et de ses travaux pour Jésus-Christ, que
» toute la terre habitable ! » cet homme devait avoir la volonté de faire pour d'autres pays ce qu'il avait fait pour la France. C'est ce qu'il fit en effet.

Sous la protection d'Urbain VIII, et par les largesses quasi royales de la duchesse d'Aiguillon, Vincent de Paul établit une maison de Lazaristes dans la capitale du monde chrétien. De là, comme d'un foyer, leur zèle apostolique rayonna dans toute l'Italie.

Mais Vincent de Paul voulut qu'on donna les premières de ces missions en Italie aux moins favorisés. Le supérieur de cette mission lui ayant manifesté l'envie de commencer par les terres des princes de l'Eglise, afin de s'attirer leur bienveillance et leur protection, il lui fit cette réponse :

« Le dessein que vous me proposez d'aller commencer vos
» missions par les terres de nos seigneurs les cardinaux, me
» paraît humain et contraire à la simplicité chrétienne. Oh !
» Monsieur, Dieu nous garde de faire aucune chose par des
» vues si basses! Cela me donne occasion de vous demander
» deux choses, prosterné en esprit à vos pieds et pour l'amour
» de Notre Seigneur Jésus-Christ ; la première que vous
» fuyiez, autant qu'il vous sera possible, de paraître ; et la
» seconde que vous ne fassiez jamais rien par respect humain.
» D'après cela, il est juste que vous honoriez pour quelque
» temps la vie cachée de Notre Seigneur ; il y a quelque
» trésor renfermé là-dedans, puisque le Fils de Dieu a demeuré
» trente ans sur la terre, comme un pauvre artisan, avant que
» de se manifester. Vous me direz peut-être quel sentiment
» aura de nous cette cour, et que dira-t-on de nous dans Paris?
» Laissez penser et dire tout ce qu'on voudra, et assurez-vous
» que les maximes de Jésus-Christ et les exemples de sa vie
» ne portent point à faux, qu'ils donnent leur fruit en leur
» temps. Telle est ma foi, et telle mon expérience. Au nom
» de Dieu, tenez cela pour infaillible, et vous ferez très bien. »

Leurs premières sueurs tombèrent donc sur le coin le plus délaissé. Des hommes à demi-sauvages vivaient errant çà et là dans la campagne de Rome. Cette espèce de pâtres nomades tout en gardant leurs troupeaux, pendant six mois de l'année, sur ces terres malsaines et incultes, savaient manier le stylet et abritaient le bandit sous leur cabane, afin de partager son butin. Impossible de réunir de pareilles gens dans une église; les Lazaristes n'y pensèrent pas. Ils se mirent à prêcher en pleine campagne. La nouveauté du spectacle amena quelques curieux ; une sorte de plaisir suivit la curiosité de ces quelques hommes, leur conversion vint ensuite. D'autres pâtres imitèrent bientôt les premiers, tous vinrent enfin, et, après quelques mois de travail, ces hommes sans instruction religieuse, presque sans conscience, avaient pris des habitudes d'ordre, de religion et de vertu, prouvant, pour la millième fois, quelle est la puissance régénératrice du catholicisme, même sur les plus ingrates natures.

Le bruit d'un succès si inespéré fit appeler les missionnaires dans les diocèses de Viterbe et de Palestrine. Là, comme partout, comme toujours, le ciel bénit leur parole. Le cardinal Durazzo leur ouvrit un établissement à Gênes. On attachait de grandes espérances à cette maison ; mais elle eut d'abord de rudes épreuves à subir. Une maladie contagieuse enleva six missionnaires en peu de temps. L'allocution que Vincent de Paul adressa à cette occasion à sa compagnie fait trop d'honneur à sa sensibilité, pour que nous n'en citions pas ici quelques mots. Il avait les larmes aux yeux, mais la résignation n'avait pas quitté son cœur.

« Nous devons, dit-il, messieurs et mes frères, nous rési-
» gner aux volontés de la Providence. C'est dans ces sentiments

« que j'ai besoin que vous soyez, pour vous faire part d'une
» affliction qui nous est survenue, une des plus grandes qui
» nous pouvait arriver. Le principal appui de notre maison de
» Gênes, M. Blatiron, grand serviteur de Dieu, est mort... Le
» bon M. Duport, qui s'employait avec tant de joie au service des
» pestiférés, a été aussi enlevé par la peste. Un de nos prêtres
» italiens, fort vertueux et bon missionnaire, est semblable-
» ment mort... Trois autres bons missionnaires sont aussi
» morts, et un de nos bons frères avec eux... La maladie
» contagieuse nous a enlevé tous ces bons ouvriers. O Sauveur
» Jésus ! quelle perte et quelle affliction ! C'est maintenant
» que nous avons grand besoin de nous bien résigner. Avec
» cette résignation, après avoir accordé quelques larmes au
» sentiment de leur mort, nous nous élèverons à Dieu, nous
» le louerons et le bénirons de toutes ces pertes... Pouvons-
» nous dire que nous perdons ceux que Dieu nous retire ?
» Non ; et nous devons croire que leur cendre servira comme
» de semence pour en produire d'autres. Tenez pour certain
» que Dieu ne retirera point des ouvriers de cette congréga-
» tion les grâces qu'il leur avait confiées, mais qu'il les donnera
» à ceux qui auront le zèle d'aller prendre leur place. »

Ces martyrs eurent en effet des successeurs ; d'autres Lazaristes allèrent prendre les places faites par la mort.

La Romagne, le Piémont, la Savoie eurent aussi leurs missions. On les envoya également en Corse. Cette île défendait alors son indépendance contre la domination des Génois. Les guerres continuelles, la rudesse de ses mœurs y avait introduit ou laissé grandir de singuliers désordres. Les missionnaires eurent besoin de tout leur courage pour attaquer les abus, et de toute leur persévérance pour préparer un résultat quelque peu satisfaisant. Ils ne se laissèrent point abattre cependant; aussi eurent-ils la satisfaction de triompher en assez peu de temps, de la dépravation et de l'ignorance.

Restait quelque chose de plus difficile à déraciner. C'était la haine, souvent héréditaire dans les familles depuis plusieurs générations, à laquelle servait de compagne la vengeance qu'on osait appeler grandeur d'ame et vertu. Cette inquiète et sanglante passion régnait surtout dans la vallée de Niolo, espèce de forteresse naturelle que protégeaient deux montagnes. Là, les hommes venaient à l'église, le fusil sur l'épaule, le stylet dans la manche et l'épée au côté. Leur parlait-on du pardon des injures, ils tournaient le dos et repartaient en vomissant des blasphèmes. Le mal semblait sans remède; il avait résisté à plusieurs essais de réforme. Les Lazaristes, presque désespérés, allaient secouer la poussière de leurs pieds, et chercher des volontés moins rebelles, lorsqu'un des missionnaires, à la fin du dernier exercice de la mission, se sentit inspiré d'essayer d'un dernier moyen. Prenant tout-à-coup le crucifix à la main, et, se tournant vers le peuple, il s'écria, avec des larmes dans les yeux : « Mes frères, encore une fois, que » ceux qui veulent enfin pardonner viennent baiser le Christ. » Les assistants se regardent avec étonnement, mais personne ne s'avance. A la vue d'une telle obstination, le prêtre indigné cache le crucifix, et se prépare à se retirer. Un franciscain se lève aussitôt, et jette ce cri dans l'assemblée : « O Niolo! tu » veux donc être maudit de Dieu ? » Ce cri mêlé de charité et de désespoir, fait frissonner ceux qui l'ont entendu. Un homme se détache de la foule, se prosterne, demande à baiser le crucifix et dit à haute voix : « Que le meurtrier de mon » frère s'approche et que je l'embrasse. » Le meurtrier s'avance en effet, et reçoit un généreux pardon. La multitude suivit ; pendant plus de deux heures il ne fut question que de réconciliation, et le lendemain cette touchante scène continua. « Oh ! Seigneur ! écrivait un des Lazaristes présents, » quelle édification à la terre, et quelle joie au ciel de voir des » pères et des mères qui, pour l'amour de Dieu, pardonnaient » la mort de leurs enfants, de leurs maris, de leurs frères, de » leurs proches ; et enfin de voir tant de personnes s'embras- » ser et pleurer sur leurs ennemis. Dans les autres pays, c'est » chose assez ordinaire de voir pleurer les pénitents aux pieds » de leur confesseur, mais en Corse c'est un petit miracle. »

Nous ne pouvons entrer dans le détail des missions que les Lazaristes, sur l'ordre d'Innocent X, donnèrent à l'Irlande, cette noble terre d'où la plus active persécution n'a jamais pu déraciner le Catholicisme ; ni de celles dont jouirent les Hébrides, ces pauvres îlots *dont la misère et l'indigence,* remarque finement Abelly, *fut cause que peu de ministres ou autres prédicants de la nouvelle religion aient voulu y demeurer.* Les prêtres de la mission, pour échapper à l'œil du terrible Cromwel, s'étaient déguisés en marchands. Le tyran les sut découvrir : plusieurs furent arrêtés et jetés dans une prison ; les autres, cachés au milieu des gorges et des montagnes, poursuivirent, pendant quelques temps, leur vie de sacrifices et de périls. Mais il fallut se décider à quitter ce pays, en attendant des jours meilleurs.

Il faudrait se résoudre à ne pas finir, si nous parlions de tous les travaux des Lazaristes en Pologne, cette sœur bien-aimée de la France. La reine Marie de Gonzague leur avait ouvert une maison à Varsovie, ainsi qu'aux sœurs de la Charité. Celles-ci, à leur arrivée, furent royalement accueillie par la souveraine qui leur dit :

— Or sus, mes Sœurs, il est temps de commencer à travailler; vous voilà trois, j'en veux retenir une auprès de moi, et les deux autres iront servir les pauvres.

La sœur désignée pour rester à la cour, répondit en digne fille de Vincent de Paul :

— Ah! Madame, que dites-vous? nous ne sommes que trois pour servir les pauvres, et vous avez dans votre royaume tant d'autres personnes plus capables que moi pour servir Votre Majesté.

— Quoi! ma Sœur, vous ne voulez donc pas me servir?

— Pardonnez-moi, Madame; mais c'est que nous nous sommes données à Dieu pour servir les pauvres.

Admirable réponse, et qui montre bien ce qu'étaient les ames sorties de l'école de Vincent de Paul! Lui-même, à cette nouvelle, il ne put retenir ce cri d'admiration :

« O Sauveur de mon ame! fouler aux pieds la royauté ! » Quelle vertu est celle-là, mes Filles! Ne faut-il pas vraiment » avoir l'esprit que Dieu a donné à la compagnie des sœurs » de la Charité! » Il aurait dû cependant reconnaître son ouvrage, après celui de Dieu!

Quant aux Lazaristes, ils ne restèrent pas indignes du dévouement de leurs sœurs. Ils furent surtout admirables de charité au milieu des horreurs de la peste et de la guerre. Leur supérieur y mourut victime de son zèle; les autres furent moins heureux : ils n'eurent qu'à souffrir. Mais leur courage fut toujours au-dessus de leurs souffrances.

Cependant Vincent de Paul se rappelait avec une amère compassion les maux qui pesaient sur les pauvres chrétiens, retenus esclaves en Barbarie. Une circonstance raviva ce souvenir. Il reçut, du consul français, une lettre qui le priait de compléter une somme que quelques esclaves chrétiens venaient d'offrir au Dey pour leur rançon. Grâce à Madame de Lamoignon et à Anne d'Autriche, la somme fut trouvée ; on la grossit même au point de pouvoir racheter, avec ce qui restait, soixante-dix esclaves. Cet échange effectué, Vincent n'en sentit que mieux le désir d'étendre sa charité jusqu'à ces malheureux, et il ne cherchait qu'une occasion d'y envoyer des missionnaires. Cette occasion se présenta. Elle vint de haut ; car la même idée travaillait Louis XIII depuis quelque temps. Le roi avait sous sa main l'homme qu'il lui fallait pour mener à bien ses projets ; il lui en parla. Vincent, servi à souhait, accepta avidement la proposition royale, et sortit du palais avec une première subvention de dix-neuf mille livres.

La France avait déjà un consul à Tunis. Vincent de Paul le pria, par la lettre la plus aimable et la plus touchante, de recevoir chez lui un des prêtres de la Mission. Le consul, qui entrevoyait la volonté du roi derrière cette demande, offrit sa maison de bonne grâce, et promit son actif concours à l'œuvre. Un prêtre de la Mission se rendit donc à Tunis avec un simple frère de la compagnie. Quelques temps après, à force de sollicitations, on obtint du dey l'autorisation d'envoyer quelques autres prêtres. Le Saint-Siége donna une haute approbation à cette entreprise. Les Lazaristes furent déclarés missionnaires apostoliques, et, de plus, grands vicaires-nés de l'archevêque de Carthage qui avait sous sa juridiction épiscopale Tunis et Alger.

Le secours arrivait à propos : la peste ravageait le pays. Les six mille esclaves chrétiens retenus à Tunis en furent presque tous atteints. Les missionnaires avaient un magnifique théâtre pour montrer aux infidèles ce que peut la charité chrétienne ; ils en profitèrent, et jamais ils ne montrèrent plus d'héroïsme. Les musulmans, frappés d'un spectacle jusque-là inconnu pour eux, laissèrent parler bien haut leur admiration. Ils allèrent plus loin ; malgré leurs préjugés religieux, quelques-uns voulurent partager les fatigues des missionnaires : la sève de la charité avait passé un instant dans ces branches stériles. Le supérieur de la maison d'Afrique ne put tenir à tant de travaux, il succomba. Son successeur fut l'abbé Levacher, cet homme qui, après trente-trois ans d'apostolat dans les pays barbaresques, mourut en martyr, à la bouche d'un canon, à l'époque où la flotte de Louis XIV vint bombarder la ville d'Alger.

Les plus malheureux d'entre les esclaves chrétiens étaient ceux de cette dernière ville. Ce n'est qu'en frémissant qu'on lit les affreux détails de leurs maux. Ils étaient au nombre de vingt mille. « Outre ceux des bagnes, écrivait un Lazariste, » j'en ai trouvé d'enfermés dans une étable si étroite qu'à » peine s'y pouvaient-ils remuer. Ils n'y recevaient l'air que par » un soupirail fermé d'une grille de fer... Tous sont enchaînés » deux à deux et perpétuellement enfermés, et néanmoins ils » travaillent à moudre du blé dans un petit moulin à bras, » avec obligation d'en moudre chaque jour une certaine quan- » tité réglée qui surpasse leurs forces. Certes, ces pauvres » gens sont vraiment nourris du pain de douleur, et ils peuvent » bien dire qu'ils le mangent à la sueur de leur corps avec un » travail si excessif. »

Exhortations, aumônes d'argent et d'habits, conseils, consolantes paroles, les missionnaires n'épargnaient rien pour alléger un peu les fers des esclaves. Plus d'une fois on les vit se jeter aux genoux d'un maître impitoyable, et obtenir qu'on

diminuât au moins les mauvais traitements. Aussi souvent qu'ils le pouvaient, ils en rachetaient, et il était rare qu'il ne fallût pas offrir une somme énorme. On a calculé que, pendant la vie de Vincent de Paul, plus de douze cents esclaves avaient été rachetés ainsi ; et l'argent, employé en rançons ou en aumônes, s'éleva à un million deux cents mille livres. S'il arrivait que l'on dît à Vincent que tant de charges ruineraient sa maison : « Non, non, répondait-il, je ne puis me résoudre à
» abandonner cette œuvre ; car si le salut d'une seule ame est
» de telle importance qu'on doive exposer sa vie temporelle
» pour le procurer, comment pourrions-nous en abandonner
» un si grand nombre, par la crainte de quelque dépense? Et
» quand il n'arriverait d'autre bien de ces missions, que de faire
» voir à cette terre barbare la beauté de notre religion, dans
» laquelle on trouve des hommes qui traversent les mers,
» abandonnent volontairement leur pays et s'exposent à mille
» sortes d'outrages pour aller consoler et secourir leurs
» frères affligés , j'estime que les hommes et l'argent seraient
» très bien employés. »

De pareils sentiments expliquent tout son travail à réparer les maux de la captivité: et ce bureau général et gratuit de correspondance pour les esclaves et leurs familles, dans sa maison de Saint-Lazare; et ce vaste hôpital fondé et largement doté à Alger; et cette permanence de secours pour la rédemption des captifs; et ces colonies de missionnaires destinés au moins à consoler leurs douleurs et à nourrir leur foi, en attendant qu'on pût payer leur rançon.

Vincent de Paul connaissait la position délicate et difficile où se trouveraient ses prêtres entre les impétueux désirs de leur ame d'apôtre et l'intolérance musulmane. Il fallait des

précautions infinies, de la patience, de la douceur pour ne pas compromettre les intérêts et l'honneur de la religion et de l'humanité. Aussi bien, ne ménageait-il pas les avis aux Lazaristes. « Je loue Dieu, leur écrivait-il, de la bonne manière
» dont vous avez usé dans votre mission. Vous ne devez nulle-
» ment vous roidir contre les abus, quand vous voyez que de cette
» raideur pourrait résulter un plus grand mal encore. Tirez
» ce que vous pourrez de bon des prêtres, et des religieux
» esclaves, des marchands et des captifs ; employez des paroles
» douces, jamais la rigueur que dans l'extrémité. Ne heurtez
» pas les esprits, condescendez autant que vous le pourrez à
» l'infirmité humaine ; les esclaves ne manquent pas toujours
» de lumières ; c'est de force et d'énergie dont ils sont le plus
» souvent dépourvus. Ne blessez jamais les Turcs et les re-
» négats, vous pouvez tout perdre en les irritant ; c'est moins
» pour eux que vous êtes missionnaires que pour les pauvres
» esclaves que vous devez racheter. Le zèle n'est bon que
» lorsqu'il est discret ; on gâte souvent les bonnes œuvres pour
» aller trop vite ; le bien que Dieu veut, se fait presque de
» lui-même et sans qu'on y pense. »

Vincent de Paul, sur qui le monde entier semblait avoir l'œil quand il y avait quelque bien à faire, fut sollicité par la congrégation de la Propagande d'envoyer des missionnaires à Madagascar, une des grandes îles d'Afrique (1). Quoique

---

(1) Le préfet apostolique de Madagascar a rendu compte de l'état actuel de cette île, en 1845. Nous le citons textuellement :

« Comme Madagascar est un pays peu connu des Européens, j'ai parcouru les points les plus importants de cette île pour étudier les mœurs des indigènes, et surtout pour constater l'influence du climat, contre lequel s'élèvent tant de préventions. Possédant les deux principaux idiomes de Madagascar, il m'a été plus facile d'acquérir des nol'entreprise fut périlleuse et lointaine, le supérieur de Saint-Lazare ne refusa point. Deux de ses prêtres, Nacquart et

tions exactes sur tous ces sujets ; et, soit par ce que j'ai vu, soit par les informations que j'ai puisées auprès des naturels dans les différentes provinces, j'ai recueilli les observations suivantes :

» 1° Le caractère des Malgaches varie avec les diverses tribus. Ainsi, ceux du nord-est, nommés *Betsimitsaras*, sont naturellement timides, bons, doux, hospitaliers, respectueux envers les Européens; ils n'oseraient faire du mal à un blanc, quelque injustice qu'ils souffrent de sa part; le vol est inconnu parmi eux. Les *Sakalaves*, qui habitent l'ouest, sont, au contraire, altiers, turbulents, passionnés pour la guerre et portés au vol ; peut-être n'attenteraient-ils pas sans motif à la vie d'un blanc; mais aussi ne laisseraient-ils pas une injustice sans vengeance. Entre ces deux extrêmes, se dessinent autant de nuances qu'il y a de peuplades. Les *Anti-Nossi* (habitants du sud) par exemple, diffèrent peu des *Betsimitsaras :* les *Antan-Karas* (habitants du nord) sont courageux, intrépides comme les *Sakalaves*, avec des mœurs plus douces; ce sont ceux qui offrent le plus de ressources pour un meilleur avenir. Les *Hovas*, qui habitent l'intérieur et qui ont conquis une grande partie de Madagascar, avaient fait des progrès réels en civilisation sous le roi *Radam :* progrès blâmés et combattus par la reine actuelle, qui est un tyran aussi détesté de ses vassaux héréditaires que de ses nouveaux sujets.

» Tous ces peuples ont beaucoup d'aptitude pour les sciences et les arts européens : on en fait une expérience journalière à Bourbon, où les Malgaches sont les seuls Africains qui exercent les métiers avec intelligence. Leurs enfants apprennent à lire en six mois.

» Mais c'est surtout sous le rapport religieux que les Malgaches donnent les plus belles espérances. Ils reconnaissent un Dieu unique ; s'il n'y a parmi eux ni idoles, ni culte public, ni temple, ni prêtre, c'est qu'à l'exemple des patriarches, les chefs de famille offrent eux-mêmes des sacrifices, tels que les prémices de la récolte, ou le sang d'un taureau. Sans doute il règne dans les esprits bien des superstitions ; mais ils y renoncent facilement quand la Religion les a détrompés.

» De toutes ces observations il est aisé de conclure que, s'il y a dans cette île, comme partout, des obstacles à surmonter, ils sont moins grands et moins nombreux que chez d'autres nations infidèles, où l'Évangile s'annonce avec succès. Chez les *Betsimitsaras* et autres tribus qui ont un bon caractère, on peut, en deux ou trois ans, gagner à la Religion au moins la moitié des grandes personnes, et la plupart

Gondrée s'embarquèrent pour ces terres presque inabordables. Plusieurs peuplades indépendantes se partageaient l'île.

des autres ne mourraient pas sans demander le baptême. Les *Sakalaves*, au contraire, surtout dans les lieux où dominent les Arabes, comme à Nossi-Bé et à Mayot, offriraient peu d'adultes au prosélytisme; mais on peut compter que tous les enfants seraient à nous.

» 2° Sous le rapport de la salubrité, Madagascar est l'objet de préventions qui, pour être générales, n'en sont pas moins injustes. En effet, s'il y a dans cette île des plaines marécageuses, il y a aussi de hautes montagnes qui la traversent dans toute sa longueur ; d'où il suit que, sur une étendue de trois cents lieues, l'état sanitaire est aussi varié que les influences locales sont différentes. Ce qui a donné lieu à la mauvaise réputation du climat, c'est que les Français se sont fixés, jusqu'ici, précisément dans les lieux les plus malsains. On remarqua d'abord Tamatave, Foulpointe, Tintingue, Sainte-Marie comme de beaux sites, ayant d'excellents ports, et l'on s'y établit : mais sous ces flatteuses apparences, on n'avait pas voulu voir des germes cachés de contagion ; nos compatriotes y mouraient en foule, et, sans plus d'examen, on en tira la même conclusion contre Madagascar tout entier, on l'appela le *tombeau des Européens*.

» Pour moi, après avoir pris mes renseignements dans les diverses régions de l'île, après avoir interrogé les naturels du pays et les blancs qui sont venus s'y fixer, ayant constaté par moi-même des expériences faites depuis longues années, j'ai acquis la conviction qu'une grande partie même des côtes est d'une salubrité parfaite. Ainsi *Vouhemar*, *Diego Suarez*, sur une zone de cent lieues, offrent un pays aussi sain que fertile : j'y ai vu sept ou huit maisons de Français, composées d'hommes, de femmes et d'enfants, qui étaient là depuis six, dix, quinze, dix-huit années ; tous se portaient très bien, et ils m'ont assuré n'avoir jamais eu d'accès de fièvre, tandis que dans les lieux jadis colonisés par la France, on ne voit que peu de traitants, dans un état presque habituel de maladie, et pâles comme la mort. La côte sud-ouest, appelée *Saint-Augustin*, est également favorable ; la température y est fraîche, le pays sec et sans marais.

» A Sainte-Marie, au contraire, on est atteint par le mal presqu'aussitôt qu'on aborde. J'ai vu un baleinier qui a eu vingt-quatre hommes malades, pour y être resté vingt jours ; un autre navire y a perdu la moitié de son équipage. L'intérieur de l'île est encore peu connu ; à en juger par la province d'*Emyrne*, où les Européens ont long-temps séjournés, il serait aussi sain que la France. »

A chacune de ces tribus, des usages particuliers, un gouvernement dont le chef, ici électif, là héréditaire, avait une autorité contrebalancée par un sénat. Les mœurs étaient ce qu'elles devaient être chez un peuple placé dans une riante et féconde contrée où la végétation la plus active entretient comme un éternel printemps avec les richesses de l'automne ; tout portait à l'oisiveté, à la mollesse, au plaisir. On y trouvait à peine la croyance à une autre vie. Le respect pour les ancêtres passait la vénération, c'était un culte véritable. On venait pleurer sur leur tombeau, évoquer leur ombre ; on leur demandait conseil. Au reste, les naturels étaient doux, gais, patients, sensibles aux bienfaits. L'industrie était peu développée chez eux ; cependant ils fabriquaient d'assez belles étoffes avec le coton et le fil d'écorce ; ils travaillaient les métaux ; dans certains cantons, on savait même écrire.

Après avoir un peu étudié la langue, les deux missionnaires se mirent à parcourir la contrée. On les accueillit avec joie, on les écouta avec bonheur. Ils n'eurent d'ennemis que quelques musulmans de la secte d'Ali, qui vivaient dans les provinces de l'ouest (1). Déjà ils recueillaient les premières

---

(1) Il existe encore à Madagascar des descendants de ces mahométants. Leur caractère n'a pas changé. « Il y avait à Nossi-Bé et dans
» quelques îles voisines une ancienne colonie d'Arabes mahométans,
» hommes corrompus, ignorants et fanatiques, qui ont tous les vices
» des autres nations musulmanes, sans en avoir les bonnes qualités.
» Ils disaient aux Malgaches que les enfants auxquels on apprenait à
» lire mouraient bientôt ; que j'étais un espion envoyé par les Français
» pour les livrer aux Hovas, leurs ennemis, et qu'il fallait me tuer
» pour le salut de la tribu. Plusieurs naturels se laissèrent égarer par
» ces calomnies et proposèrent au chef d'entrer dans le complot ; mais
» celui-ci leur répondit : — J'ai confiance en ce blanc ; si vous voulez

bénédictions descendues sur leurs fatigues (1), lorsque Gondrée vint à mourir. Vincent de Paul combla le vide par un homme dont la vie a bien eu aussi ses merveilles de charité, Adrien Bourdoise (2). D'autres prêtres vinrent avec

» lui faire du mal, je réunirai tous mes guerriers, et nous mourrons
» tous pour défendre sa vie. » — (Extrait d'un mémoire du Préfet
apost. de Madagascar. — *Annales de la Prop. de la Foi.* Mars 1846).
   (1) Voici l'extrait d'une lettre de M. Nacquart : « Je suis allé sur
» les montagnes pour instruire tous ceux que j'y rencontrerais. Pendant
» le jour je pus prêcher dans les villages ; la nuit, je répétais, au clair
» de la lune, les mêmes instructions aux sauvages qui revenaient du
» travail. Je fus extrêmement consolé en voyant la docilité de ces pau-
» vres infidèles qui témoignaient hautement croire de tout leur cœur
» ce que je leur enseignais, et je disais en moi-même, la larme à l'œil :
» *Quid prohibet eos baptisari?* Mais craignant qu'il ne fussent pas
» encore bien fondés dans la foi, et qu'ils ne vinssent à abuser du
» baptême, je remis tout à la Providence de Dieu. Ceux que j'ai baptisés
» dans le voisinage de notre habitation se reconnaissent assez par les
» noms particuliers que les insulaires leur donnent... Je puis vous dire
» qu'on ne peut désirer plus de dispositions pour l'Evangile. Tous ceux
» que je voyais se plaignaient de ce que les Français, depuis qu'ils
» trafiquaient dans ce pays, ne leur eussent pas dit un mot des vérités
» de la foi. » — Que de Français méritent aujourd'hui ce reproche, et font perdre chaque jour l'influence glorieuse que notre patrie avait dans presque tout l'univers !
   (2) Adrien Bourdoise naquit dans le Perche en 1584. Devenu prêtre, il embrassa tout : catéchismes, missions, conférences. Il fonda le séminaire de Saint-Nicolas-du-Chardonnet, à Paris. Un écrivain protestant a dit de lui : « On découvre en Bourdoise un homme d'une
» simplicité originale, d'une droiture chrétienne, d'une piété édifiante,
» et en qui des mœurs antiques et un fond de probité tenaient lieu
» d'études et de lumières. » — La duchesse d'Aiguillon était venue entendre la messe à Saint-Nicolas. Ses gens placèrent son carreau dans le sanctuaire. Bourdoise le prit aussitôt et le porta hors du chœur. Richelieu un peu piqué de cette sorte d'affront fait à sa nièce, fit appeler Bourdoise. — Est-ce vous, lui dit le ministre, qui avez chassé ma nièce du chœur de votre église ? — Non, Monseigneur. — Ne vous appelez vous pas Bourdoise ? — Oui, Monseigneur. — Eh ! c'est vous-

lui. Ils pensaient tous, en arrivant sur ces terres lointaines, embrasser un frère et un ami, M. Nacquart ; il ne trouvèrent que sa tombe et le deuil de ceux qu'il avait rendus chrétiens. La douleur fut grande, mais le courage ne tomba point. Bourdoise accepta le fardeau avec la résignation d'un apôtre ; il en eu l'héroïsme. Le succès de sa parole lui arrachait presque des cris de triomphe.

« La plupart de ces insulaires, écrivait-il à Vincent de Paul,
» ne demandent pas mieux que d'être baptisés, mais je veux
» qu'ils sachent prier Dieu auparavant ; c'est pendant ce temps-
» là que je les éprouve, et que j'apprends leurs véritables
» intentions. Beaucoup d'entre eux m'ont dit qu'une des
» choses qui les retenait de se faire baptiser, c'est qu'ils ont
» peur que les Français ne demeurent pas longs-temps
» dans l'île et que les mahométans ne les fassent massacrer.
» Je ne cesse d'être accablé de monde qui vient à toute heure
» pour s'instruire. J'ai baptisé, ces jours-ci, cinq familles
» nègres... Nous cherchons à rétablir les mœurs en fondant
» la loi de Dieu, et à civiliser les peuples en leur enseignant
» notre sainte foi. »

Tant de bonheur pour un apôtre s'arrêta. Bourdoise eut à pleurer de grandes infortunes : il vit mourir à ses côtés tous

---

même qui lui avez fait cet affront. — Pardonnez-moi, Monseigneur. — Mais qui est-ce donc ? — C'est votre Eminence, ce sont tous les prélats assemblés en concile qui ont défendu aux laïques et surtout aux femmes, d'entrer dans le chœur. — Le grand ministre, surpris de cette réponse, se tut ; mais depuis ce temps-là la duchesse d'Aiguillon ne cessa de répandre ses bienfaits sur le séminaire de Saint-Nicolas, et ne l'oublia pas dans son testament. — Bourdoise, après mille traits d'admirable charité, mourut en 1655.

ses compagnons; il resta seul. Quand cette nouvelle arriva en France, la consternation se peignit sur les traits de tous les Lazaristes. Vincent de Paul resta seul impassible, plus grand que l'infortune, et plus fort que la douleur. Pendant que, de toute part, on lui conseillait d'abandonner une entreprise que Dieu ne semblait pas vouloir bénir, il lisait à ses prêtres cette lettre du courageux Bourdoise :

« N'écoutez pas ceux qui veulent vous détourner d'envoyer
» ici des missionnaires. Ceux de nos confrères qui sont morts,
» ont péri, bien moins par l'insalubrité du pays, que par
» l'excès de leur zèle, par leurs courses multipliées pour
» satisfaire aux désirs qu'ont tous les Malgaches de s'instruire
» de la Religion. Avec deux ou trois missionnaires, en peu
» d'années, toute la province de Fort-Dauphin (1) sera chré-
» tienne. »

Cinq missionnaires partirent donc pour aller prendre les places faites par la mort. Ils firent naufrage au cap de Bonne-Espérance; mais pas un ne périt. Un bâtiment hollandais les prit à bord, et ils rentrèrent en France.

Plus tard, quand Vincent de Paul eut passé à une vie meilleure on poursuivit cette œuvre; mais elle ne subsista point. Par suite des vexations que l'avidité des traitants faisait éprouver aux Malgaches, ceux-ci massacrèrent une partie des Français. L'évacuation de l'île fut alors ordonnée, et Louis XIV défendit à tous ses navires d'aborder ces rivages teints du sang des nôtres. Sous Louis XVIII, on fonda de

---

(1) Les Français, dans le projet d'occuper Madagascar, avaient fondé deux établissements : l'un appelé Fort-Dauphin, l'autre nommé Sainte-Marie.

nouvelles colonies à Sainte-Marie et à Tintingues ; mais aucun missionnaire n'accompagna l'expédition (1).

Nous nous sommes long-temps arrêté sur les missions ; on

---

(1) Voici aujourd'hui l'état de cette mission : « J'allai pour la première
» fois à Sainte-Marie, en 1837. Les Malgaches, au nombre de six mille,
» me témoignèrent le désir de se faire chrétiens. Je n'y passai que trois
» mois pour m'acclimater. A mon départ, j'avais déjà baptisé cent
» quatre-vingts indigènes, dont un tiers d'adultes. En 1838, je revins
» parmi eux ; mon séjour fut de six mois. Je bâtis deux chapelles ;
» peu de monde fut baptisé, parce que les travaux des deux oratoires
» avaient absorbé tout mon temps.

» Plus heureux en 1839, je grossis mon petit troupeau de quatre
» cents nouveaux catholiques : c'était le fruit de mes huit mois d'ins-
» tructions. Depuis cette époque, je n'ai plus résidé à Sainte-Marie ;
» mais j'y ai touché plusieurs fois en allant à Nossi-Bé, et j'ai pu
» m'assurer que les néophytes persévéraient dans leurs bonnes dispo-
» sitions.

» C'est en 1840 que j'ai commencé la mission de Nossi-Bé. Je fus
» reçu avec enthousiasme par tous les chefs, et en particulier par la
» reine qui me pressa vivement de me fixer dans son village. Aussitôt
» j'ouvris une école où la reine et quarante autres personnes
» venaient apprendre à lire, à écrire et à prier Dieu. Ces commence-
» ments me comblèrent de consolation ; mais ce furent mes succès
» mêmes qui, dans la suite, me créèrent des obstacles, en soulevant
» contre moi l'envie et la cupidité d'une ancienne colonie d'Arabes
» mahométans.

» Sur ces entrefaites arriva un navire de l'Etat qui fit une longue
» station dans l'île ; mes persécuteurs en furent-ils intimidés, ou bien
» les bonnes dispositions de la plupart des Malgaches imposèrent-elles
» silence aux calomniateurs ? Je ne sais ; toujours est-il qu'on ne
» m'inquiéta plus jusqu'à mon départ.

» Jusqu'ici j'avais travaillé seul sur ces plages abandonnées n'ayant
» que Dieu pour confident et pour appui dans mon isolement. J'allais
» enfin trouver des collaborateurs. En 1842, il arriva deux mission-
» naires pour Madagascar.

» C'est surtout à Nossi-Mitsiou que j'ai éprouvé toute la funeste
» influence des Arabes. Le chef, arabe aussi, me reçut d'abord avec
» beaucoup d'amitié ; sans attendre ma demande il mit à ma disposi-
» tion cent cinquante hommes pour me bâtir un logement. Il venait

nous le pardonnera. N'est-ce pas toujours l'histoire de Vincent de Paul? Son esprit, sa prudence, ses vertus étaient toujours dans ses missionnaires ; leurs travaux sont ses travaux, leur gloire est le reflet de sa gloire.

« chez moi trois ou quatre fois par jour pour s'instruire. Indépendam-
» ment de la religion, je lui appris les éléments de la lecture, du
» calcul, de la géographie et de la culture européenne. Il saisissait tout
» avec une étonnante facilité, et après chaque conférence il allait sur
» son tribunal répéter aux Malgaches ce que je lui avais enseigné.
» Cependant les Arabes de Nossi-Bé s'émurent. Le roi se laissa inti-
» mider, et, par crainte de lui déplaire, presque personne n'osa plus
» fréquenter ma cabane. Une circonstance providentielle changea la
» face des choses. Un enfant malade auquel j'avais donné le baptême
» guérit. Dès-lors on me prit pour un grand médecin. Alors les esprits
» sensibles aux bienfaits changèrent à mon égard. Les Malgaches
» comprirent que non-seulement je ne leur portais pas malheur comme
» les Arabes le leur avaient fait croire, mais que j'étais pour eux,
» selon leur expression, *un père* et *une mère*. Ils venaient en grand
» nombre à la messe et me prêtaient une oreille attentive. Tous les soirs,
» j'envoyais plusieurs de mes élèves enseigner la prière et le catéchisme
» dans les villages voisins, et, grâce à leur zèle, j'eus bientôt une
» centaine d'adultes disposés au baptême. Je différai néanmoins de
» leur administrer ce sacrement, dans l'incertitude où j'étais de pou-
» voir soutenir cette chrétienté naissante. Le temps était venu de
» m'en séparer; j'étais seul depuis huit mois ; je ne voyais arriver
» aucun missionnaire. Je partis de nouveau pour Bourbon. J'ai préféré
» suspendre ce bien partiel pour parcourir les points les plus impor-
» tants de cette île. » (Lettre de M. Dalmond, préfet apost. de Madagascar. — *Annales de la Prop. de la Foi*. Mars 1846).

CHAPITRE XXI.

Désastres de la Lorraine. — Secours envoyés par Vincent de Paul. — Reconnaissance des provinces. — Réfugiés lorrains et irlandais. — Vincent de Paul va trouver Richelieu pour demander qu'on fasse la paix. — Mort de Richelieu. — Vincent au lit de mort de Louis XIII. — Mort de ce prince.

1639. — 1643.

Ignis succensus est in furore meo, et ardebit; congregabo super eos mala; inebriabo sagittas meas sanguine, et gladius meus devorabit carnes. Utinam saperent et intelligerent, ac novissima providerent! — Deuter. XXXII. 14.

Entre toutes les provinces dévastées par les guerres incessantes de cette époque, la Lorraine et le duché de Bar avaient à pleurer les plus grands malheurs. C'est une page bien triste à lire que celle de tous les maux dont les travaillèrent la famine, la contagion, et surtout, en 1639, l'armée des Suédois qui, en qualité d'hérétiques, et sous la conduite du duc de Weimar, croyaient avoir le droit de tout traiter en pays de conquête.

Les villes et les bourgades n'offraient plus que ruines et monceaux de cendres. Celles qui restaient debout n'étaient guère qu'un désert où de rares habitants, à la face amaigrie, à la démarche chancelante, erraient comme des ombres, et cherchaient quelque dégoûtante pâture échappée à la dent des animaux. Quant aux habitants des campagnes, ce que n'avait pu atteindre le glaive du soldat ou la cruelle maladie, s'était retiré dans les bois et mangeait les herbes sauvages. La faim poussait au crime des hommes de famille et de grand nom. Des filles de condition n'eurent qu'à choisir entre le déshonneur ou la mort. Des religieuses, quittant le silence et la solitude, allaient, au grand scandale de l'Eglise, jusqu'à rompre leur clôture pour chercher un morceau de pain. On vit des prêtres, attelés à la charrue, gagner à grand'peine assez de nourriture pour ne pas mourir. Des mères dévorèrent leurs propres enfants, et, chose inouïe dans les fastes de l'histoire, des enfants mangèrent même leur mère.

Aux portes des villes fortes, comme Metz, Nancy, Lunéville, on voyait jusqu'à cinq mille pauvres de tout sexe et de tout âge; chaque matin, il s'en trouvait dix ou douze que la mort avait enlevés la nuit. Pour comble de malheur, des loups, eux aussi affamés, sortis des bois, pénétraient dans les cités ouvertes par le canon, et osaient, en plein jour, enlever des femmes et des enfants. Nous n'exagerons rien; l'histoire est là avec ses impérissables monuments.

La nouvelle de tant de désastres, et dont nous avons abrégé les effrayants détails, arriva aux oreilles de Vincent de Paul. Son cœur, pour lequel aucune douleur n'était étrangère, en fut largement déchiré. Connaître une misère, et ne pas chercher aussitôt un remède, eût été pour lui comme un crime qu'il ne se fût jamais pardonné. Pas de repos, qu'il n'ait vu un moyen de secours pour ces hommes sujets du roi comme lui, comme lui catholiques! Il frappe à toutes les portes, il prie, il importune au nom de si grandes infortunes. Enfin quelques personnes généreuses ont répondu à son appel. A force de démarches et de persévérance, il a pu ramasser une certaine somme qui le met dans le cas de faire face à quelques besoins. La duchesse d'Aiguillon, qu'on trouvait partout où il y avait quelque bien à opérer, et les dames de la Charité avaient mis la plus grosse part dans cette somme. La maison de Saint-Lazare n'était pas restée en arrière; car les missionnaires retranchèrent à leur nourriture déjà si frugale; ils se réduisirent à manger du pain bis; plus tard, ils se contentèrent de pain d'avoine.

Mais qu'étaient quelques livres tournois là où il aurait fallu des millions?

Vincent de Paul réunit néanmoins ces sommes si insuffisantes, et les envoya aux Lazaristes établis à Toul. « Il y en » eut assez, dit Abelly, pour loger, nourrir et soigner plu- » sieurs des malades qu'on trouvait couchés dans les rues. » Mais il en restait tant d'autres!

A chaque heure, le cri des orphelins, des veuves, des pauvres, partait des provinces envahies et arrivait à l'oreille de l'infatigable apôtre de la charité. C'en était assez pour qu'il ne sommeillât plus. Tous les jours, il essayait de nouveaux moyens pour arriver, à travers l'égoïsme et l'insensibilité, jusqu'à cette partie du cœur où reste toujours un peu de compassion. Il ne craignit pas même, lui si humble, de compromettre en quelque sorte sa modestie; la charité fut plus forte qu'elle. De tous les points des provinces où sa sollicitude arrivait avec ses missionnaires pour réparer les maux que la guerre, la peste et la famine avaient faits, la reconnaissance lui envoyait de touchantes actions de grâces. Dans d'autres occasions, il se serait empressé de livrer aux flammes des lettres qui auraient ainsi contenu les élans de la gratitude et ardemment traduit les cris de l'admiration; aujourd'hui, il fait autrement : il les met en circulation dans les familles riches ; il les commente même , il en étend les détails, afin que la pleine connaissance des maux qui sont signalés, réveille autre chose que de l'horreur et de la pitié; il veut qu'elle produise d'abondantes aumônes , des aumônes proportionnées aux besoins. Le plus souvent ce procédé lui réussit, et plus d'une fois il s'applaudit d'avoir pu, même au dépens des sacrifices qu'il imposait à sa modestie, multiplier les ressources de ses protégés qu'il ne connaissait pas.

Le croira-t-on? Pendant dix ans à peu près que la Lorraine fut désolée par tous les maux dont nous avons parlé, Vincent de Paul trouva le moyen d'y envoyer plus de deux millions. Un frère de la maison de Saint-Lazare fit à lui seul, pour ce sujet, cinquante-trois voyages, portant à chaque fois, vingt, vingt-cinq, jusqu'à trente mille livres ; et, chose providentielle ! bien qu'il traversât des armées ennemies, jamais il ne fut arrêté ; l'ange député par la charité arriva toujours où le menait l'obéissance.

Il faudrait lire les lettres échangées entre Vincent de Paul et ses missionnaires, celles aussi des échevins de ces malheureuses villes citées plus haut, pour juger de tout le bien fait aux provinces envahies. Le duc Charles IV lui-même, lorsque Rome travaillait à la béatification du saint, n'a pas craint d'écrire au pape que, « à l'époque où ses états étaient dévas- » tés par la guerre, la famine et la peste, ce grand serviteur » de Dieu en avait été le sauveur et le père. »

Les largesses de Vincent de Paul envers les Lorrains ne se

bornèrent point là. De nouveaux désastres ayant redoublé leurs infortunes, un grand nombre d'habitants songea à quitter une terre d'où le repos et l'abondance semblaient à tout jamais bannis. Mais où aller?... Qui ouvrira la porte à leur misère?... Ils ne pensent ni aux riches de la France, ni aux écrivains en renom, ni aux administrateurs de l'Etat, ni même au souverain. Il n'y a qu'un homme, se disent-ils, qui puisse comprendre nos maux et leur porter consolation et remède ; c'est le bienfaiteur de notre province, l'intendant des affaires de Dieu, c'est Vincent de Paul ! Il ne nous repoussera pas ; allons...

Aussitôt, hommes et femmes, enfants et vieillards, nobles et roturiers, tous se dirigent vers Paris, et demandent Saint-Lazare.

Certes, c'était rendre un éclatant hommage à sa charité ; mais c'était aussi un bien pesant fardeau pour un homme qui se sentait déjà grevé de je ne sais combien de charges diverses ; et toutes ces œuvres, pour subsister, ne reposaient guère que sur la Providence et sur l'active charité de Vincent.

Néanmoins, il ne déclina point ce nouveau fardeau; il n'aurait pas su s'y prendre pour refuser une bonne œuvre, si lourde qu'elle fût à son indigence. Il ouvrit donc les bras à tous ces infortunés, il les pressa contre son cœur. Il pensa à leur ame, après avoir pourvu aux premiers besoins du corps : ses prêtres donnèrent les exercices de la retraite à ces exilés volontaires qui en profitèrent avec empressement et reconnaissance. Vincent de Paul s'occupa ensuite de leur trouver des places à tous. C'était chose difficile, mais il en vint à bout. Bien entendu qu'il se fit aussi sa part, et celle de son héroïque auxiliaire : les petits orphelins furent recueillis à Saint-

Lazare, et les jeunes filles confiées à madame Legras. Tous eurent ainsi du pain, des vêtements, un toit, le plus souvent du travail, jusqu'à ce que, les fléaux éteints, ils purent rentrer dans leur patrie.

Parmi ces réfugiés, il se trouvait beaucoup de femmes nobles et de gentilshommes. Ils avaient pu, pendant quelque temps, sur les débris de leur ancienne opulence, se soutenir médiocrement sans tendre la main. Mais quand leurs ressources furent épuisées, il fallut bien se résoudre à mendier ou à mourir. Plusieurs, sous l'inspiration de cette fierté naturelle dont ne dépouille pas toujours le malheur, voulaient prendre ce dernier parti, et demander à la mort des précautions contre ce qu'ils appelaient leur infamie. Un homme de cœur qui eut connaissance de cette résolution désespérée en porta la nouvelle à Vincent de Paul. C'était rendre le scandale impossible.

En effet, Vincent frémit à l'idée du danger couru par tant de malheureux, et il promit à celui qui lui avait fait cette pénible révélation de s'occuper au plus tôt de ceux qu'il lui recommandait. Après avoir, selon son invariable coutume, consulté Dieu par la prière, il s'arrêta à un projet qui lui sembla un excellent moyen pour organiser des secours. Puisque cette œuvre doit être toute au profit de la noblesse, s'était-il dit, il est juste que la noblesse française y porte la plus grande part. Le plan était heureusement conçu ; il n'en était pas moins difficile d'en hâter l'exécution : les ames charitables auxquelles si souvent il avait recours, pouvaient être fatiguées de tant de charges. Il faudra de longues sollicitations..... N'importe. Ce n'est pas ce qui coûte le plus au supérieur de Saint-Lazare : il s'est fait depuis si long-temps au rôle de solliciteur ! Il se présente donc à la porte des plus magnifiques hôtels ; il engage leurs hôtes opulents à se trouver le lendemain à une assemblée de charité dans l'église de Saint-Lazare.

Il sembla que Dieu eût éteint dans les ames les derniers restes de l'égoïsme : on se rendit en foule à l'heure indiquée. Vincent de Paul, avec cet attrait de persuasion qui sait rallier toutes les opinions à ses sentiments, proposa son idée, discuta les moyens, écarta les obstacles. Son discours arriva au cœur ; on lui répondit par un cri unanime d'approbation. Les gentilshommes se constituèrent spontanément en association. Les membres furent chargés de visiter, à tour de rôle, la noblesse lorraine et de lui porter, avec des paroles de consolation et de sympathie, des aumônes proportionnées aux besoins. Le but de Vincent de Paul fut dépassé : il ne demandait que des aumônes, il eut des hommes de charité qui les portèrent à domicile.

Depuis ce jour, ces mêmes associés s'assemblèrent une fois le mois, pour rendre compte de la gestion, et pourvoir aux nouveaux besoins. Tous, princes, grands propriétaires, magistrats, riches de tous les rangs venaient mettre en commun une partie de leur immense superflu, *pour suivre*, disait l'illustre premier président Mathieu Molé, *comme les ordres de la Providence, les mouvements d'un esprit si pur*. C'est Vincent qu'il désignait ainsi.

Quant à celui-ci, on pense bien qu'il contribua plus que les autres à l'œuvre des nobles réfugiés. Un des membres distingués de l'Association disait plus tard : « Monsieur Vin-
» cent était toujours le premier à donner. Il ouvrait son cœur
» et sa bourse ; de sorte que, quand il manquait quelque
» chose, il contribuait tout du sien et se privait des choses qui
» lui étaient nécessaires. »

On eût dit que Vincent de Paul devait être le sauveur de toute l'Europe. Pendant que ses inépuisables aumônes tombaient encore sur la pauvre Lorraine, voici que lui arrivaient, de l'Angleterre et de l'Irlande, d'autres gentilshommes qui venaient demander, à l'hospitalière France, un asile contre les fureurs du farouche et à jamais exécrable Cromwel. Ces hommes, menacés dans leur liberté, leur vie et leurs croyances, préféraient l'exil à l'apostasie qui aurait pu seule amener le pardon ; mais ils étaient sans ressource aucune.

Bientôt se joignirent à eux, après la mort de l'infortuné Charles Ier, d'autres hommes non moins dignes de compassion. C'étaient les prêtres catholiques, lesquels, traqués dans les forêts et entre les rochers, par les sbires du tyran qui avait mis leur tête à prix et leurs biens en vente, cherchaient un peu de calme loin des tempêtes de la patrie.

C'est encore à la porte de Saint-Lazare qu'on vint frapper : les grandes infortunes ne semblaient connaître que ce chemin. Vincent ne put tenir contre un tel spectacle ; il ouvrit, pour la millième fois, son cœur à ces misères, et les adopta.

Cette fois encore, il eut recours aux protecteurs des nobles Lorrains ; il crut que ces nouvelles larmes à essuyer ne pouvaient trouver des mains plus empressées et plus généreuses que celles-là. La brillante association fit encore acte de bon vouloir, prit cette autre charge et s'en occupa avec le même dévouement.

Une fois cependant, après que chacun se fut cotisé, la somme nécessaire à la subsistance des réfugiés fut incomplète ; il manquait deux cents livres. Vincent de Paul mande aussitôt le procureur de la maison de Saint-Lazare ; il le tire à l'écart, et, l'interrogeant tout bas, lui dit :

— Combien avez-vous d'argent à votre disposition?

— A peu près ce qu'il nous faut pour faire vivre demain la communauté, dit le procureur.

— Mais, enfin, combien y a-t-il?

— Cinquante écus.

— Mais n'y a-t-il que cela d'argent dans toute la maison?

— Oui, Monsieur ; pas autre chose.

— En ce cas, ajouta Vincent de Paul, je vous prie de les aller quérir.

Le procureur qui savait qu'en pareille occurrence Vincent n'accueillait aucune objection, sortit tout soucieux, et apporta les cinquante écus.

Ils furent aussitôt ajoutés à la collecte. Mais un des seigneurs avait entendu la conversation. A peine sorti, ne se contentant point d'admirer cet acte de générosité, il le raconta aux autres. Le lendemain, un inconnu portait une somme de mille livres à Saint-Lazare.

Vincent ne s'en crût pas quitte envers les derniers réfugiés. Il voulut encore faire l'aumône à leur ame, et la faire largement. Il chargea un de ses prêtres qui était Irlandais, de les réunir, à certains jours de la semaine. Des instructions religieuses leur furent régulièrement données, et on leur remettait constamment sous les yeux les croyances et les préceptes du christianisme. On établit aussi pour les prêtres exilés des conférences sur le plan de celles de Paris. Toutes les matières qui regardent la science et les vertus ecclésiastiques y étaient traitées avec zèle et intérêt.

Cependant, tous n'acceptèrent pas ces arrangements avec reconnaissance. Quelques-uns même, on ne sait trop pourquoi, allèrent jusqu'à faire des démarches à Rome afin que

Vincent de Paul ne se mêlât plus d'eux. C'était bien de l'ingratitude. Tout le monde en fut révolté.

— Il me semble, Monsieur, dit à Vincent le prêtre irlandais, il me semble que cela mérite bien que vous ne fassiez plus rien pour eux.

— Oh! Monsieur, que dites-vous là? répondit-il vivement; c'est justement pour cela qu'il faut faire beaucoup.

Il tint parole. Les réfugiés ne manquèrent jamais de rien. Ceux qu'il ne put garder à Paris, il les adressa en province à d'excellentes familles, quelquefois il les plaça dans les séminaires.

Toutes ces préoccupations charitables ne pouvaient l'empêcher de se trouver chaque jour en face des conséquences désastreuses de la guerre ; il en appréciait mieux que personne les ravages. A la vue des profanations sacriléges, des haines profondes, des crimes, des ruines qu'offraient, depuis si longtemps nos provinces, son cœur était pris d'une indicible tristesse. Souvent il pleurait seul au pied de son crucifix et demandait à Dieu la fin de ces malheurs.

Un jour, il n'y put plus tenir. J'irai trouver celui qui fait en Europe la guerre et la paix, se dit-il ; j'irai trouver le cardinal.

Quelques heures après, il était, en effet, à la porte du grand ministre. Cette porte ne s'était jamais fermée pour lui ; il entra donc, et trouva Richelieu occupé, comme toujours, à mettre la France au plus haut point de gloire. Il lui fit la plus énergique peinture des maux qui pesaient sur la France, sur l'Europe même ; puis, se jetant à ses pieds, il s'écria avec une sorte de désespoir :

— Monseigneur, donnez-nous la paix! Ayez pitié de nous! donnez la paix à la France !

Ce langage indépendant ne blessa point Richelieu; au contraire, il en fut touché, et répondit avec un bienveillant sourire :

— Monsieur Vincent, je travaille à cette paix ; mais dépend-elle de moi seul? Non, bien certainement. Le roi a des ennemis à l'étranger comme au-dedans, et ils sont loin de vouloir cette paix. Ne faut-il pas arrêter leurs menées et les forcer d'obéir, en toute chose légitime, à notre bien-aimé seigneur le roi?

C'était clairement s'expliquer; Vincent de Paul le comprit, et se retira. Il n'avait pas réussi ; mais au moins il avait fait acte de bonne volonté et de courage; on dut lui en tenir compte. Cette démarche un peu hardie, à la regarder de tout autre point de vue que de celui de la charité, aurait pu amener une disgrâce; il n'en fut rien : Richelieu lui continua son estime avec sa protection, et Vincent eut la gloire d'avoir essayé de rendre le repos d'un grand peuple, et d'avoir soutenu ses intérêts, en face d'un grand homme.

A quelque temps de là, le 4 décembre 1642, Richelieu allait rendre compte au monarque éternel de sa vie orageuse, pendant laquelle pourtant il n'avait point baissé le front, malgré les intrigues d'une cour adroite et puissante, malgré l'aversion de la famille royale qui s'éclipsait derrière la pourpre du cardinal, malgré enfin l'antipathie d'un maître qu'il servait avec ardeur, mais que, en revanche, il dominait de toute la hauteur de son génie, de toute l'inflexibilité de son caractère. Son confesseur lui ayant demandé s'il pardonnait à ses ennemis, il répondit : *Je n'en ai jamais eu d'autres que ceux de l'Etat.*

Il mourut à l'âge de 58 ans, au Palais-Cardinal, aujourd'hui le Palais-Royal, qu'il avait fait bâtir. Quand on annonça à Louis XIII qu'il venait d'expirer, ce prince répondit simplement : « *Voilà un grand politique mort.* » C'est une oraison funèbre bien courte et bien froide pour un homme à qui il devait tant. Bossuet fut plus juste ; il a dit : « Le grand » cardinal de Richelieu achevait son glorieux ministère et » finissait tout ensemble une vie pleine de merveilles. Sous sa » ferme et prévoyante conduite, la puissance de l'Autriche » cessait d'être redoutée, et la France, sortie enfin des » guerres civiles, commençait à donner le branle aux affaires » de l'Europe (1). »

Le corps de Richelieu fut inhumé dans l'église de la Sorbonne qu'il avait fait rebâtir avec une magnificence vraiment royale. On lui éleva depuis un mausolée superbe qu'on y voit encore, et qui est un chef-d'œuvre de Girardon (2).

---

(1) Oraison funèbre de Michel Le Tellier. — *Œuvr. compl.*, éd. de Lefèvre ; 1836, t. v, p. 319.

(2) Arnaud du Plessis-Richelieu, naquit à Paris en 1585. Il avait été sacré évêque de Luçon en 1607. — Devenu cardinal, outre les grandes entreprises dont chacun des faits appartient à l'histoire, il fonda l'imprimerie royale, rebâtit la Sorbonne, éleva le Palais-Royal, établit le Jardin des Plantes qu'on appela le Jardin du Roi. Mais la chose à laquelle il donna plus de soins, ce fut l'Académie française dont il voulut être le fondateur et le protecteur, ne se doutant pas qu'il travaillait pour une ingrate. « La bonne politique, a dit quelqu'un, ne se » trompe guère sur les événements futurs. Celle de Richelieu, si vaste, » si prévoyante, ne lui fit pas même pressentir qu'un siècle philosophe » pourrait succéder un jour au sien, et que non-seulement le nom du » fondateur serait à peine prononcé dans le sanctuaire qu'il avait » élevé et consacré aux Muses ; mais encore que, loin d'y brûler quel- » ques grains d'encens en son honneur, on oserait même y blâmer sa » mémoire. Tel est l'esprit de ce siècle destructeur : il abat les statues » érigées au génie, pour en élever d'autres au bel-esprit. »

Cependant Louis XIII, parvenu au terme de la décrépitude, à la fleur même de l'âge, marchait rapidement vers la tombe ; il allait rejoindre son premier ministre. En homme que le temps n'a point occupé au détriment de l'éternité, et qui s'est cru simple sujet de Dieu tout en étant roi d'un grand empire, il se détacha sans trop de peine du trône et de la vie. Indigné de ce que son confesseur ordinaire, au moment où dans son lit de mort il lui manifestait les angoisses et les frayeurs de son ame, avait osé lui dire avec une ridicule adulation : *Il suffit de voir avec quelle piété le roi regarde la croix, pour s'assurer de la parfaite intelligence qui règne entre vos Majestés divine et humaine* (1), Louis XIII voulut avoir auprès de lui l'homme qu'il avait appris à estimer le plus dans son royaume, et qu'il avait fait le distributeur de ses aumônes, Vincent de Paul.

Le supérieur de Saint-Lazare est donc mandé à Saint-Germain-en-Laye où se trouvait le royal malade. Il y arrive en toute hâte et salue le prince par cette parole de l'Ecriture, bien propre à remplir le monarque d'espérance et de paix : « *La fin de la vie est sans amertume pour celui qui craint Dieu* (2). » Louis XIII achève le verset des Ecritures : « *Et il sera béni*

---

(1) Dubois, l'un des valets de Louis XIII, eut la stupide bassesse de s'approprier une si honteuse adulation, en écrivant le journal de la mort de ce prince, qu'on trouve dans un recueil, intitulé *Curiosités historiques*. « Le prince, dit-il, étant à l'agonie et ne parlant plus, avait » les mains croisées sur sa poitrine et les yeux levés au ciel où s'adres- » saient avec ferveur ses prières et ses vœux : *Ce qui marquait un grand* » *commerce entre leurs Majestés divine et humaine.* » — Quelle pauvreté !

(2) *Timenti Deum bene erit in extremis.*

» *au jour de sa mort* (1). » Cette réponse est bien courte, mais qu'elle renferme de louanges pour Vincent : Louis XIII saluait son arrivée comme un jour de bénédiction (2).

Pendant huit jours qu'il passa dans la somptueuse demeure du roi de France, Vincent de Paul eut de longues conversations avec le malade qui le voulait toujours auprès de son lit. Qu'il était grand, qu'il était sublime cet ange de la miséricorde converti pour quelque temps, auprès d'un monarque, en ange de consolation ! Quelle tendre sollicitude il mit à calmer tant de frayeurs, à éclairer tant de doutes, à rendre moins sombre l'avenir éternel ! Souvent les plus hautes questions furent traitées entre ce prince et le pauvre prêtre. On s'entretenait des craintes et des espérances de la religion en France, des moyens les plus efficaces et les plus doux à employer pour ramener les Hérétiques, et de mille autres choses trop long-temps oubliées ou imprudemment compromises. Le roi parlait à Vincent de Paul avec une confiance expansive ; il lui ouvrait le fond de son cœur, et ne cachait pas ses projets de réforme, si Dieu le ramenait à la santé. « Oh ! monsieur Vincent, lui » disait-il un jour, si je viens à guérir, les évêques, avant de » prendre possession, seront trois ans chez vous ! »

---

(1) *Et in die defunctionis suæ benedicetur*. Eccl. chap. i, v. 13.

(2) Dès le commencement de sa maladie Louis XIII avait parlé de sa mort prochaine comme d'une chose indifférente. De ses fenêtres, il apercevait les tours de Saint-Denis où il devait bientôt dormir avec ses pères ; il disait quelquefois en les montrant : « Je ne sortirai d'ici » que pour aller là. » Grotius a dit : « Je ne crois pas qu'on puisse » trouver jamais, non-seulement un roi, mais un chrétien qui se dis- » pose à la mort avec plus de piété. »

Vincent ne se contentait pas d'adoucir pour le roi les horreurs de l'agonie; son regard tombait aussi sur le jeune enfant qui avait déjà un pied sur le degré du trône. On dit que souvent il prenait dans ses bras le prochain héritier de Louis XIII, et qu'il l'instruisait, avec une grâce touchante, de ses croyances et de ses devoirs. A côté de ce lit de mort où allait s'éteindre un monarque, au centre de toutes ces grandeurs que le deuil devait bientôt interrompre, comme perdu au milieu de ces débris de puissance et de richesses qui à cette heure n'étaient plus que néant, il enseignait à Louis XIV, qui s'en souvint toujours, les premiers principes de l'Evangile qui doit être le premier code des rois comme du reste de l'humanité ; il lui apprenait ce que, plus tard, un grand orateur devait crier tout en larmes sur le cercueil de ce même prince, que *Dieu seul est grand*.

Vincent de Paul, quelques jours rentré à Saint-Lazare comme pour respirer un peu cet air de solitude et de silence dont il avait tant besoin, fut bientôt rappelé à Saint-Germain auprès du royal moribond. Pendant quelques jours encore, il entretint dans l'ame de Louis XIII des sentiments de douleur, de résignation et d'amour. Puis il lui annonça que l'agonie était venue et que la mort marchait vite. Le prince ranima alors sa voix mourante, et, levant les yeux au ciel avec un calme amoureux, récita le *Te Deum*. Puis il bénit le jeune Louis XIV, et fit ses adieux à la reine. Mais il n'avait pas tout dit ; il ne pensa pas que la Providence lui eût envoyé Vincent de Paul pour lui seul, il crut qu'un tel ministre devait avoir son influence sur un autre règne qui allait commencer : il fit promettre à Anne d'Autriche de confier encore au saint prêtre le choix des premiers pasteurs du royaume. Nous verrons comme la régente tiendra cette promesse. Après cette scène où coulèrent tant de larmes et que parfuma une douce résignation, Louis XIII rendit le dernier soupir, à l'âge de 43 ans, le 14 mai 1643.

Vincent de Paul écrivit presque du pied de ce lit de mort : « Je n'ai vu mourir personne plus chrétiennement, et je n'ai » jamais remarqué en aucun autre plus d'élévation à Dieu, » plus de tranquillité, plus de bonté et de jugement en un » pareil état. »

Le lendemain on faisait un service solennel dans l'église de Saint-Lazare. Chacun des prêtres de la congrégation célébra la messe pour le prince qui avait eu toute l'estime et tout l'amour de Vincent de Paul.

CHAPITRE XXII.

Vincent de Paul est appelé aux conseils de la Régence pour les affaires ecclésiastiques. — Combien cette charge lui pèse. — Vertus qu'il montre dans cette place. — Son désintéressement. — Services qu'il rend à la religion.

1643. — 1651.

Qui ambulat in justitiis et loquitur veritatem, qui projicit avaritiam et excutit manus suas ab omni munere, iste in excelsis habitabit ; regem in decore suo videbunt oculi ejus. — Isaï XXXIII. 15, 16.

Depuis long-temps, Anne d'Autriche avait appris à connaître Vincent de Paul. Elle aimait à répandre ses aumônes par les mains du charitable prêtre, et jamais elle ne lui refusa, lorsque, toutes ses ressources épuisées, il lui représentait avec confiance les pressants besoins des pauvres clients qu'il s'était donnés. Aussi, lorsqu'elle fut régente du royaume, elle se garda bien d'oublier les recommandations que lui avait faites Louis XIII mourant. Elle le nomma membre du conseil ecclésiastique, qui avait la charge de s'occuper des mœurs, des études et des places du clergé. Il partagea cet honneur avec le pénitencier de Notre-Dame, le chancelier Séguier et Mazarin qui succédait à Richelieu.

Tout autre que lui se serait grandement réjoui d'une charge qui le rapprochait à ce point des puissants du monde, que l'intérêt sait si bien exploiter. Lui, au contraire, il sentit une tristesse profonde lorsque lui arriva la nouvelle de sa nomination. Malgré son désir de contribuer pour quelque chose au bien de l'Etat, il lui en coûtait d'être ainsi retiré de la foule et de siéger au conseil des rois. Mais quelle que fût sa répugnance, il fallut obéir : Anne d'Autriche l'exigea.

Tout le monde, excepté quelques ambitieux qui redoutaient l'entrée de la vertu dans un conseil que trop souvent avait mené l'intrigue, tout le monde applaudit au choix de la régente. On prévit bien des réformes, mais on les pardonnait d'avance à l'homme de charité. Vincent se crut seul déplacé. Lorsqu'il alla rendre, à l'occasion de cette charge nouvelle, visite à Condé, le prince voulut le faire asseoir à ses côtés.

— Excusez-moi, Monseigneur, répondit Vincent de Paul, Votre Altesse me fait trop d'honneur de vouloir bien me souffrir en sa présence. Ignore-t-elle que je suis le fils d'un pauvre paysan ?

— Les mœurs et la bonne vie, répondit Condé, sont la vraie noblesse de l'homme. MORIBUS ET VITA NOBILITATUR HOMO. D'ailleurs ce n'est pas d'aujourd'hui qu'on connaît votre mérite.

Cependant, en homme habile, et afin de convaincre finement Vincent lui-même de sa supériorité qu'il avait l'air de méconnaître, il fit tomber la conversation sur un point de controverse (1). Vincent de Paul élucida si bien la question, il la traita avec tant de justesse et de tact, que le prince qui l'avait prévu, s'écria :

— Eh ! quoi, Monsieur Vincent, vous dites, vous publiez partout que vous êtes un ignorant ; et cependant vous venez de résoudre en quelques mots l'une des plus grandes difficultés qui nous soient proposées par les Protestants !

Vincent de Paul rougit, et Condé alla, de ce pas, complimenter Anne d'Autriche de l'homme qu'elle avait fait entrer au Conseil de la régence.

Le pouvoir qui n'avait pu autrefois corrompre sa grande ame fut aussi impuissant alors ; il n'éveilla pas le moindre désir, pas la plus petite envie d'exploiter une position qui lui mettait presque la main dans le trésor de l'Etat. La première fois qu'il parut devant la régente, il fit publiquement le vœu de n'accepter jamais, ni pour lui, ni pour sa congrégation, aucune grâce ecclésiastique. Il y fut fidèle. Sa conduite parut presque une exception ; mais cette exception même la rendit encore plus respectable.

« En ma qualité de secrétaire d'Etat, a écrit Le Tellier, » j'ai été à portée d'avoir un grand commerce avec M. Vin-» cent. Il a plus fait de bonnes œuvres en France, pour la » Religion et pour l'Eglise, que personne que j'aie jamais » connue ; mais j'ai particulièrement remarqué qu'au Conseil » où il était le principal agent, il ne fut jamais question ni de

---

(1) Dans l'immortelle oraison funèbre de Condé, Bossuet a dit de ce prince : « que son grand génie embrassait tout, l'antique comme le » moderne, l'histoire, la philosophie, la théologie la plus sublime, et » les arts avec les sciences. » Cet éloge se trouve justifié pour la théologie, par le trait qu'on vient de lire.

» ses intérêts, ni de ceux de sa compagnie, ni de ceux
» des maisons ecclésiastiques qu'il avait établies. Il em-
» ployait son crédit en faveur de tous ceux qu'il en croyait
» dignes ; pour lui, il s'était retranché du catalogue de
» ceux qui pouvaient espérer des grâces. Ses parents les
» plus proches n'eurent rien de lui. On l'a souvent sollicité
» en faveur de ses neveux, il répondit toujours qu'il ai-
» mait mieux les voir bêcher la terre que de les voir béné-
» ficiers. »

Quel exemple ! Le dévouement est rare ; mais un dévouement comme celui-là, dévouement purgé de tout égoïsme, est bien plus rare encore. On veut bien rendre service ; mais presque jamais sans que l'espérance ne se montre au-dessus du service rendu. On ne se donne pas, on se vend.

A peine eut-il son entrée au Conseil, qu'il prononça un mot qui rencontre toujours bien des contradictions : il prononça le mot de réforme. Sa conscience lui demandait ce cri ; il le fit entendre aux oreilles d'Anne d'Autriche et de Mazarin avec une indépendance qui surprit d'abord, avec une liberté franche et noble qui lui conquit une grande influence et qu'il sut garder pour le bien, malgré les quelques obstacles que firent lever des caractères moins dominés que le sien par le devoir.

Mazarin le contrariait souvent, parfois il l'appelait *un homme tout d'une pièce*, montrait en riant ses vêtements en mauvais état, et subtilisait presque toujours dans une question débattue. Vincent de Paul n'en poursuivait pas moins son idée, et marchait à son but, stigmatisant sans pitié ceux qu'Abelly appelle spirituellement *écumeurs de biens d'Église*, espèce de gens qui postulaient bénéfices, abbayes et prieurés pour leurs enfants, nés à peine, quelquefois à naître. Le ministre, le plus souvent, était obligé de céder à sa haute raison, à sa parole de saint ; mais de temps à autres il n'en tenait pas compte, et faisait de la corruption politique avec les biens qui ne devaient revenir qu'au clergé.

Mais quand les choses conclues malgré lui ou sans lui, semblaient par trop tourner au détriment de la religion, alors, quittant le titre et le rôle de conseiller royal, Vincent allait, simple prêtre de la mission et toujours homme de charité, les défaire secrètement, à force de prières et de larmes. Donnons-en un exemple où il ne réussit pas, mais où le ciel sembla le venger du non-succès.

Mazarin lui écrivit, en termes assez hautains, que la reine venait d'accorder un évêché au fils d'un homme qui avait rendu de grands services à l'État. Cette lettre jeta Vincent de Paul dans d'étranges perplexités : il avait la certitude que l'élu était loin d'avoir les qualités nécessaires à un évêque, surtout à un évêque destiné à un vaste diocèse où de grandes réformes à faire appelaient un pasteur de zèle et d'action. A quoi se résoudre ? Résister à la régente et au ministre ? Mais que deviendraient alors ses plans de réforme ?.... Transiger avec sa conscience ? Impossible ! Ce rôle était trop au-dessous de sa vertu. Après de longues et fatigantes réflexions, il se décida à aller trouver le père de l'évêque choisi.

— Monsieur, lui dit-il, vous savez comme moi combien l'Église a besoin de pasteurs zélés. Notre amitié, et aussi l'intérêt de la Religion me poussent à vous dire que vous ne devez pas vous exposer aux suites funestes d'une promotion peu canonique. C'est attirer sur vous et sur votre famille la malédiction de Dieu.

Puis, prévoyant les objections de la tendresse paternelle, il les réfuta par avance.

Ce seigneur l'écouta fort attentivement, le remercia de son obligeante visite, et lui promit de réfléchir à ce qui lui avait été dit. Ces réflexions, s'il les fit, n'amenèrent point le résultat qu'attendait Vincent de Paul : le jeune homme fut promu à la dignité épiscopale; mais, à quelque jours de là, il mourut, laissant à son père le regret de ne pas s'être rendu aux observations du supérieur de Saint-Lazare.

On aurait tort de penser cependant qu'il y eût quelque chose de tortueux dans sa conduite. Si, dans des circonstances comme celles dont nous venons de parler, le bien lui faisait faire quelque pas en secret, ce n'était certes pas aux dépens de sa franchise habituelle. On ne trouvait point sur ses lèvres de ces paroles adroites et à double sens qui ont la mission de contenter tout le monde. Jamais de petites intrigues, menées dans l'ombre, pour briser un ressort politique ou pour en préparer un autre; jamais rien qui approchât de cette rouerie sans laquelle tout succès semble impossible dans les cours. Qu'on lui demandât protection pour une affaire en suspens, il ne payait pas de promesses, proposait simplement la chose au conseil, et en annonçait sans détour l'insuccès comme la réussite.

Il est des hommes, et on en rencontre souvent, qui font parade de tout, même des services qu'ils n'ont point rendus et dont pourtant ils se laissent croire les auteurs. Rien de si bas dans l'âme de Vincent de Paul. Il arrivait quelquefois qu'on venait le remercier du succès de certaines affaires dans lesquelles il n'était pour rien. Sa franchise n'aurait pas souffert qu'il se retranchât derrière une parole ambiguë et mystérieuse, il détrompait aussitôt ces personnes, et allait même jusqu'à leur dire avec une admirable candeur : « S'il y a eu quelques » difficultés dans la réussite de votre affaire, c'est moi qui les » ai suscitées. »

C'était à lui que revenait la charge de présenter à la régente les placets adressés pour l'obtention des bénéfices ; à lui de connaître les raisons de la demande, de discuter les droits et les qualités des solliciteurs. Un semblable travail, singulièrement fastidieux à cause de ses détails infinis et toujours pénibles, le mettait dans l'occasion de recevoir mille sortes de gens dont souvent les prétentions ne se basaient sur rien ; gens de tout caractère et d'une exigence parfois ridicule. Eh ! bien, c'était chose admirable de voir quelle égalité d'esprit il montrait alors, quelle patience, quel bienveillant accueil. Petits et grands, riches et pauvres, trouvaient à toute heure sur ses lèvres un gracieux sourire. Il était inouï que le supérieur de Saint-Lazare, alors même qu'il s'appelait conseiller royal aux affaires ecclésiastiques, eût rebuté quelqu'un, au moment même où il était indiscret de le déranger. Son affabilité n'avait pas ses heures.

Pas d'homme exposé à se voir sollicité par l'injustice aidée de la corruption, comme ceux qui sont en place et à qui leur position permet de disposer d'une certaine influence. Ce sont des amis qui vous arrivent, et qui, au nom d'une amitié qui ne devrait pas se nommer en pareille occurrence, vous demandent quelques faveurs à prélever sur votre crédit. Il est bien difficile, dans ce cas-là, de ne pas écouter le cœur plutôt que le devoir ; et plus d'un détournement, plus d'un passe-droit n'ont pas un autre principe, autrefois comme par le temps qui court. La conscience de Vincent de Paul avait plus d'énergie; elle se faisait entendre avant toute sollicitation; rien ne l'aurait fait tant soit peu fléchir. Bien souvent on essaya; sa réponse fut toujours un refus plein d'indignation et de noble fierté, quelques menaces qui lui fussent faites, quelque quantité d'or qu'on lui montrât. Il ne savait pas se vendre.

Un magistrat convoitait pour son fils une riche abbaye. Il alla donc trouver Vincent de Paul, arriva, après maints détours, à lui parler de son désir, et finit par lui promettre une forte récompense, s'il appuyait sa demande au conseil. Le prêtre gardait un silence digne et profond. Le solliciteur se permit alors d'ajouter, sous forme de conseil, que, dans la position de sa compagnie, il ne devait pas manquer l'occasion de la doter de la somme promise avec condition. La réponse de Vincent de Paul fut celle-ci: « Pour tous les biens de la » terre, je ne ferais rien ni contre Dieu, ni contre ma » conscience. La congrégation ne périra point par la pau- » vreté; je crains plutôt qu'elle ne vienne à périr, si la pau- » vreté lui manque. »

Il était impossible que Vincent de Paul, avec toute l'autorité de sa vertu et le désintéressement de son zèle, n'obtînt pas quelque changement dans la direction des affaires ecclésiastiques, malgré le mauvais vouloir de quelques-uns des membres qui mettaient un intérêt ou une passion entre leur charge et Dieu. Il fut assez heureux pour faire adopter certaines résolutions qui amenèrent un peu la réforme. On exigea, sur sa demande, que, dans l'obtention des bénéfices, on se conformât au droit canon, pour l'âge, les mœurs et la capacité. C'était déjà quelque chose pour cette époque de gaspillage dans les biens de l'Eglise. L'influence s'en étendit au choix des évêques : et c'est là que commencèrent la grave régularité, les longues études, l'épreuve préalable, l'esprit ecclésiastique, exigés pour l'épiscopat, et qui préparèrent ces prélats qui parurent si grands encore dans le grand siècle de Louis XIV.

Vincent de Paul ne s'en tint pas là. Dans toute circonstance, il servit la cause de la liberté de l'Eglise. Les évêques trouvaient en lui un inexorable défenseur de leurs droits, qu'il ne laissait jamais méconnaître ou transgresser par l'administration civile ou par le caprice d'un ministre et d'un favori. Aussi pouvait-il, sans les blesser le moins du monde, prendre sur soi de leur donner des conseils pour l'administration de leurs diocèses : on savait d'où partait le motif. Il en usait largement pour le bien, mais c'était toujours avec déférence et modestie.

Il appréciait trop les ordres religieux pour ne pas leur accorder sa protection. Mais aussi c'était afin de les ramener à l'esprit de leur institut. Pour ôter aux élections toute l'influence des brigues, des rivalités, des coteries, au moins pour la paralyser, il pria les évêques de présider les chapitres généraux de chaque ordre, et la sanction royale n'arrivait sur la délibération que lorsque ces prélats certifiaient que tout avait été canonique. Il eut soin surtout de ne jamais laisser venir jusqu'au cloître les petites ambitions séculières qui, avant lui, avaient provoqué tant de désordres dans les couvents. Grâce à ces précautions et à tant d'autres dont les détails n'appartiennent presque pas à notre sujet, on vit à peu près s'éteindre, dans les monastères, les divisions, le relâchement et l'esprit mondain. Il parvint même à introduire dans quelques couvents de Saint-Maur (1), de Prémontré (2) et de Gram-

(1) La congrégation de l'ordre de Saint-Maur, en France, fut érigée par le pape Grégoire XV, en 1621, à l'instance de Louis XIII et à la prière de quelques monastères qui, voulant faire revivre l'esprit primitif de la règle de Saint-Benoît, crurent devoir s'appuyer de l'autorité du Saint-Siége, pour aggréger à leur institut les autres maisons de Saint-Benoît qui voudraient suivre cette réforme. Depuis, le pape Urbain VIII, informé du zèle et de l'union des religieux de cette congrégation, la confirma l'an 1627, et lui accorda de nouveaux priviléges. Elle a été divisée en six provinces dont chacune contient environ vingt maisons. Les plus considérables sont : Saint-Denys, Saint-Germain-des-Prés, Saint-Rémy-de-Reims, Marmoutier, Saint-Pierre-de-Corbie, Saint-Benoît-sur-Loire, Fécamp, Sainte-Trinité-de-Vendôme, etc., etc. Les religieux, outre la règle de Saint-Benoît, ont des statuts et des constitutions particulières. (MORÉRI. *Dict. histor.*).

(2) Les chanoines réguliers de ce nom avaient été institués, en 1120 par saint Norbert, sous le pontificat de Calixte II, et sous le règne de Louis-le-Gros. Ils furent appelés *Prémontrés*, parce que leur première demeure fut l'abbaye de Prémontré, à douze kilomètres de Laon. Or, voici, suivant quelques auteurs, l'origine du mot prémontré. Un *lion*, dit-on, faisant de grands ravages dans la forêt de Coucy, Enguerrand de Coucy, sur les plaintes qui lui furent faites, résolut de délivrer son pays de ce terrible animal. Il se fit conduire dans l'endroit où cette bête furieuse se rendait ordinairement ; et, l'ayant rencontrée plus près qu'il pensait, il dit à son guide : *Par saint Jean, tu me l'as de près montré* En disant ces mots, il chargea courageusement le lion ; et, après l'avoir pour ainsi dire combattu corps à corps, il le vainquit et le tua. En mémoire de cette action, le lieu fut nommé *Prémontré*, par allusion au mot ci-dessus. La figure du lion fut taillée en pierre, de grandeur naturelle avec un collier où furent attachées les armes du vainqueur. En souvenir de sa victoire, il fit graver sur des médailles l'effigie du lion et la porta toute sa vie pendue au cou en manière d'ordre, ce que firent tous les gentilshommes et nobles attachés à sa maison. L'image du lion se voyait encore à Coucy, avant la révolution. L'abbaye de Prémontré, célèbre par la beauté et la régularité de ses bâtiments, l'était plus encore par un magnifique escalier, d'une élégance et d'une légèreté extrême. (*Dictionn. des origines, etc.*)

mont (1), une réforme qui fit remonter ces couvents à la hauteur de leur première institution. L'ordre de Sainte-Geneviève, de la maison de Chancelade, de Long-Champ, attirèrent aussi ses soins, et il y établit la plus exacte discipline.

Rien de ce qui pouvait intéresser la religion n'échappa donc à Vincent de Paul : profanations que se permettaient les gens de guerre, libelles que l'on se renvoyait d'un camp à l'autre, entre Catholiques et Protestants ; indécences du théâtre; fureurs des duels, blasphèmes, il stigmatisa tout, et fit renouveler ou remettre en vigueur les ordonnances royales qui existaient contre ces désordres.

Disons tout en un mot : ses bienfaits trouvaient toutes les infortunes, son zèle trouva tous les abus.

Qu'on se garde bien de croire cependant qu'il portait de la précipitation, une fougueuse activité dans toutes ces affaires qu'il imposait à sa place de conseiller; il avait la patience qui prépare le succès. On appelait quelquefois cette circonspection et cette prudence, lenteur et timidité ; ce n'était rien de tout cela : il voulait laisser à Dieu sa part d'action en toute chose. S'il trouvait des obstacles sur sa route, loin de vouloir les franchir d'un bond, à l'aide de l'autorité qu'il avait en main, il se taisait devant la contradiction, et se tournant du

---

(1) L'ordre de Grammont est un ordre religieux fondé vers l'an 1076 par saint Etienne de Grammont. Cet ordre a tiré son nom de Grammont dans la Marche. Cet ordre ne commença pourtant pas à Grammont, mais à Muret, village du Limousin. Etienne Muret en fut l'instituteur. Après sa mort, les religieux transportèrent leur demeure à Grammont, dans le diocèse de Limoges. L'ordre fut gouverné par des prieurs environ 240 ans. L'an 1318, Nicolas, cardinal d'Osté, en créa Guillaume Bellicéri abbé. (*Dictionn. de Trévoux*).

côté du Ciel, il attendait le secours qui mène au but; il y arrivait presque toujours.

Un homme qui ne pactisait qu'avec le devoir, en face même des plus puissantes sollicitations; un homme qui cherchait à faire rentrer tous les abus dans la règle, toutes les passions dans la vertu, devait se créer des ennemis. Vincent de Paul en eut donc; mais il acceptait ces haines que lui valait sa justice avec résignation et joie; et même, il s'en vengeait noblement.

Il s'était un jour opposé, dans le conseil, à la demande qu'un grand seigneur faisait d'un bénéfice. Le gentilhomme froissé se permit contre Vincent de Paul les plus indécents propos, et alla jusqu'à le traiter de *vieux fou*. Anne d'Autriche ayant appris cette insulte faite à un homme qui réalisait à ses yeux le plus bel idéal de la perfection sacerdotale, manda le gentilhomme et lui défendit de paraître jamais à la cour. A cette nouvelle, le supérieur de Saint-Lazare courut chez la reine, se jeta à ses pieds avec des supplications pressantes, et ne se releva qu'après avoir obtenu, à grand'peine, que le courtisan rentrerait en faveur.

Une autre fois, une famille haut placée fut indisposée contre lui pour un semblable refus. La calomnie leur servit de vengeance : on l'accusa d'un crime qu'on eut soin d'entourer de circonstances piquantes, afin que la nouvelle en prît mieux à la cour. Quelques gens crurent à ces bruits odieux, et disaient d'une manière fort niaise : *Il n'y a pas de feu sans fumée*. Ces propos arrivèrent à la reine; elle n'y crut pas. Mais la première fois qu'elle vit Vincent de Paul, elle lui dit :

— Savez-vous ce qu'on met sur votre compte?

— Non, Madame, répondit Vincent ; et quoi donc ?

— Oh! mais une chose énorme. Tenez, voici le fait.

Et elle le lui raconta.

— Qu'avez-vous à y répondre?

— Que je suis un grand pécheur, Madame ; voilà tout.

— Mais il faut vous justifier, et confondre ces méchantes gens qui vous en veulent.

— Non, Madame ; on en a bien dit d'autres contre Notre Seigneur, et il ne s'est pas justifié.

Voilà le cas qu'il faisait de ces haines honorables pour lui, et des actes iniques qui en partaient.

Terminons par ces paroles du doux archevêque de Cambrai, Fénélon : « Le discernement des esprits, et la fermeté
» du courage furent les dons qui brillèrent en cet homme de
» Dieu, dans un degré qu'on aura peine à croire. Dans les
» conseils d'Anne d'Autriche, il n'eut égard ni à la haine, ni à
» la faveur des grands ; mais uniquement aux intérêts de
» l'Eglise. »

Quelque bien que Vincent de Paul fût appelé à faire dans le poste où il se trouvait, il ne cessait de souhaiter ce qu'il appelait *sa délivrance*. Chaque jour il priait à cette intention, et son désir était sincère. Pendant une absence qu'il fut obligé de faire pour je ne sais quelles affaires de sa compagnie, le bruit courut à Paris que, par suite des instances de Mazarin, il était disgracié. A son retour, un de ses amis le complimenta de ce que le bruit était faux : « Ah! misérable que je suis,
» dit-il en se frappant la poitrine, je n'étais pas digne de cette
» grâce ! » Il allait plus loin, un jour, il s'écriait : « Je
» demande à Dieu que je sois tenu pour un insensé, comme

» je le suis, afin qu'on ne m'emploie plus dans cette sorte
» de commission, et que j'aie plus de loisir de faire pénitence,
» et donne moins de mauvais exemples que je fais à notre
» petite compagnie. »

De tels hommes épuisent toutes les louanges et désespèrent l'admiration.

CHAPITRE XXIII.

Mazarin. — La Fronde. — Broussel. — La régente se retire à Saint-Germain. — Blocus de Paris par Condé. — Vincent de Paul à Saint-Germain-en-Laye. — Pillage des fermes de Saint-Lazare. — Secours donnés par Vincent aux victimes de la guerre. — Il visite les maisons de son ordre. — Son retour à Paris. — Ravages dans les provinces. — Vincent de Paul leur vient en aide. — Soldats irlandais secourus par Vincent de Paul. — Reconnaissance qu'on lui témoigne.

1648. — 1651.

Beatus cujus Deus Jacob adjutor ejus, spes ejus in Domino Deo ipsius. Qui custodit veritatem in sœculum, facit judicium, injuriam patientibus, dat escam esurientibus. Dominus solvit compeditos. Dominus erigit elisos. — Ps. CXLV. 4, 5.
Introeat in conspectu tuo gemitus compeditorum; secundum magnitudinem brachii tui posside filios mortificatorum. Redde vicinis nostris septuplum.... Nos autem populus tuus et oves pascuæ tuæ. — Ps. LXXVIII. 12, 13.

Les premiers temps de la régence avaient été calmes. Ce calme, acheté par un général de vingt ans, le duc d'Enghien, depuis prince de Condé, avec les batailles de Fribourg, Nordlingue et Rocroy, avait été assuré, ce semble, par le traité de Westphalie qui valut à la France l'Alsace et quelques autres domaines. Mais des divisions intestines amenèrent bien vite les tempêtes.

La reine-mère, Anne d'Autriche, était aimée; au contraire, on haïssait Mazarin, son premier ministre. Italien de naissance et nourri dans les intrigues, il n'eut rien de Richelieu. Avec des vertus incomplètes et gâtées, d'ailleurs, par de grands défauts, il n'inspirait ni assez d'estime, ni assez de confiance pour subjuguer en conquérant et dominer en souverain. Il entreprit d'arriver au même but par ruse et par adresse. Mais sa tortueuse politique, sans noblesse comme sans énergie, ne put le sauver de la jalousie qui s'acharne au pouvoir usurpé, ni du mépris qui tombe sur un gouvernement toujours faible. Il n'avait pas de grands vices, mais on ne trouvait rien en lui de ces qualités aimables qui préviennent et commandent l'affection comme le respect. Il parlait beaucoup et d'une manière agréable; mais il abusait de cette facilité pour s'épuiser en vaines promesses, et voiler toujours le fond de sa pensée de mille expressions équivoques et obscures. De plus, il agissait avec une lenteur qui allait mal à l'impatience française, et il disait souvent : *Le temps et moi!...* Esclave de puériles occupations qui s'harmonisaient peu avec sa dignité, la représentation lui coûtait beaucoup; les audiences lui étaient à charge. Au reste, il était timide, et son frère, qui devait le connaître, avait coutume de dire : *Faites du bruit, et il accordera tout.*

Un caractère ainsi fait, où l'on ne retrouvait ni force ni grandeur, devait déplaire, et il déplut.

D'autre part, il fallait de l'argent pour lutter contre la superbe rivale de la France à cette époque, l'Espagne. Sur la demande du surintendant des finances, l'italien Particelli, exacteur impitoyable, on renouvela l'*édit de la toise*, porté en 1548, édit par lequel devait être condamné à une amende arbitraire quiconque avait fait des constructions au-delà des bornes fixées par la loi qui défendait de prolonger les faubourgs de Paris. On murmura; la cour répondit au murmure par un nouveau tarif sur les droits d'entrées. C'était bien peu politique; l'exaspération la plus bouillante dans la population fut le contre-coup de cette maladresse.

Bientôt, le gouvernement, cédant aux clameurs qui étaient déjà de la révolte, retira l'édit; mais, trop empressé de reprendre autre part ce que les finances perdaient, il proposa d'autres édits, appelés *édits Burseaux* (1), qui parurent si exorbitants que le parlement lui-même préféra maintenir le premier tarif. La fermentation générale arriva enfin jusqu'à la magistrature, lorsque, par une malencontreuse ordonnance, on exigea de toutes les Cours souveraines, quatre années de leurs appointements, sous forme de prêt. De là, la protestation de tous les gens de robe, si connue sous le nom d'*arrêt d'union de la chambre de Saint-Louis*, protestation quasi séditieuse que la régente ne put empêcher.

Peu à peu, le comité de Saint-Louis devint le rendez-vous de tous les mécontents qui voulaient faire de l'opposition au ministère. Il fut de mode de censurer le gouvernement. Tant qu'on s'en tint aux plaisanteries et aux chansons malignes, Mazarin disait: *Qu'ils chantent, pourvu qu'ils paient*. Mais bientôt il ne parla plus ainsi: les mécontents étaient allés jusqu'à faire des menaces. Deux partis se créèrent, bien distincts, bien dessinés, avec enseigne déployée et avec un nom de faction. Les partisans de la cour s'appelèrent *Mazarins*, et les autres furent nommés *Frondeurs*.

---

(1) *Edit Bursal*, qui est fait pour prélever des sommes uniformément réparties sur certaines classes de la société, dans les nécessités publiques ou gouvernementales.

Parmi ces derniers, apparurent en première ligne : de Blancménil, de Chavigny, Charton, enfin Broussel que le peuple appelait *son père*, et qui souvent eût entraîné le Parlement dans les plus violentes déterminations, si sa fougue n'avait été contrebalancée par le grave et intrépide Mathieu Molé, cet homme qui, d'un regard, foudroyait la sédition. Mais le plus impétueux de tous les *Frondeurs* était l'élève de Vincent de Paul, Jean-François-Paul de Gondy, évêque *in partibus* de Corinthe, coadjuteur de l'archevêque de Paris, son oncle, et si connu depuis sous le nom de cardinal de Retz.

La cour, dominée par la crainte de cette faction qui se levait menaçante, fit des concessions ; les impôts furent diminués, mais ce n'était point assez pour appaiser des mécontents qui ne voulaient pas sérieusement la paix. La régente, fatiguée des obstacles constamment mis à sa volonté par les parlements, voulut faire un coup d'état. Elle ne le crut pas mieux placé que le jour où la victoire de Lens mit Paris tout en joie. Elle fit arrêter le président Blancménil et le conseiller Broussel.

A cette nouvelle, le peuple court aux armes et parcourt les rues en criant : *Broussel en liberté !* Anne d'Autriche est avertie : La Meilleraie veut lui persuader que la révolte est sérieuse ; elle répond sèchement : *Il y a de la révolte à croire qu'on se puisse révolter.* Mais il fallut bien y croire quand on vint dire au château que quarante mille hommes voulaient mettre le feu au Palais-Royal et poignarder Mazarin. Ce que la reine appelait d'abord *un feu de paille*, était bien une sédition organisée sur une vaste échelle et qui avait son armée, ses proclamations et ses retranchements. Anne d'Autriche signa des ordres pour l'élargissement de Broussel et de

Blancménil. Quand ils sortirent de prison, on les accueillit avec un véritable enthousiasme.

Cette victoire valut aux Frondeurs de puissants alliés : le duc de Longueville, le prince de Conti, les ducs de Beaufort, d'Elbœuf et de Bouillon. La régente, effrayée des réunions que présidait Paul de Gondy, et aussi des résistances du Parlement, quitta tout-à-coup Paris, le 6 janvier 1649, et se retira à Saint Germain, avec ses fils Louis XIV et le duc d'Anjou. Mazarin et quelques seigneurs la suivirent.

A peine Vincent de Paul avait-il eu connaissance de ces étranges démêlés qu'il s'était mis en prières, lui et sa communauté. Une guerre civile lui faisait peur, parce qu'elle devait multiplier les malheureux. Il était d'ailleurs dans un grand embarras. Dans quel parti devait-il se jeter? Son cœur le portait vers Anne d'Autriche qui était sa souveraine et qui lui témoignait tant d'estime et d'affection; et puis tant de bien s'était fait par elle! Mais, d'un autre côté, le duc de Beaufort et le prince de Conti qui appartenaient à son association pour les gentilshommes réfugiés, étaient enrôlés parmi les Frondeurs; le président Mathieu Molé était son intime ami; le Coadjuteur, son élève. Il ne resta pas long-temps en suspens : il pensa qu'il pouvait y avoir, plus haut que les passions politiques, le parti de la charité et de Dieu. Ce fut dans ce parti qu'il se rangea, disposé à servir toujours les idées d'ordre, de paix et de bienfaisance. Il s'en trouva bien.

Cependant Anne d'Autriche et Mazarin avaient décidé le jeune vainqueur de Rocroy et de Lens à se charger du blocus de la ville mutinée où la royauté, représentée par la régence, ne pouvait avoir ses libres allures. La nouvelle en arriva à Paris. La cité ne s'effraya pas trop : les meneurs la tenaient dans une sorte d'exaltation fiévreuse. On s'empare aussitôt de la recette royale; l'argent en est employé à lever rapidement des troupes. Paul de Gondy qui se trouvait heureux dans cette sphère d'activité, forme à ses frais un régiment de cavalerie. Ce régiment tenta plus tard une sortie; ses débuts ne furent pas heureux; ayant été battu, on appela cette déroute, avec une plaisanterie amère, à l'adresse du coadjuteur : *La première aux Corinthiens*.

Pendant ce temps-là, Condé, à la tête de huit mille hommes, ravageait la campagne et coupait les vivres. Paris ne tarda pas à sentir la famine avec toutes ses horreurs. Heureusement Vincent de Paul veillait à Saint-Lazare; il put secourir les plus souffrants. Ses premières ressources épuisées, il tâcha de s'en ménager d'autres au dépens de quelques-unes de ses œuvres. Il fit sortir du petit-séminaire tous ses élèves et les envoya dans la maison qu'il avait à Richelieu (1). Les provisions qui étaient réservées pour ces jeunes enfants furent destinées aux pauvres; il en nourrit jusqu'à quinze mille par jour.

Mais, si le blocus se prolongeait, comment faire en présence d'une multitude affamée! Vincent de Paul pressentit toutes les conséquences. Les malheurs ne pouvaient disparaître que par la paix, et la paix dépendait de la volonté d'Anne d'Autriche. Ira-t-il la trouver? Mais n'est-ce pas s'exposer à une disgrâce, à l'exil peut-être? Faibles considérations pour une âme comme celle de Vincent! Le bien du peuple, quelques infortunes de moins, c'est plus qu'il n'en faut pour faire pencher la balance

---

(1) L'abbé COLLET, prêtre de Saint-Lazare, second historien de saint Vincent de Paul.

du côté d'une démarche hardie ; il se décide, il ira à St-Germain.

Pour ne pas donner d'ombrage aux Frondeurs et pour rester aussi dans cette neutralité que son cœur lui avait fait adopter, il écrivit au premier président une lettre dans laquelle il exposait les motifs de sa détermination et de ses espérances. Ces précautions prises, il partit.

Arrivé à Saint-Germain-en-Laye, il obtint sans peine audience de la régente.

— Madame, lui dit-il en s'inclinant, peut-être trouverez vous mauvais qu'un pauvre prêtre comme moi ait pris la liberté de demander une entrevue à Votre Majesté ; mais j'ai pensé que vos bontés me donnaient quelque droit à votre indulgence. Votre peuple de Paris souffre horriblement ; ne serait-il pas possible de mettre un terme à ce blocus désastreux ?

— Monsieur Vincent, répondit la régente, votre démarche ne me déplaît nullement. Mais que me parlez-vous de paix, quand ce sont les Parisiens qui ont voulu la guerre. Ne m'ont-ils pas forcée à quitter la Capitale avec leur jeune roi ? Ils ont voulu la guerre, ils l'auront.

— Mais, Madame, est-il juste de faire mourir une multitude innombrable d'innocents, pour une trentaine de coupables ? Votre bon peuple de Paris vous aime, il ne peut payer pour quelques mutins.

— Monsieur Vincent, j'aime aussi mon peuple ; mais pourquoi se laisse-t-il entraîner par les meneurs ? Ignorez-vous que plus de quarante mille hommes de ce même peuple ont failli incendier le Palais-Royal et m'ont forcée de signer la mise en liberté de Blancménil et de Broussel ? Non, non ; il faut que Paris cède ; la régente ne peut reculer.

— Tenez, Madame, je dirai ma pensée tout entière. Il

me semble que la source de tous les maux de l'Etat est dans votre ministre ; éloignez cet étranger qui brouille tout ; éloignez-le pour quelque temps de la cour, et tout rentrera dans l'ordre.

Anne d'Autriche ne répondit pas ; elle semblait piquée de ce hardi conseil. Vincent de Paul fut surpris d'être allé si loin, et s'en affligea. Dès ce moment il comprit que sa négociation aurait peu de succès. « Car enfin, disait-il le lendemain » à quelqu'un, jamais discours qui sentît la rudesse ne m'a » réussi ; et j'ai toujours remarqué que, pour ébranler l'esprit, » il ne faut pas aigrir le cœur. »

Il refoula donc bien vite en lui-même cette vivacité compromettante, et, saluant profondément la reine-mère, il passa dans l'appartement de Mazarin.

— Monseigneur, lui dit-il, je sors de chez la reine ; je lui ait exposé les malheurs qui pesaient déjà sur son peuple. La famine est dans les murs de Paris ; que d'infortunés sans pain et sans espérance ! Monseigneur, prenez-nous en pitié, et, de concert avec la reine, arrêtez tous ces maux.

Le ministre, touché de ce ton attendrissant et pourtant modéré, répondit, contre son habitude, avec bienveillance à Vincent :

— Eh ! Monsieur, pensez-vous que nous n'ayons pas eu nos raisons d'en venir là ? C'est un malheur sans doute ; mais l'Etat doit-il céder devant une audacieuse population qui contrôle tous nos actes et violente notre volonté ?

— Oh ! Monseigneur, reprit Vincent, c'est vrai. Mais le pauvre peuple n'y est pour rien, et c'est lui qui souffre le plus. Monseigneur, faites un acte de dévouement ; cédez au malheur de la circonstance, *jetez-vous à la mer pour calmer la tempête* ; votre retraite serait bien glorieuse !

Mazarin, peu accoutumé à de pareilles sorties, fut surpris d'abord de cette hardiesse de langage; il en pâlit de fureur. Cependant il ne jugea pas à propos de faire du scandale, et il se contenta de dire à Vincent de Paul, avec le plus de douceur possible:

— Eh bien! notre père, je m'en irai, si M. Le Tellier est de votre avis (1).

La démarche de Vincent de Paul n'eut pas d'autre succès. Les passions n'avaient point cédé devant les prières de la charité. C'est un langage que la politique comprend peu.

Vincent qui était resté deux jours à Saint-Germain, ne crut pas convenable de rentrer à Paris. Il se retira dans une ferme que la société de Saint-Lazare possédait près d'Etampes. On y manquait de tout, et c'est à peine s'il trouvait pour lui-même un morceau de pain. Son zèle n'y resta point oisif; il réunissait le peuple de la bourgade; dans des allocutions fréquentes, il les instruisait, leur donnait du courage, et leur apprenait à chercher dans la religion des consolations contre les maux présents.

C'est au milieu de ces occupations qui adoucissaient un peu sa douleur, qu'il reçut, d'un des prêtres de sa compagnie, la nouvelle que les fermes d'où Saint-Lazare tirait toute sa subsistance, avaient été pillées par les troupes royales, et que la maison de Saint-Lazare était occupée par six cents hommes de la milice parisienne, qui, certes, ne respectait rien.

« Sous le prétexte de faire la revue des provisions de blé qui
» se trouvaient dans la maison et dans la grange, continuait le
» Lazariste, on alla fouiller et fureter partout, comme s'il y

---

(1) COLLET *Vie de saint Vincent de Paul*, liv. v, p. 446.

» eût eu de grands trésors cachés, et, outre cela, on fit entrer
» un régiment de soldats très insolents qui, durant plusieurs
» jours, firent un dégât et une dissipation épouvantables. Et
» pour comble de malice, ils mirent le feu dans les bûchers de
» la basse-cour, où était tout le bois de la provision. »

Cette nouvelle devait singulièrement affliger le cœur d'un homme qui, en toute circonstance, était venu au secours de tous les infortunés; il se contenta de dire : *Dieu soit béni; Dieu soit béni !* Dans un autre, ces désastres imprévus, cette ingratitude de la part d'hommes qui, pour le plus grand nombre, avaient vécu de ses bienfaits, auraient éteint la miséricorde. Vincent de Paul, au contraire, sentit, pour ainsi dire, grandir sa charité. Il écrivit à celui de ses prêtres qui tenait sa place à Saint-Lazare de ne rien retrancher des aumônes ordinaires, et d'emprunter même vingt mille livres. En effet, malgré la cherté excessive du pain, près de quinze mille pauvres continuèrent, chaque jour, à recevoir à la porte de la maison leur quotidienne subsistance. De plus, Vincent ordonna cette fois encore qu'on retranchât à la table déjà si frugale de sa communauté, et qu'on ne mangeât plus que du pain bis. « N'est-il pas juste, disait-il, que nous retranchions quelque
» chose pour compâtir et participer aux misères publiques ? »

Persuadé que sa présence à Paris ne pourrait, à cause des passions mauvaises en triomphe, qu'activer les persécutions auxquelles Saint-Lazare était en butte, il se mit à visiter les autres maisons de sa congrégation, établies en province. Ce voyage ne fut pas sans péril : deux fois, surpris par de subites inondations, il faillit se noyer. A Rennes, ayant été reconnu par un fougueux frondeur, un de ces hommes qui ne peuvent croire que, plaçant la religion avant tout, on ne puisse appartenir à aucun parti politique, il eût été victime d'un guet-à-pens où on l'attendait le pistolet à la main, si un de ses amis ne l'avait empêché de partir au jour marqué. Il y a des gens à qui la vertu n'impose jamais, si belles, si généreuses qu'en soient les œuvres. Pour ces gens, on n'est quelque chose que lorsqu'on lutte à l'ombre d'un drapeau.

Dans un de ces voyages, Vincent donna un grand exemple de son humble déférence pour le corps épiscopal. Il passait par une ville dont l'évêque, nouvellement nommé, avait su que le supérieur de Saint-Lazare avait, dans le conseil, mis obstacle à sa promotion. Il lui en coûtait de séjourner dans une ville sans avoir présenté ses hommages au prélat et obtenu son autorisation. Il envoya donc le supérieur de la maison où il était annoncer à l'évêque que, se trouvant arrivé dans son diocèse, il ne voulait point y demeurer sans avoir obtenu de sa Grandeur une permission préalable, et qu'il le priait, en conséquence, de lui permettre de rester quatre à cinq jours chez les prêtres de la mission. L'évêque, touché d'une si humble démarche à laquelle rien ne forçait Vincent de Paul, lui permit de séjourner dans sa ville aussi long-temps que bon lui semblerait, et le pria, si la chose était possible, de quitter la maison des Lazaristes pour venir loger au palais épiscopal. De pareils procédés coûtaient peu à Vincent de Paul, mais ils révèlent une grande vertu.

De Nantes, Vincent pensait pouvoir pousser jusqu'à Saintes; mais il reçut de la reine l'ordre de revenir à Paris, où elle était rentrée avec Louis XIV. Arrivé à Richelieu, où se trouvaient ses séminaristes, il tomba malade.

Pendant cette maladie, il se passa quelque chose d'assez singulier. Nous laisserons raconter les détails par Abelly; il en parle avec une foi naïve qui nous y fait presque croire :

« Il arriva pendant cette maladie, dit-il, une chose digne
» de remarque. Un très vertueux missionnaire, nommé
» M. Dufour, du diocèse d'Amiens, se trouva pour lors
» malade dans la même maison ; et, ayant appris que M. Vin-
» cent était en danger de mort, il offrit à Dieu sa propre vie,
» pour la conservation de celle de son cher père spirituel.
» Cette oblation, aussi héroïque que désintéressée, fut reçue
» de Dieu, ainsi que l'événement le fit voir depuis ; car
» M. Vincent commença dès-lors à se mieux porter et
» recouvra ensuite la santé, au lieu que la maladie de ce bon
» prêtre s'augmenta tellement qu'il en mourut peu de temps
» après. Il trépassa vers minuit, et ceux qui veillaient M. Vin-
» cent entendirent à l'heure même frapper trois coups à la
» porte de sa chambre, de quoi ils furent assez surpris, n'y
» ayant trouvé personne, bien qu'ils l'eussent ouverte aussi-
» tôt. Mais ils ne furent pas peu étonnés de ce que M. Vincent
» appela en même temps un d'entre eux, lui fit prendre
» le bréviaire et réciter quelque partie de l'office des morts,
» avant que personne lui eût annoncé le décès de ce bon
» missionnaire. Cela leur donna sujet de croire que Dieu le
» lui avait fait connaître par une voie extraordinaire, encore
» que son humilité ne lui permît pas d'en parler. »

Nous ne voulons pas tirer de ce fait une autre conséquence, sinon que Vincent devait être bien aimé de ses prêtres, puisque l'on n'a pas craint de supposer que l'un d'eux pouvait offrir sa vie pour la sienne.

La duchesse d'Aiguillon avait été avertie de cette maladie ; elle envoya aussitôt ses chevaux et sa voiture pour ramener Vincent, dès qu'il pourrait se mettre en route. Elle l'avait forcé, deux ans auparavant, d'accepter cette voiture; mais il n'avait jamais voulu s'en servir, bien que ses jambes toujours enflées lui en eussent presque fait une nécessité.

Enfin, il put arriver à Paris, au mois de juillet 1649, après six mois d'absence. Il voulut alors renvoyer la voiture de la duchesse d'Aiguillon; mais cette noble nièce de Richelieu ne consentit jamais à la reprendre. Pour que Vincent de Paul se décidât à la garder, il fallut un ordre d'Anne d'Autriche et de l'archevêque de Paris. Encore eut-il toujours de la répugnance à s'en servir et il ne l'appela jamais que son *ignominie*. Il ne s'en consolait qu'en l'employant à transporter tous les jours à ses côtés, ou dans leur pauvre demeure ou dans les hôpitaux, les vieillards, les indigents, les malades qu'il rencontrait sur sa route.

Cependant, par suite encore des intrigues du coadjuteur, tantôt ami de la cour, tantôt son ennemi, de nouvelles divisions ne tardèrent pas à se manifester. De part et d'autre on s'exagéra à dessein le danger que l'on avait à craindre de la partie adverse. Joly, conseiller au Châtelet, homme assez populaire dans Paris, consentit à laisser tirer un coup de pistolet dans son carosse, afin que l'on pût accuser Mazarin d'une tentative d'assassinat. Le même jour, le marquis de La Boulaye fit tirer aussi sur la voiture du prince de Condé qui passait, le soir, sur le Pont-Neuf; et l'on prétendit à bon droit que c'était un coup monté par le premier ministre, dans l'intention de rendre les frondeurs odieux au valeureux prince. Condé se crut en effet une victime échappée à la fureur de la Fronde; il accusa, en plein Parlement, Paul de Gondy, le duc de Beaufort et Broussel. Mais le Parlement donna raison à ses amis, et condamna le prince.

Condé, déjà haï des frondeurs, s'aliéna encore la cour avec ses prétentions par trop exigeantes. Un jour, demandant le rappel de Jarsay, il osa dire à Anne d'Autriche : « Il le faut » parce que je le veux. » Dès ce moment, il fut décidé qu'on chercherait à le perdre. Le projet fut bientôt mis à exécution. On l'arrêta au Louvre, avec son frère le prince de Conti et le duc de Longueville, son beau-frère. Ils furent envoyés à Vincennes.

Paris alluma des feux de joie, tandis que Turenne, sous l'influence de la duchesse de Longueville, allait soulever les provinces, faire un traité avec les Espagnols contre sa patrie, et prendre le Catelet, la Capelle, Château-Porcien et Rethel.

Les troupes des deux partis firent de grands ravages dans les provinces. La Picardie et la Champagne eurent plus à souffrir que les autres. Il faudrait un volume pour raconter ces désastres avec détails. Citons seulement quelques passages d'une lettre écrite par un Lazariste à Vincent de Paul.

« Nous venons, disait-il, de visiter trente-cinq villages du
» doyenné de Guise, où nous avons trouvé plus de six cents
» personnes dont la misère est telle qu'ils se jettent sur les
» chiens et sur les chevaux, après que les loups en ont fait leur
» curée..... Il y a très grand nombre de pauvres gens qui,
» depuis plusieurs semaines, n'ont pas mangé de pain, et ne
» se sont nourris que de lézards, de grenouilles et de l'herbe
» des champs. Dans plusieurs villes ruinées, la pauvre no-
» blesse se voyant sans pain et réduite à coucher sur la paille,
» souffre encore la honte de n'oser mendier... La famine est
» telle que nous voyons les hommes mangeant la terre,
» broûtant l'herbe, arrachant l'écorce des arbres, déchirant
» les méchants haillons dont ils sont couverts pour les avaler,

» Ils se mangent les bras et les mains, et meurent dans le
» désespoir..... Il n'y a point de langue qui puisse dire ni
» d'oreille qui ose entendre ce que nous avons vu..... Quel
» moyen de subvenir à sept ou huit mille pauvres qui périssent
» de faim, à douze cents réfugiés, à trois cent cinquante
» malades, à trois cents familles honteuses, et cela dans une
» seule ville. »

Le prêtre qui écrivait ainsi était un de ceux que Vincent de Paul avait, à la première nouvelle, envoyés sur le théâtre des infortunes. Il avait obtenu de la présidente de Herse cinq cents livres ; mais qu'était cette somme devant des misères si affreuses et étendues dans un si large rayon ? Il fut obligé de retrancher comme autrefois à la frugale table de ses prêtres, et à tirer de Saint-Lazare le plus de provisions qu'il put ; et, toutes ces ressources épuisées, il se mit à quêter auprès des dames de Charité et des riches personnages dont la bourse s'était déjà tant de fois ouverte pour lui (1). Avec ces aumônes et quelques dons particuliers qui lui furent envoyés sous le couvert de l'anonyme, il put pourvoir aux plus pressants besoins de Guise, Redon, Reims, Réthel, Laon, Noyon, Vervins, Ham, Riblemont, Rosson, Auberton, Arras, Amiens, Péronne, Saint-Quentin, Neufchatel, Ludes, Rocroy, Mézières, Charleville, Sédan, Vaucouleurs, Soissons : liste immense que nous pourrions prolonger encore d'un grand nombre de noms et qui préconise hautement l'intarissable charité de Vincent de Paul.

(1) Vincent de Paul dit lui-même, dans une de ses lettres, que les hôtels des principales dames de son assemblée étaient devenus comme des *magasins de marchands en gros*. On y voyait toute sorte d'ornements d'église, de vases sacrés, de missels, avec une immense quantité de

Dix ou douze missionnaires-lazaristes, étaient çà et là disséminés, répandant l'argent et la consolation, tandis que plusieurs filles de la Charité portaient leurs angéliques soins au chevet de tous les malades, et leur montraient que la religion n'est jamais plus tendre que lorsqu'elle descend auprès de ceux qui souffrent. Un prêtre était chargé de parcourir chaque province affligée, d'exciter le zèle des autres missionnaires, de prendre connaissance de tous les besoins, et de faire la répartition des secours. Ces dépenses ne s'élevaient pas à moins de seize cents livres par mois. Quand les Lazaristes avaient convenablement secouru les pauvres, les orphelins et les jeunes personnes que la misère mettait en danger, ils laissaient d'autres aumônes à des gens de confiance, afin que, eux absents, on puisât dans ce fonds de réserve, et que le bien pût se continuer encore avec une ardente activité.

Cette charité s'étendit aux morts eux-mêmes. Après la bataille qui se donna près de Réthel, deux mille Espagnols, restés sur le champ de bataille, *servaient*, dit Abelly, *de pâture aux chiens et aux loups*. Ils étaient là depuis huit mois. Vincent de Paul le sut, et donna ordre à ses prêtres de faire ensevelir ces cadavres. « Je me tiens trop heureux, lui
» répondit l'un d'eux, d'avoir eu le bien de vous obéir en une
» chose qui est recommandée dans les Ecritures. Je dirai
» pourtant, que ces corps épars çà et là nous ont donné beau-
» coup de peine à ramasser..... Si c'était à recommencer à
» présent que le dégel est venu, il n'y a personne qui voulût
» s'y engager pour mille écus. » On voit bien que les enfants

---

draps, de chemises, de couvertures, d'habits de toute étoffe, de toute forme, de tout âge. (*Vie de saint Vincent de Paul*, par COLLET).

avaient l'esprit de leur père : une tâche, si pénible qu'elle fût, leur était toujours douce, lorsqu'il était question du bien de l'humanité.

A peu près vers le même temps, à l'époque où Bordeaux se mutinant avait attiré vers ses murs les troupes royales, Vincent secourait d'autres malheurs. Des Irlandais, fuyant la persécution de Cromwel, s'étaient enrôlés dans cette petite armée. Ils avaient été horriblement décimés dans deux campagnes. Le gouvernement en dirigea les restes sur Troyes, pour hiverner. Mais dans quel état ils y arrivèrent, grand Dieu! couverts de haillons, les pieds nus, sans ressource et traînant après soi les pauvres veuves et les petits orphelins qui avaient perdu père ou époux. Le supérieur de Saint-Lazare y députa aussitôt un de ses prêtres, irlandais de naissance, avec des aumônes proportionnées aux besoins. Les veuves et les jeunes filles furent placées dans l'hôpital de Saint-Nicolas, tandis que les petits enfants avaient été confiés aux soins maternels des filles de la Charité.

Des lettres de reconnaissance arrivaient chaque jour, des provinces, à l'adresse de Vincent de Paul. Les échevins de toutes les villes soulagées le remerciaient avec enthousiasme. La ville de Reims ne s'en tint pas à ces démonstrations. Il fut arrêté que pour reconnaître, autant que possible, les services rendus par cet homme, par les dames de la Charité et les autres coopérateurs qu'il s'était donnés, on célébrerait tous les jours pour eux une messe devant le tombeau de saint Rémy. Et aussi, afin que tous les habitants pussent, au moins une fois, témoigner, de concert, de leurs sentiments de gratitude, on fit une procession générale pour prier Dieu de bénir avec abondance ceux qui avaient si largement étendu leur miséricorde sur un peuple affligé.

Quant à Vincent de Paul, il n'en prenait rien pour lui ; il laissait la gloire de tout aux dames de la Charité. On l'entendit s'écrier au milieu de sa communauté :

« Ces dames-là sans doute auront dans le ciel la couronne
» des prêtres pour le zèle et la charité qu'elles ont eus, de
» revêtir Jésus-Christ en ses autels, en ses ministres, en ses
» pauvres. »

C'est bien là l'homme qui s'ignore, et chez qui l'égoïsme ou l'orgueil ne saurait, en face des plus glorieux actes de charité, le moins du monde souiller ou même altérer une vie toujours pure et toujours humble comme tout ce qui vient du ciel et veut y remonter.

CHAPITRE XXIV.

Mort de M. Lebon. — Nouveaux troubles politiques. — Désastres dans les provinces. — Secours que Vincent de Paul y envoie. — La peste fait périr plusieurs Lazaristes et plusieurs filles de la Charité. — Démarches que fait Vincent pour ramener la paix. — Retour de Louis XIV et de la Régente à Paris. — Arrestation du Coadjuteur. — Rentrée de Mazarin.

1651. — 1652.

Curavit gentem suam et liberavit eam à perditione. — Eccli. L. 4.
In multo experimento tribulationis, abundantia gaudii ipsorum fuit. — II. Cor. VIII. 2.

M. Lebon, prieur de Saint-Lazare, depuis la donation qu'il avait faite de son prieuré à Vincent de Paul, était resté parmi les prêtres de la Mission. Il y était, depuis vingt ans, respecté comme un bienfaiteur, aimé comme un père, environné de tous les soins d'une filiale reconnaissance qui semblait même croître avec le temps, lorsque, le 9 avril 1651, Dieu le rappela de ce monde à lui. Pendant les jours de son agonie, on trouva Vincent assis à son chevet, redoublant de sollicitude, on pourrait dire de tendresse, pour cet homme de bien de qui il tenait Saint-Lazare. Quand il vit l'heure dernière arrivée, il manda tous ses prêtres, les rangea silencieusement autour du lit de mort, et récita avec eux les dernières prières que l'Eglise mêle aux dernières larmes versées sur ses enfants.

Lorsque le vieillard eut rendu le dernier soupir, Vincent de Paul, après avoir un instant prié, se leva, et dit :

« Or sus, mes frères, voilà notre bon père maintenant » devant Dieu... Prenons garde de ne jamais tomber dans » l'abominable péché d'ingratitude envers lui et les autres » messieurs les anciens de qui nous sommes comme les enfants. » Ayons de grandes reconnaissances du bien qu'ils nous ont » fait, et tâchons de nous ressouvenir tous les jours de M. le » Prieur. » De magnifiques obsèques lui furent faites, et Vincent écrivit à tous les prêtres de sa compagnie de prier pour lui. Il leur disait : « Il a plu à Dieu de rendre la compagnie » orpheline d'un père qui nous avait adoptés pour ses enfants. » Il ne fallait pas moins attendre d'un homme dont le cœur était si sensible et si bon. C'est ainsi qu'il devait entendre la reconnaissance.

Vers ce temps-là, les princes de Condé et de Conti, grâce à l'intervention du Parlement, avaient reconquis leur liberté ; ils étaient sortis de Vincennes. De plus le duc d'Orléans, appuyé aussi sur le Parlement, obtint, quoique à grand'peine, d'Anne d'Autriche le renvoi de Mazarin dont la présence, toujours odieuse, provoquait de nouveaux troubles et ravivait les passions qu'enfin on aurait bien voulu voir à jamais endormies. Cet intrigant ministre se retira à Breuil, chargé de la haine et des imprécations publiques. De là cependant, son œil semblait tout diriger encore. Condé essaya de le supplanter, et de gouverner enfin la France et le roi. Il ne put y réussir. Le peuple n'aimait pas son caractère un peu hautain, et la cour, cette scène toujours à demi-cachée par la toile, où les dévouements ne sont d'ordinaire que l'égoïsme habillé d'un peu d'adresse, la cour craignait de se voir éclipsée derrière les lauriers qui ombrageaient déjà ce noble et jeune front. On jura de ne point servir ses vœux et de les laisser voler de leurs propres ailes. C'était rendre impossible toute chance de succès.

Anne d'Autriche s'unit bientôt aux frondeurs, et fit avec eux cause commune contre le vainqueur de Lens. De son côté, Paul de Gondy se mit *à broder* ce qu'il appelait *le canevas étendu sur le métier par Caumartin*, c'est-à-dire qu'il répandit dans le public que Condé avait de secrètes intelligences avec les puissances étrangères et ennemies de la France ; cette fois, il disait vrai.

La reine-mère convoqua le Parlement, le 21 août. Condé y fut mandé. Paul de Gondy s'y trouvait déjà avec les siens qui avaient pour mot d'ordre *Notre-Dame*. Condé y arriva bientôt avec quelques officiers bien agguerris, dont le mot de passe était *Saint-Louis*. Le coadjuteur faillit y être assassiné, et l'assemblée se sépara dans le plus grand trouble.

Dès ce moment, Condé, exaspéré de tant d'intrigues qui se nouaient et se renouaient rapidement sous ses yeux, se retira en Guyenne. Il ne tarda pas à y lever des troupes. *Tranchez le nœud*, lui avait dit Larochefoucauld, *tranchez le nœud, c'est le seul moyen*. Condé le trancha, et dit à ses amis :

« Vous le voulez, vous le voulez ? eh ! bien, je ferai la » guerre ; mais souvenez-vous que c'est malgré moi que je » tire l'épée, et que je serai peut-être le dernier à la remettre » dans le fourreau. »

Mazarin, trop ambitieux pour rester caché dans une retraite

presque inconnue, n'avait cessé de communiquer avec la régente qui tirait de lui tous ses plans d'attaque ou de défense ; à force de sollicitations, de menaces même, il parvint, malgré le Parlement, à rentrer dans les affaires. Il leva, à ses frais, une armée de huit mille hommes, dans l'intention de soutenir Anne d'Autriche contre les efforts déjà connus de Condé ; et se hâta de se réunir à Turenne, depuis peu rallié à la cause royale. Vainqueur à Blesnau, vaincu à Etampes, Condé vint ranger ses troupes sous les murs de Paris, où l'armée de Turenne les harcela sans fatigue.

Les siéges, les marches, les contre-marches, les retraites, les batailles réduisirent bientôt les environs de la Capitale à toutes les extrémités d'un pays conquis. Les ruines et la désolation s'étendirent sur un rayon de plus de quarante lieues. La misère ne fut nulle part plus grande qu'à Etampes. Plusieurs fois assiégée, chaque siége doublait la foule des malheureux. Les rares habitants qui lui restaient ressemblaient à des cadavres, tant ils étaient pâles, maigres et faibles ! Les corps morts qu'on avait laissés çà et là gisant et les exhalaisons pestilentielles qui en partaient, engendraient des fièvres malignes, presque toujours mortelles. C'était donc le côté qui demandait les premiers soins.

Vincent de Paul se serait refusé le pain de chaque jour plutôt que de manquer à ces malheurs. Rassembler les dames de la Charité, les conjurer de faire encore quelque chose pour ces nouvelles victimes de la misère, joindre aux sommes arrachées à leur charité tout ce dont pouvait disposer Saint-Lazare, envoyer ses missionnaires à Etampes et dans les environs : tout cela ne fut que l'affaire de quelques jours, tant sa charité avait hâte d'arriver !

Quand les cadavres, laissés sans sépulture, eurent été ensevelis, les Lazaristes s'occupèrent plus activement de ceux qui vivaient encore. Ils soignaient les malades de leurs propres mains, et versaient autant d'aumônes que de consolations. Les orphelins furent recueillis dans une maison ; on organisa une distribution régulière de vêtements, de nourriture et d'argent ; l'ordre se rétablit peu à peu, et avec l'abondance, la santé.

De là, on courut à d'autres. Juvisy, Atys, Palaiseau n'étaient guère plus qu'un amas de ruines ; le pillage avait tout enlevé. Les ressources de Vincent de Paul étaient cependant épuisées. La charité ne parlait pas dans toutes les ames aussi haut que dans la sienne. On se plaignait déjà de sa persévérante assiduité à demander, on se lassait d'y répondre par des aumônes. Ces petites résistances de l'intérêt ne furent pas un obstacle insurmontable pour lui ; il frappa plus fort encore aux portes, et enfin, quelques-unes s'ouvrirent de nouveau. Puis, tournant sa pensée vers cette noble dame d'Aiguillon qui avait été si souvent sa providence, il lui écrivit cette lettre :

« La maladie continue à Palaiseau, les premiers malades
» qui ne sont pas morts sont maintenant dans le besoin des
» convalescents, et ceux qui étaient sains sont maintenant
» malades. Un de nos prêtres m'est venu trouver exprès, pour
» me dire que les gens de guerre ont coupé tous les blés et
» qu'il n'y a point de moissons à faire. Cependant nous ne
» sommes plus en état de soutenir cette dépense. Nous y avons
» fourni jusqu'ici six cent soixante-trois livres en argent,
» outre les vivres et les autres choses que nous y avons
» envoyées en espèce. Je vous supplie très humblement,
» Madame, de faire aujourd'hui une petite assemblée chez vous
» et de concerter ce que nous avons à faire. Je m'y rendrai si

» je puis. Je viens de renvoyer le prêtre avec un frère et
» cinquante livres. La maladie est si maligne, que nos premiers
» quatre prêtres y sont tombés malades, et le frère aussi qui
» les accompagnait. Il a fallu les ramener ici, et il y en a deux
» qui sont à l'extrémité. O Madame! quelle moisson à faire
» pour le ciel en ce temps où les misères sont si grandes à nos
» portes! La venue du Fils de Dieu a été la ruine et la ré-
» demption de plusieurs comme dit l'Evangile; et nous
» pouvons dire de même en quelque façon, que cette guerre
» sera la cause de la damnation de quantité de personnes;
» mais que Dieu s'en servira aussi pour opérer la grâce, la
» justification et la gloire de plusieurs, du nombre desquels
» nous avons sujet d'espérer que vous serez, comme j'en prie
» Notre Seigneur. »

Cette lettre eut son effet; une somme assez ronde arriva au supérieur de Saint-Lazare. Jointe à ce que déjà il avait amassé, il put espérer de poursuivre le ministère que ses prêtres avaient déjà si bien exercé partout où la guerre portait ses ravages. Quelques hommes de nom et de bien, parmi lesquels on compta Duplessis-Mombart, se présentèrent alors pour l'aider. Ils imaginèrent une sorte de magasin où l'on recevrait, de la part de ceux qui ne pouvaient faire l'aumône en numéraire, linge, meubles, vêtements et autres objets. L'idée était bonne. Le magasin de la Charité fut bientôt plein, et chaque jour des prêtres de Saint-Lazare, pour qui les portes étaient toujours ouvertes (1), allaient distribuer, dans les campagnes et dans les hameaux désolés, ces hardes et ces provisions.

(1) Vincent de Paul était autorisé à donner à ses prêtres un certifi-

Les forces des prêtres de la Mission n'auraient pu suffire à leur laborieux ministère. Des filles de la charité, qu'on devait trouver partout où la douleur appelait une main douce et bienfaisante, leur avaient été adjointes. Grâce à leurs soins réunis, où l'on retrouvait cette délicatesse tendre et généreuse que Vincent de Paul, comme donnant de son trop plein, avait la vertu de communiquer, la contrée presque entière retrouvait peu à peu, sinon le calme et l'abondance, au moins le nécessaire et la consolation.

Mais les Lazaristes ne conservaient la vie qu'au détriment de la leur. Les fièvres pestilentielles les atteignirent; plusieurs succombèrent martyrs. Ils ne furent pas seuls couronnés; quelques filles de la charité, comme eux dévouées jusqu'à l'héroïsme, tombèrent aussi; et les prêtres et les vierges passèrent, par la mort, à des jours meilleurs.

Ce coup terrible frappa Vincent de Paul au cœur; mais il ne l'abattit pas. Après un instant de prière, il se releva plus

---

cat, au moyen duquel les gardiens des portes devaient les laisser passer. Voici la copie d'un de ces certificats :

Le soussigné, Supérieur des prêtres de la congrégation de la Mission, certifie à tous ceux qu'il appartiendra que, sur l'avis que quelques personnes pieuses de cette ville m'ont donné, que la moitié des habitants de Palaiseau étaient malades et qu'il en mourait dix ou douze par jour, et sur la prière qu'elles m'ont faite, d'envoyer quelques prêtres pour l'assistance corporelle et spirituelle de ce pauvre peuple affligé, à cause de la résidence de l'armée en ce lieu, pendant l'espace de vingt jours, nous y avons envoyé quatre prêtres et un chirurgien pour assister ces pauvres; que nous leur avons envoyé, depuis la fête du Saint-Sacrement, tous les jours, un ou deux exceptés, seize gros pains blancs, quinze pintes de vin, et hier de la viande ; et que lesdits prêtres de notre compagnie m'ayant mandé qu'il est nécessaire d'envoyer de la farine et un muid de vin pour l'assistance desdits pauvres malades de Palaiseau et des villages circonvoisins, j'ai fait partir aujourd'hui une charrette à trois chevaux, chargée de quatre setiers de farine et de deux demi-muids de vin, pour l'assistance desdits pauvres malades de Palaiseau et des villages circonvoisins En foi de quoi j'ai écrit et signé le présent de ma main.

Saint-Lazare-lez-Paris, le 5 juin 1652.

VINCENT DE PAUL.

fort et désigna d'autres prêtres pour remplacer ceux qui
« étaient heureux, disait-il, d'être morts les armes à la main
» et d'avoir cueilli sur le champ de bataille la palme préparée
» à ceux qui combattent jusqu'au dernier soupir. » Puis, pour
prévenir toute objection, il s'écria : « Oh ! Messieurs et mes
» Frères ! quelqu'un me dira peut-être, si l'on continue tou-
» jours à envoyer d'autres missionnaires à la place de ceux
» qui sont encore malades, comme on l'a fait jusqu'ici, la
» congrégation perdra tous ses meilleurs ouvriers et ne pourra
» subsister. Oh ! Messieurs, une compagnie saurait-elle finir
» plus glorieusement que par l'exercice de la charité ? Et ne
» serait-ce pas une singulière grâce pour nous, et un grand
» exemple pour la postérité, de nous être consumés de la sorte? »

Avouons que l'héroïsme ne peut aller plus loin, et que, avec
un fond semblable, Vincent de Paul devait faire tout ce qu'il
a fait.

Ce fut à cette époque qu'il apprit que le hameau où il avait
reçu le jour subissait aussi les conséquences de la guerre.
Plusieurs de ses parents étaient morts, les autres réduits à
mendier. On croirait peut-être qu'un homme, qui mettait une
sorte de luxe dans sa charité lorsqu'il était question d'étrangers, se serait montré plus prodigue encore envers les siens ;
eh ! bien, non. Il se contenta de leur envoyer, pour tous,
mille livres que depuis long-temps lui avait remis pour sa
famille M. Dufrène, son ami. Il ne les employa qu'alors ; c'est
d'ailleurs tout ce qu'il a donné à ses parents, lui qui se trouvait en position à la cour de les mettre à l'aise, et même de les
enrichir.

Mais s'il donnait ainsi à peine un coup-d'œil à ceux qui
devaient l'intéresser le plus, sa charité se portait avec plus

d'empressement et de magnificence sur l'affligeant spectacle que lui offrait Paris. La frayeur y avait jeté un grand nombre de femmes et de religieuses, et ces infortunées étaient sans ressource aucune, exposées à des dangers de tous les genres. Vincent de Paul leur trouva un asile et du pain. Quant aux autres malheureux de la cité, il ne leur fit pas défaut non plus.

« On donne du potage à quatorze ou quinze mille qui » mourraient de faim sans ce secours, écrivait-il ; on a retiré » huit à neuf cents filles dans un monastère préparé pour cet » effet. Voilà bien des nouvelles, contre la petite maxime où » nous sommes de n'en point écrire ; mais qui pourrait s'em- » pêcher de publier la grandeur de Dieu et sa miséricorde ? »

Il ne se nomme point dans cette lettre ; et pourtant il était l'ame de toutes ces œuvres. Il ne dit pas, non plus, que, chaque jour, il rassemblait à Saint-Lazare sept à huit cents de ces pauvres réfugiés pour les instruire, et qu'il ne pensait pas se rabaisser trop en faisant le catéchisme aux petits enfants. Sa modestie était presque aussi grande que sa miséricorde, et c'est dire beaucoup.

Quoiqu'il essayât de porter sur toutes les plaies faites par la guerre sa main bienfaisante ; quoiqu'il fît pour soulager tout ce qui peut humainement se faire, il se reprochait cependant de n'en pas faire davantage ; il aurait voulu se multiplier, et renouveler partout, sur tous les points où l'on souffrait, les prodiges d'héroïsme et de générosité qu'il avait montrés à Paris et dans les provinces voisines. A toute heure, c'étaient des lamentations sur son impuissance, de pénibles comparaisons entre sa compagnie qui avait le nécessaire et tant d'hommes qui n'avaient pas un morceau de pain. « Priez » Dieu, s'écriait-il d'une voix déchirante, priez Dieu, Messieurs

» et mes Frères, pour la paix du monde chrétien. Hélas! nous
» voyons la guerre de tous côtés; guerre en France, guerre
» en Espagne, en Italie, en Allemagne, en Suède, en
» Pologne, en Hibernie dont les pauvres habitants sont
» transportés dans des montagnes et des rochers presque
» inaccessibles : l'Ecosse tremble, l'Angleterre s'agite ;
» guerre enfin par tous les royaumes, et misère partout.
» O Sauveur, ô Sauveur! pour combien de temps encore
» nous menaces-tu de tes fléaux? Si, pour quatre mois que
» nous avons eu ici la guerre, nous avons subi tant de maux,
» que deviendront ces pauvres frontières qui ressentent ces
» fléaux depuis vingt ans! Le paysan a semé, mais il ne sait
» s'il pourra recueillir. Les armées viennent, qui moisson-
» nent, pillent, enlèvent tout ; après cela, que faire? Il faut
» mourir! S'il y a de vraies vertus, c'est pourtant parmi ces
» pauvres gens qu'elles se trouvent : ils ont une foi vive, ils
» croient simplement, ils sont soumis aux ordres de Dieu ;
» ils souffrent tout ce qu'il lui plaît et autant qu'il lui plaît.
» Exposés, tantôt aux ardeurs du soleil, tantôt aux injures
» de l'air, ces pauvres laboureurs ne vivent qu'à la sueur de
» leur front, et ils nous donnent leurs travaux. Tandis qu'ils
» se fatiguent ainsi pour nous nourrir, hélas! mes frères,
» nous cherchons l'ombre, et nous nous reposons sous un
» toit solide! Dans nos missions même, ne sommes-nous
» pas à l'abri des injures de l'air? Eux, au contraire, suppor-
» tent le vent, les pluies, la rigueur des saisons. Voulez-
» vous que je vous dise, mes frères ? Quand je porte un
» morceau de pain à ma bouche, je me dis à moi-même :
» Misérable, as-tu gagné le pain que tu vas manger, le pain
» qui te vient du travail de ces pauvres? Faisons-donc comme

» Moïse : levons sans cesse nos mains au ciel pour eux ;
» car, si nous négligeons de les servir, ils pourront nous dire
» avec raison : Vous êtes la cause de nos misères ! »

Mais ce n'était point assez pour lui de compatir, de prier, de s'imposer des privations et des austérités, dans la vue de cette paix qu'il désirait tant, et dont, plus que personne, il sentait le besoin. « Il se rappela, dit Abelly, que l'amour de » la patrie est un devoir de charité, et que le service qu'on » rend au roi fait une partie de celui qu'on rend à Dieu. » Il écrivit aux évêques, — et il pouvait le faire sans trop de hardiesse, puisque plus d'une fois il fut leur conseil et le défenseur de leurs droits, — il écrivit aux évêques du royaume pour les prier de rester dans leurs diocèses, afin que leur présence contribuât à contenir les peuples dans le devoir, et que leurs conseils avec leurs vertus pussent contrebalancer l'influence des passions mauvaises du temps. Il alla plus loin encore. A l'exemple de saint Bernard qui ne craignait pas de s'arracher au silence et à la solitude de Clairvaux pour venir dans la Cour des rois, éteindre, à force d'instances et de logiques arguments, les guerres qui désolaient les empires, Vincent de Paul pensa qu'il devait, lui aussi, malgré le peu de chances de réussite, travailler à la réconciliation qui seule pouvait amener la paix. On a rien su du détail de ses démarches auprès de Condé, de Louis XIV et d'Anne d'Autriche ; mais, après sa mort, on trouva sur ces négociations, une lettre de lui, écrite à Mazarin, qui montre qu'il s'employa beaucoup. Nous croyons devoir la donner ici :

« Je supplie très humblement Votre Eminence de me
» pardonner de ce que je m'en revins, hier soir, sans avoir
» eu l'honneur de recevoir ses commandements. Je fus

» contraint à cela parce que je me trouvai mal. Mgr le duc
» d'Orléans vient de me mander qu'il m'enverra aujourd'hui
» monsieur d'Ornano pour me faire réponse, laquelle il a
» désiré concerter avec monsieur le Prince. Je dis hier à la
» Reine l'entretien que j'avais eu l'honneur d'avoir avec tous
» les deux séparément, qui fut bien respectueux et gracieux.
» J'ai dit à son Altesse royale que si l'on rétablissait le roi
» dans son autorité et que l'on donnât un arrêt de justifica-
» tion, que Votre Eminence donnerait la justification qu'on
» désire, que difficilement pouvait-on accommoder cette
» grande affaire par des députés et qu'il fallait des personnes
» de réciproque confiance qui traitâssent les choses de gré à
» gré. Demain au matin, j'espère être en état d'aller porter
» sa réponse à Votre Eminence, Dieu aidant. »

On voit par cette lettre que Vincent de Paul, avec son caractère conciliant et plein de mansuétude, était parvenu à se faire bien accueillir, même par le chatouilleux Mazarin, et dans une question bien délicate à traiter. « Plusieurs raisons,
» dit Abelly, semblaient le devoir détourner d'une entreprise
» si difficile et si périlleuse ; néanmoins, préférant le service
» du roi et le bien de la France à ses intérêts particuliers, il
» ferma les yeux à toutes les considérations de la prudence
» humaine pour s'acquitter des devoirs d'un fidèle sujet ; et
» enfin le succès fit bien voir que Dieu avait donné bénédic-
» tion à son entremise ; car peu de temps après, cet accom-
» modement si important se traita et fut conclu. »

Les troubles appaisés, et le roi rentré à Paris, Vincent de Paul partagea l'allégresse commune et se félicita d'une paix que d'immenses malheurs avaient rendue si désirable. Mais, comme s'il entrait dans ses destinées de n'avoir jamais pour compagne que la douleur, soit qu'elle lui fût propre, soit qu'il la partageât avec d'autres, son cœur de père se trouva bien vite navré d'amertume au milieu même de toutes ses joies. Son élève que, au milieu de ses fougueuses et trop déplorables folies, il avait toujours aimé, et au fond duquel il voyait je ne sais quoi de bon qui laissait percer l'espérance, Paul de Gondy enfin, venait d'être arrêté au Louvre, le 19 décembre 1652, et conduit prisonnier au château de Vincennes (1).

Peu après l'arrestation du cardinal de Retz, Mazarin, toujours cher à Anne d'Autriche, rentra triomphant à Paris.

Chacun chercha, au retour de la paix, à faire valoir ses services et à solliciter de la Cour des dédommagements ou des récompenses. Un seul ne demanda rien, parce que l'habitude du devoir lui laissait voir sa conduite comme naturelle et qu'il aspirait à une récompense bien autrement grande que celle qui peut être distribuée en ce monde ; on l'a deviné déjà, cet homme désintéressé était Vincent de Paul. Toutefois, on dit vers cette époque, et le bruit dura quelques jours, qu'il allait être nommé cardinal. Son humilité reculat-elle devant l'honneur et le fardeau ?.... Cette nouvelle n'avait-elle d'autre source que l'estime de tous ceux qui,

---

(1) François de Gondy, oncle du coadjuteur, mourut deux ans après, le 21 mars 1654. Quoique prisonnier, le cardinal de Retz prit possession du siége archiépiscopal de Paris par procureur. Quelque temps après, il résigna cet archevêché. Il s'évada de la prison de Nantes où on l'avait renfermé depuis. A Rome où il se réfugia, il employa tout son crédit auprès du pape Alexandre VI, pour faire confirmer l'institut de Vincent de Paul. Les passions politiques n'avaient point tellement desséché son cœur qu'il n'y restât encore de la reconnaissance

témoins de son dévouement, regardaient la chose comme naturelle et convenable? On n'en sait rien. Vincent ne parla ni de l'offre ni du refus; mais chacun pensa bien que le cardinalat n'eût pas été trop pour tant de services, pour tant de vertus.

CHAPITRE XXV.

Jansénius. — L'abbé de Saint-Cyran. — Conversation entre Vincent de Paul et Jean de la Bauranne. — Progrès du Jansénisme. — Port-Royal. — Mort de Jansénius. — L'Augustinus. — Emprisonnement de Saint-Cyran. — Bulle d'Urbain VIII. — Efforts de Vincent de Paul contre le Jansénisme. — Condamnation du Jansénisme par Innocent X. — Adhésion des évêques de France au bref du pape. — Vincent de Paul à Port-Royal. — Résistance de cette maison. — Les Provinciales.

1643. — 1656.

Ipse palam faciet disciplinam doctrinæ suæ, et in lege testamenti Domini gloriabitur. — Eccli. XXXIX. 11.

Un jour, Vincent de Paul avait dit : « J'ai toute ma vie
» appréhendé de me trouver à la naissance de quelque hérésie.
» Je voyais le grand ravage qu'avait fait celle de Luther et de
» Calvin, et combien de personnes de toute sorte en avaient
» sucé le pernicieux venin, en voulant goûter les fausses dou-
» ceurs de leur prétendue réforme. J'ai toujours eu cette
» crainte de me trouver enveloppé dans les erreurs de quel-
» que nouvelle doctrine, avant que de m'en apercevoir. »
Ce qu'il avait craint arriva. Ce fut à cette époque de sa

vie que le Jansénisme s'agita au sein de l'Eglise de Dieu (1). Comme Vincent de Paul s'y est trouvé mêlé d'une manière toute active, nous en devons parler avec quelques détails.

En 1585, était né, dans le comté de Léerden, en Hollande, un enfant nommé Corneille Jansen, et depuis connu sous le nom de Jansénius. Après avoir terminé ses études à Louvain, il demanda à entrer dans la maison des Jésuites de cette ville. Ceux-ci qui, avec leur coup-d'œil scrutateur, l'avaient déjà jugé, le refusèrent, et Jansénius ne le leur pardonna jamais.

Il connut à Louvain Jacques de Baïe, neveu du fameux Michel Baïus (2), et Janson leur disciple. Ceux-ci n'eurent pas de peine à inoculer leurs erreurs à un jeune homme fou de

---

(1) A mesure que l'intelligence se perfectionne et s'étend par la méditation des vérités intellectuelles que la religion enseigne aux petits enfants comme aux hommes du génie le plus vaste, elle embrasse la cause des passions, se déclare leur alliée, et, essayant ses forces contre les vérités à qui elle les doit, se dispute à elle-même le pain qui lui donne la vie. Alors de nouvelles vérités, attaquées bientôt également, accourent à la défense de celles qu'une raison hostile met en péril. Chaque dogme est l'occasion d'une hérésie particulière, parce qu'il faut qu'ils soient tous éprouvés et affermis. L'épreuve se multiplie avec les objections, et le christianisme se développe tout entier. *Improbatio hæreticorum facit eminere quid Ecclesia sentiat, et quid habeat sana doctrina.* — Saint-Augustin, conf., libr. VII, cap. XIX, n. 11. (*Essai sur l'indiffér.* t. 1er, introd.).

(2) Michel de Baïus naquit à Melin, dans le territoire d'Ath, en 1513. Charles-Quint le nomma professeur d'Ecriture-Sainte à Louvain, en 1551. L'Université le choisit pour aller au concile de Trente. Dès 1552, les docteurs de Louvain s'élevèrent contre Baïus et Hessels son ami, qui commençaient à répandre leurs erreurs. La faculté de théologie de Paris le condamna, le 27 juin 1560. Pie V le condamna en 1567 et Grégoire XIII en 1579. Il se rétracta plusieurs fois, revenant à l'hérésie, jusqu'à ce qu'enfin en 1580, il condamna, de vive voix et par écrit, toutes ses erreurs. On a ainsi analysé ses systèmes : « C'est

science et de gloire et qui voulait arriver à tout prix. Auprès des mêmes maîtres, il rencontra Jean Duverger de Hauranne qui devint bien vite son ami de cœur et son collègue d'hérésie. Ils vinrent ensemble à Paris ; puis, ils se rendirent à Bordeaux, patrie de Duverger. Entrés dans les bonnes grâces de l'archevêque, ils obtinrent, Jansénius, le poste de principal au grand collége ; Duverger, un canonicat. Ils y passèrent cinq à six ans, dévorant les Pères de l'Eglise, et feuilletant Saint-Augustin qu'ils développaient, non dans le sens catholique, mais d'après les impressions reçues et caressées à Louvain. L'évêque de Poitiers ayant alors nommé Duverger de Hauranne abbé de Saint-Cyran, Jansénius ne pouvant se faire ni à l'absence de son ami ni le suivre, alla, pour faire diversion, retrouver Janson, son autre ami.

Là, tout entier à ses rêveries d'hérésiarque, rêveries toutes souriantes d'espérances, il écrivit à son ami ces étranges paroles :

« A l'égard de saint Augustin, il me semble avoir lu jusque-
» là sans yeux, et ouï sans entendre. Que si les principes
» qu'on m'en a découverts sont véritables, comme je les juge
» être jusqu'à cette heure que j'en ai relu une bonne partie,
» ce sera pour étonner tout le monde avec le temps..... Je
» ne saurais dire comme je suis changé d'opinion au sujet
» de saint Augustin, et je m'étonne que sa doctrine soit si

» un composé bizarre de Pélagianisme quant à ce qui regarde l'état de
» nature innocente ; de luthéranisme et de calvinisme pour ce qui
» regarde l'état de nature tombée. Quant à l'état de nature réparée, les
» sentiments de Baïus sur la justification, l'efficacité des sacrements
» et le mérite des bonnes œuvres, sont directement opposés à la doc-
» trine du concile de Trente. » Baïus mourut le 19 septembre 1609.

» peu connue parmi les savants, non-seulement de ce siècle,
» mais de plusieurs siècles passés. Car, à vous parler fran-
» chement, je tiens fermement qu'après les hérétiques, il n'y
» a gens au monde qui aient plus corrompu la théologie que
» ces clabaudeurs de l'école que vous connaissez. Je voudrais
» pouvoir vous en parler à fond, mais nous aurions besoin
» de plusieurs semaines et de plusieurs mois. J'ose dire
» avoir assez découvert, par des principes immobiles, qui,
» quand toutes les deux écoles, tant des Jésuites que des
» Jacobins, disputeraient jusqu'au jour du jugement, en sui-
» vant les traces qu'ils ont commencées, ils ne feraient autre
» chose que s'égarer davantage, l'une et l'autre étant à cent
» pas de la vérité. Je n'ose dire à personne du monde ce que
» je pense, selon les principes de saint Augustin, d'une
» grande partie des opinions de ce temps, et particulièrement
» de celles de la grâce et de la prédestination, de peur qu'on
» ne fasse à Rome le même tour qu'on a fait à d'autres,
» devant que toute chose soit mûre et à son temps. Je suis
» un peu dégoûté de saint Thomas, après avoir sucé saint
» Augustin (1). »

Impatient d'être introduit dans ce nouveau monde où déjà marchait son ami, l'abbé de Saint-Cyran eut bientôt franchi l'espace qui sépare Paris de Louvain. L'ouvrage qu'avait ébauché Jansénius lui convint; il y trouva ses pensées à lui, ses sentiments. Il ne fut plus question que de se mettre en lumière et en faveur.

Rien de mieux d'abord que de déclamer contre les scolas-

---

(1) *Jansen.*, lettre 16.

tiques, avec de prétendues raisons mêlées d'un malin sourire; crier surtout avec une persévérante et implacable fureur, assaisonnée d'un peu de mépris, contre les Jésuites, ces ténébreux enfants d'une compagnie qui se promettait l'univers pour conquête et tous les peuples pour sujets; puis, chercher à capter quelques dignitaires de l'Église, en épuisant pour eux toutes les douces paroles de la louange : avec ces moyens on parviendra.

De retour à Paris, et muni des recommandations du maître, Duverger de Hauranne travailla activement à l'œuvre; en Flandre elle avait Janson pour champion, tandis que Jansénius lui-même faisait des conquêtes en Angleterre et en Irlande (1).

Cependant l'Europe avait aperçu les premières empreintes des pas de l'hérésie nouvelle; on avait donné l'éveil. Le parti s'inquiétait peu de Rome, puisque déjà Jansénius avait dit : « Le pouvoir transmontain est ce que j'estime la moindre » chose ; » mais ce qu'on redoutait, c'étaient les contradictions, les attaques, les luttes nécessaires, l'intervention gouvernementale, avant qu'on fût en mesure et que le grand nombre permît de faire tête à l'orage.

Chassé de l'Espagne où il cherchait des adeptes, par la peur de l'Inquisition qui avait eu nouvelle de ses erreurs,

---

(1) C'est à cette époque que les deux chefs de la secte se créèrent une sorte d'argot pour ne rendre leur secret qu'intelligible aux adeptes. Dans ce burlesque vocabulaire, Jansénius était nommé Sulpice, Boèce, Cudaro, Quinquarbres. Saint-Cyran était Solion, Célias, Durillon, Rengeart. On nommait l'*Augustinus* la grande affaire, le procès, et, plus obscurément, Comir ou Comar. Saint Augustin s'appelait le Maistre, Séraphi, Aëlius, Gormos. Pour les Jésuites, c'étaient les fins, la partie, les gorphorostes, Cyprin et Chimer.

Jansénius revint en France. C'est alors que se tint cette fameuse conférence de Bourg-Fontaine, où se trouvèrent les sept ou huit membres influents du parti. Une sorte de mystère est resté sur cette entrevue; mais on a pu savoir depuis qu'il fut question, non-seulement de braver les Scolastiques, Thomistes ou Jésuites, mais encore de saper les premiers fondements du christianisme, d'anéantir les sacrements, et de faire accepter de nouvelles idées sur l'Eglise(1).

C'est après cette conférence où son ame ardente avait puisé plus d'enthousiasme encore, que l'abbé de Saint-Cyran essaya de porter la doctrine janséniste jusqu'à l'ame simple et confiante de Vincent de Paul. Celui-ci, trompé par des dehors d'une piété qui n'était que le masque d'un orgueil de sectaire, s'était lié d'amitié avec lui ; « n'ayant, dit Abelly,

---

(1) Filleau, avocat à Poitiers, qui abandonna le Jansénisme dès qu'il le connut bien, dit que, dans la conférence de Bourg-Fontaine, il fut question d'abolir, comme illusoires, l'usage des sacrements et la croyance même de l'Incarnation; mais que quelques-uns en étant trop effarouchés, on s'en tint à ces quatre propositions : 1° rendre la pratique des sacrements de la Pénitence et l'Eucharistie si pénible et si effrayante, qu'ils devinssent absolument inaccessibles ; 2° exalter tellement la grâce qu'il s'ensuivît qu'elle seule opérait tout en nous et qu'elle faisait nécessairement plier sous sa puissance notre libre arbitre; qu'on ne reconnût point de grâce à laquelle on pût résister, c'est-à-dire de grâce suffisante; qu'on crût que Jésus-Christ par sa mort n'avait pas acquis à tous les hommes, même à tous les justes, les grâces nécessaires pour observer les préceptes et pour se sauver ; 3° décrier les directeurs de conscience qu'on prévoyait devoir s'opposer le plus efficacement à la révolution nouvelle et prémunir les faibles; 4° enfin, s'attaquer au chef de l'Eglise, puis à l'Eglise même, restreindre son infaillibilité aux conciles œcuméniques, afin de pouvoir toujours en rappeler au futur concile général, lorsque quelque évêque fulminerait un anathème. On ajoutait qu'il fallait couvrir toute la doctrine du grand nom d'Augustin.

» n'ayant, ainsi qu'une mystique abeille, d'autre dessein
» que de tirer de cette amitié le miel d'une bonne doc-
» trine. »

Les étranges propos de Duverger de Hauranne ne parurent d'abord à Vincent que des exagérations, jusqu'à un certain point explicables dans un homme bouillant et se portant vers les choses de Dieu avec passion ; peu à peu il s'en étonna davantage ; enfin, il le comprit. La chose n'était pas difficile après des conversations comme celles que nous allons rapporter.

— Oui, je vous le confesse, lui dit un jour l'abbé de Saint-Cyran, oui, Dieu m'a donné et me donne encore de grandes lumières. Il m'a fait connaître qu'il n'y a plus d'Eglise.

— Que dites-vous là, Monsieur, répondit Vincent tout épouvanté ?

— Non, il n'y a plus d'Eglise. Dieu m'a fait connaître que, depuis cinq à six cents ans, il n'y en avait plus. Avant cela, l'Eglise était comme un grand fleuve dont les eaux étaient claires ; mais ce qui, à présent, nous semble l'Eglise, n'est plus que de la bourbe. Le lit de cette belle rivière est encore le même, mais ce ne sont plus les mêmes eaux.

— Eh ! quoi, Monsieur, répartit Vincent de Paul, quoi ! voulez-vous plutôt croire vos sentiments particuliers que la parole de Notre Seigneur qui a dit « qu'il édifierait son
» Eglise sur la pierre, et que les portes de l'enfer ne prévau-
» draient jamais contre elle ? »

— Il est vrai, reprit le novateur, que Jésus-Christ a édifié son église sur la pierre ; mais il y a temps d'édifier et temps de détruire. Elle était son épouse, mais il l'a répudiée, et il veut qu'on lui en substitue une autre qui lui sera fidèle.

— Mais ce que vous dites là est horrible. La sainte Ecriture vous confond à chacune de ses pages.

— La sainte Ecriture, la sainte Ecriture ! Mais Dieu m'a envoyé des lumières spéciales pour en avoir l'intelligence. Ces saints livres sont plus lumineux dans mon esprit qu'ils ne le sont en eux-mêmes.

— Oh ! ciel, mon frère, que parlez-vous ainsi? Mais vous allez désoler l'Eglise. Calvin ne parlait pas d'une manière plus impie.

— Calvin n'avait pas une si mauvaise cause, mais il l'a mal défendue. Il a mal parlé, mais il pensait bien.

— Cependant il a été condamné par le concile de Trente.

— Ne me parlez pas de ce concile; c'était un concile du Pape et des Scolastiques, où il n'y avait que brigues et cabales. Tenez, vous n'êtes qu'un ignorant en matière de foi, et je m'étonne qu'une congrégation comme la vôtre puisse vous souffrir pour supérieur général.

— Je m'en étonne plus que vous, Monsieur, parce que je suis plus ignorant que vous ne pensez.

On le conçoit, Vincent de Paul fut épouvanté d'un tel langage. Il cessa de voir l'abbé de Saint-Cyran. Cependant il essaya plus d'une fois de le ramener ; ce fut sans succès. Ses lettres demeurèrent sans réponse, ou, quand le fougueux abbé y répondit, ce fut de manière à désespérer le bon prêtre.

D'ailleurs sa conduite à cette époque détrompa tout-à-fait quiconque lui aurait supposé des intentions de retour. Il se mit à publier plusieurs ouvrages, dans lesquels, sous le voile de l'anonyme, étaient contenus avec un art perfide le germe, plus que cela, le développement des erreurs jansénistes (1). L'abbé ne convint pas d'abord qu'il en était l'auteur; mais plus tard le doute fut impossible.

De son côté, Jansénius cherchait à glaner quelques épis dans cette pauvre Hollande que Luther et Calvin avaient si bien moissonnée. A force d'intrigues, de perfidie même, il parvint à s'attacher quelques membres du clergé séculier; et Dieu sait les scandales que ceux-ci donnèrent plus tard à l'Eglise ! Mais qu'étaient pour le parti naissant et qui avait besoin de progrès, quelques hommes sans réputation, déjà préparés à l'hérésie par le vice et l'ignorance ? C'étaient des congrégations, des ordres entiers qu'il fallait à l'ambitieuse secte; on en avait besoin pour faire nombre et force.

Encore des cabales, des marches souterraines, des promesses, du mouvement pour arriver à ce but; mais on n'y arriva point. C'eût été chose ridicule et même folle d'espérer quelque succès auprès des Jésuites : on les savait trop dévoués au Saint-Siége, et de tout temps habiles à découvrir l'erreur, de tant de ténèbres qu'elle eût soin de s'environner. Raisonnablement forcé de désemparer, on tenta les Oratoriens, dont l'ordre pouvait seul soutenir en France quelque parallèle avec la compagnie de Jésus. Il n'était pas question d'autres réguliers :

---

(1) Le livre le plus célèbre de Saint-Cyran est celui auquel il donna le nom mystérieux de *Petrus Aurelius*. La jactance de l'auteur eut bien vite levé le mystère. Il disait avec une modestie janséniste que c'était le meilleur ouvrage qui eût paru depuis six cents ans. La cour fit arrêter l'imprimeur et saisir autant d'exemplaires qu'on en put trouver, parce que l'auteur s'y déchaînait, non-seulement contre les ordres religieux les plus respectables, mais encore contre les prélats du royaume les plus en renom par leur science et leurs vertus, surtout contre le cardinal de la Rochefoucault.

on tenait à un ordre connu pour austère de fait; le masque de la régularité et de la vertu était trop nécessaire. Mais le cardinal de Bérulle, général de l'Oratoire, malgré les sollicitations du P. Bourgoin, un instant trompé, ne voulut servir en rien le parti; et le vertueux Condren qui lui succéda, ne s'y prêta pas mieux. Restait la compagnie des prêtres de la Mission. La réputation de Vincent de Paul, son activité contre Saint-Cyran, la sauva même d'une attaque; le Jansénisme n'essaya pas d'arriver publiquement jusqu'à Saint-Lazare.

Les monastères de religieuses parurent à Saint-Cyran, malgré l'avis contraire de Jansénius, merveilleusement propres à recevoir et à propager la doctrine déjà compromise par le monde. Derrière ces grilles mystérieuses, se disait-il, sous ces cloîtres silencieux, on a moins à redouter, parce qu'on s'y défie moins. L'erreur y a des entrées plus libres, parce que la simplicité et l'innocence qui ne peuvent croire qu'on les trompe et qu'on les joue, acceptent tout ce qui revêt les formes attrayantes de la vertu, surtout de la perfection. D'ailleurs, la théologie ne va point porter son contrôle dans ces demeures reculées; c'est une garantie de plus pour le Jansénisme, c'est plus que de l'espérance, ce serait vraiment un succès. Travaillons à y faire accueillir notre idée plus jeune, dont la nouveauté rompra un peu, d'abord, la monotonie d'une existence séparée et toujours uniformément semblable à soi-même.

C'était un raisonnement de sectaire; l'expérience en prouva la portée.

Trompé par les adroites insinuations de l'abbé de Saint-Cyran, l'évêque de Langres, Sébastien Zamet, l'introduisit dans l'abbaye de Port-Royal (1), et dans le couvent du Saint-Sacrement qui en dépendait. Là se trouvait Agnès Arnauld et sa sœur Angélique « qui, s'étant éveillée abbesse à qua- » torze ans, entreprit à seize ans de réformer son monastère

(1) Il y avait deux abbayes de ce nom dans le diocèse de Paris ; l'une près de Chevreuse, à deux myriamètres au couchant de Paris, et l'autre dans Paris même, au faubourg Saint-Jacques. La première s'appella *Port-Royal-des-Champs*, et la seconde *Port-Royal-de-Paris*. L'abbaye de Port-Royal, près de Chevreuse, de l'ordre de Citeaux et de l'institut du Saint-Sacrement, s'appelait anciennement le *Port-du-Roi* ou *Port-Roi*. L'origine de ce nom est fort incertaine. L'ancienne opinion est que Philippe-Auguste s'étant égaré en chassant, trouva là une petite chapelle où il jugea que quelques-uns de ses officiers se rendraient aussi ; ce qui arriva. Il nomma pour cela ce lieu Port-du-Roi ou Port-Royal ; et, pour remercier Dieu de l'avoir tiré de l'embarras et de l'inquiétude où il était, il résolut d'y faire bâtir un monastère. Odon de Sully, évêque de Paris, l'ayant su, prévint le roi, et avec Mathilde, fille de Guillaume de Garlande, seigneur de Livri et épouse de Mathieu de Montmorenci, premier seigneur de Marly, il bâtit cette abbaye, en 1204. On y mit des religieuses de Cîteaux qui ont toujours été soumises à la juridiction de l'abbé et général de Cîteaux jusqu'en 1627, qu'elles en furent distraites par un bref d'Urbain VIII. En 1626, elles furent transférées au faubourg Saint-Jacques, à Paris, où on leur donna une maison. En 1633, elles résolurent d'embrasser l'institut de l'adoration perpétuelle du Saint-Sacrement. Innocent X et l'archevêque de Paris y consentirent en 1645 ; et, en 1647, l'affaire fut consommée par un arrêt du Parlement, et elles quittèrent l'habit de Cîteaux. En 1647, l'archevêque de Paris leur permit de renvoyer des religieuses à Port-Royal-des-Champs, et d'y rétablir ce monastère, à condition qu'il serait toujours sous la juridiction et l'obéissance de l'archevêque de Paris. La souscription du formulaire d'Alexandre VII ayant été ordonnée dans tout le royaume, les religieuses de Port-Royal-de-Paris le signèrent ; celles de Port-Royal-des-Champs ne le firent qu'après de grandes difficultés et avec restriction. Ces filles étant toujours demeurées dans le même sentiment jusqu'en 1769, le roi crut qu'il n'y avait point d'autre moyen de les soumettre que de les disperser, ce qui fut exécuté ; et le monastère de Port-Royal-des-Champs fut entièrement détruit, et ses biens rendus à Port-Royal-de-Paris. (*Dict. de Trévoux*, au mot *Port-Royal*.)

» et tous ceux du même ordre, et par là de contribuer à la
» réforme générale des ordres religieux et de l'Eglise de
» France; qui, commençant courageusement la réforme des
» autres par celle d'elle-même, dit adieu au monde, à sa
» famille, à ce père qui l'adorait, dévora son cœur en silence
» et ne lui permit plus de battre que pour Dieu; capable des
» plus grandes choses et n'en trouvant pas de plus grande
» que de se dompter elle-même, naturellement altière et
» volontairement *humble* (1), patiente et douce à force d'é-
» nergie, retenant la passion au sein d'un sacrifice continuel,
» *trompant sa nature* EN LA TRANSPORTANT *jusque dans*
» *le renoncement à soi-même*, attirant par un ascendant
» irrésistible, tout ce qui l'approchait, à sa sainte entreprise,
» relevant, ou plutôt fondant de nouveau Port-Royal, en en
» faisant une école de science et de vertu, de *foi solide* et de
» vraie sagesse, jusqu'au jour où cette grande ame, déjà par
» elle-même *hardie* et *extrême*, *rencontra* une ame plus
» extrême encore, le *sublime* et insensé Saint-Cyran,
» homme fatal qui introduisit dans Port-Royal une doc-
» trine particulière, imprima à cette œuvre simple et
» grande, le caractère étroit de l'esprit de parti, et fit
» presque d'une réunion de solitaires une faction (2). »

A peine, en effet, l'abbé de Saint-Cyran eut-il mit le pied

---

(1) Il y aurait à dire sur l'*humilité* de la mère Angélique. On est si naturellement sophiste envers soi-même qu'elle crut avoir vaincu son orgueil (*l'orgueil des Arnauld!*). Mais il n'y parut guère au jour de l'épreuve, et sa fameuse lettre à Anne d'Autriche (25 mai 1661) ne passera jamais pour un chef-d'œuvre d'humilité. (*Correspondant.* t. XI, n° du 25 août, 16ᵉ livr.).

(2) V. Cousin.

dans cette maison, que tout changea. Bientôt il y domina tellement, que l'évêque ne put plus y pénétrer : on le trouvait trop tolérant, et son zèle ne semblait pas à la hauteur de la piété qu'y avait introduite le Jansénisme.

Dès ce moment, Port-Royal-des-Champs devint une sorte de Fontevrault, aggrégation des deux sexes, dirigée par une abesse omnipotente et austère. On y vit accourir, les uns après les autres, tous les initiés au Jansénisme. Les voilà travaillant de leurs mains au profit du monastère, se bâtissant des cellules, cultivant les terres eux-mêmes, et faisant de petites corbeilles d'osier, en chantant des psaumes à la façon des anciens Pères de la Thébaïde. On s'y appliquait à de longues oraisons; les différentes parties de l'office y étaient récitées en commun, et le jeûne, pendant l'Avent et le Carême, ne s'interrompait que par un léger repas pris après le coucher du soleil. Tout luxe était banni de la solitude, et la plupart ne portaient que des habits de paysan. Bientôt les génuflexions, les inclinations profondes, les poses d'extatiques, les coups redoublés sur la poitrine, eurent pris la place de la confession, de la communion, dont on ne s'approchait, par un respect affecté, qu'à de très longs intervalles. Il n'était question que de primitive église, d'anciens canons, de conciles généraux, de l'infatigable Paul, du brûlant Augustin. On accourait de Paris et de Versailles pour voir ces merveilleuses choses. On était difficile pour recevoir les visites; c'était le moyen de les multiplier. Certaines imaginations se montèrent à un point que la solitude seule, et la solitude de Port-Royal, pouvait, disait-on, offrir des garanties pour le salut. La duchesse de Luines força son mari à bâtir un château dans le voisinage même de la maison bénie, et jusqu'au prince de Conti, presque tout ce qui avait un beau nom en France, se prit d'enthousiasme et patrona en quelque sorte Port-Royal.

Cependant Jansénius visait plus haut qu'au simple rôle de prêtre réformateur; il voulait que la dignité épiscopale agrandît et consacrât sa réputation. Repoussé par la cour de Bruxelles, lorsqu'on le présenta pour l'évêché de Bruges, il parvint à dominer les antipathies. Un ouvrage contre la France, et dans lequel l'odieux ne le cédait qu'à l'absurde, le fit monter en faveur, et, de là, sur le siège d'Ypres. Il en jouit peu de temps. Deux années après, en mai 1538, il fut frappé de la peste, et mourut à cinquante-trois ans. En mourant, il soumit son livre, l'*Augustinus*, au Saint-Siège, par ces paroles : « Mon sentiment est que difficilement on y
» peut trouver quelque chose à changer. Si cependant le
» Saint-Siége veut y faire quelque changement, je suis
» enfant d'obéissance, et enfant obéissant à l'Église romaine,
» dans laquelle j'ai vécu jusqu'à la mort : c'est ma dernière
» volonté. » Mais c'est un leurre : voilà tout; il convenait avec Duverger de Hauranne que, depuis six cents ans, l'Église n'existait plus. Que signifie donc cette déclaration, sinon qu'elle donne une preuve de plus de ce caractère de duplicité mystérieuse qui a toujours distingué le Jansénisme (1)?

---

(1) Tel était Port-Royal, toujours brouillé avec l'autorité ; toujours aux aguets, toujours intrigant, colportant, manœuvrant dans l'ombre, et craignant les mouchards de la police autant que les révérends pères inquisiteurs de Rome; le mystère était son élément. Témoin ce beau livre ! *Le chapelet secret du Saint Sacrement, par la mère Agnès Arnauld.* Secret ! eh ! mon Dieu, *ma mère !* Qu'est-ce donc que vous voulez dire ? Est-ce le Saint Sacrement qui est secret ou l'*Ave, Maria ?* (DE MAISTRE. *De l'Eglise gallicane*, t. I. ch. VI.)

Un mot sur l'*Augustinus,* ce livre dont le titre est aussi court que fastueux, et qui cherche à faire passer les erreurs de Baïus sous le couvert du grand nom d'Augustin (1). Nous n'en pouvons mieux faire connaître la doctrine qu'en citant les cinq propositions qui en ont été extraites et condamnées comme hérétiques ; les voici :

La première : « Quelques commandements de Dieu sont » impossibles à des hommes justes qui veulent les accomplir, » et qui font à cet effet des efforts selon les forces présentes » qu'ils ont : la grâce qui les leur rendrait possibles leur man- » que. »

La seconde : « Dans l'état de nature tombée, on ne résiste » jamais à la grâce intérieure. »

(1) Il comprend trois parties. — La première, sous le titre de *l'Hérésie pélagienne,* contient huit livres, dont le premier est l'historique de cette secte ; les autres roulent sur différentes erreurs, tant vraies que supposées, des Pélagiens et semi-Pélagiens, avec les nuances de leurs doctrines selon les temps et les circonstances. — La seconde, en huit livres aussi, traite de l'intégrité de la nature humaine, de sa maladie et de sa guérison, contre les Pélagiens et les dogmatiseurs de Marseille. Le premier de ces livres trace les bornes de la raison humaine dans les matières théologiques, et de l'autorité de saint Augustin dans les questions de la prédestination et de la grâce ; le second, traite de la grâce des anges et du premier homme, ou de l'état d'innocence ; les trois suivants, des peines du péché originel et des forces du libre arbitre sous l'état actuel de péché ; les trois derniers combattent la possibilité de l'état de pure nature, tant pour l'âme que pour le corps. — La troisième partie explique en dix livres la grâce du Rédempteur. Le premier, observations générales ; le deuxième, de la vraie grâce de volonté relativement à l'action ; le troisième, de la grâce suffisante ; le quatrième, de la grâce de Jésus-Christ, quant à son essence et ses espèces ; le cinquième, des effets de cette grâce ; les sixième et septième, du libre arbitre ; le huitième, de la conciliation du libre arbitre et de la grâce ; le neuvième, de la prédestination des hommes et des anges ; le dixième, de leur réprobation.

La troisième : « Dans l'état de nature tombée, pour mériter et démériter, l'on n'a pas besoin d'une liberté exempte de la nécessité d'agir ; il suffit d'avoir une liberté exempte de coaction ou de contrainte. »

La quatrième : « Les semi-Pélagiens admettaient la nécessité d'une grâce prévenante pour toutes les bonnes œuvres, même pour le commencement de la foi ; mais ils étaient hérétiques en ce qu'ils pensaient que la volonté de l'homme pouvait s'y soumettre ou y résister. »

La cinquième : « C'est une erreur semi-Pélagienne de dire que Jésus-Christ est mort et a répandu son sang pour tous les hommes sans exception. »

Un Anglais a donné du Calvinisme cette définition : « C'est un système de religion qui offre à notre croyance des hommes esclaves de la nécessité, une doctrine inintelligible, une foi absurde, un Dieu impitoyable (1). » Le même portrait peut servir pour le Jansénisme. Ce sont deux frères dont la ressemblance est frappante. Qu'on examine un peu les cinq propositions que nous avons citées.

La même année que mourut Jansénius, l'abbé de Saint-Cyran avait été arrêté par l'ordre de Louis XIII, et renfermé dans le château de Vincennes. Quoi qu'en aient dit les jansénistes, sa position fut clairement dessinée, et son erreur juridiquement prouvée. Que pouvait-on dire après des dépositions faites par des hommes tels que l'évêque de Langres, l'archevêque de Sens, le P. de Coudren et Vincent de Paul ? Quand la duchesse d'Aiguillon demanda

---

(1) ANTIJACOB, July, 1803, in-8°. p. 231. Cité par J. DE MAISTRE. (*De l'Eglise gal.*)

qu'il fût rendu à la liberté, Richelieu fit cette réponse :
« L'Allemagne et la France seraient encore toutes catho-
» liques, si l'on avait mis de bonne heure Luther et
» Calvin en lieu sûr. » — « Il est Basque, disait-il ensuite au
» P. Joseph ; il a les entrailles ardentes, et, des vapeurs
» qu'elles portent à la tête, il se forme des imaginations extra-
» vagantes, qu'il érige en dogmes et en oracles. » De Saint-
Cyran sortit de sa prison plus fougueux encore. Mais cette
fougue eut un terme. Il alla, peu de temps après, rendre
compte à Dieu d'une vie orageuse qui laissa sur sa patrie des
traces funestes.

En effet, son erreur ne descendit pas avec lui dans la tombe ;
le jeune docteur Arnauld leva plus haut encore le drapeau que
Duverger n'avait pas cru mieux placer que dans sa main.
Dès qu'il parut, on le jugea capable de surpasser l'homme
qu'il remplaçait. Génie médiocre, mais travailleur infatigable,
homme d'assez d'érudition, écrivain rarement facile, mais
plein d'une certaine énergie de parole, caractère inflexible,
incapable de faire un pas en arrière quand une fois il était
lancé, Antoine Arnauld avait tout ce qu'il fallait pour agrandir
le cercle dans lequel avait été, jusque-là, circonscrit le Jansénisme. Il combattit sans fléchir jamais ; et, mieux que
personne, il eut à sa disposition les subtilités et les mystères
qui furent toujours les armes de Port-Royal (1).

---

(1) Madame de Sévigné, cette spirituelle affiliée de Port-Royal,
croyant parler à l'oreille de sa fille, livre ainsi le secret au monde.
« L'Esprit-Saint souffle où il lui plaît, et c'est lui-même qui pré-
» pare les cœurs qu'il veut habiter. C'est lui qui prie en nous par des
» gémissements ineffables. C'est saint Augustin qui m'a dit tout cela.
» Je le trouve bien janséniste, et saint Paul aussi. Les Jésuites ont

Urbain VIII, en 1640, avait condamné le Jansénisme comme n'étant que le Baïsme ressuscité ; mais sa bulle n'ayant pas été d'abord publiée ni affichée, il en résulta de singulières résistances, basées sur les raisons les plus opposées et les plus bizarres. Pour les uns, c'était une bulle supposée, pour d'autres, comme on dirait aujourd'hui, l'œuvre d'un Jésuite. Dans le fond, on y croyait, mais on se flattait qu'à force de clameurs, on ferait tomber la bulle comme on avait éludé un premier décret, ou du moins que les défauts de forme emporteraient le fond. Une députation partit même de Flandre pour Rome afin de hasarder une explication qui devait justifier l'*Augustinus*; Urbain VIII, tout en accueillant

---

» un fantôme qu'ils appellent Jansénius, auquel ils disent mille inju-
» res, et ne font pas semblant de voir où cela remonte .. Ils font un
» bruit étrange, et réveillent les disciples cachés de ces deux grands
» saints. » (*Lettres*. Ed. in-8°. t. xi. lettr. 525.)

» Je n'ai rien à vous répondre sur ce que dit saint Augustin, sinon
» que je l'écoute et que je l'entends quand il me dit et me répète
» cinq cents fois dans le même livre que *tout dépend donc*, comme dit
» l'apôtre, *non de celui qui veut ni de celui qui court, mais de Dieu qui*
» *fait miséricorde à qui il lui plaît; que ce n'est pas en considération*
» *d'aucun mérite que Dieu donne la grâce aux hommes, mais selon son*
» *bon plaisir, afin que l'homme ne se glorifie pas, puisqu'il n'a rien qu'il*
» *n'ait reçu*. Quand je lis tout ce livre de saint Augustin et que je trouve
» tout d'un coup : *Comment Dieu jugerait-il les hommes, si les hommes*
» *n'avaient point de libre arbitre?* En vérité je n'entends point cet
» endroit, et je suis disposée à croire que c'est un mystère.

» Nous croyons toujours qu'il dépend de nous de faire ceci ou cela :
» *Ne faisant point ce qu'on ne fait pas, on croit cependant qu'on l'aurait*
» *pu faire*. Les gens qui font de si belles restrictions et contradictions
» dans leurs livres, parlent bien mieux et plus dignement de la Pro-
» vidence, quand ils ne sont pas contraints ni étranglés par la poli-
» tique. Ils sont bien aimables dans la conversation. Je vous prie de
» lire les *Essais de morale*, sur la soumission à la volonté de Dieu. Vous
» voyez comme l'auteur nous la représente souveraine, faisant tout,

avec bonté l'ambassade janséniste, ne promit rien et demanda une prompte adhésion à sa bulle.

Le nonce, qui était en France, reçut enfin copie de la bulle qui avait déjà été interceptée une fois. Il la présenta au jeune roi, qui la prit de ses mains avec respect, entouré du conseil pour les affaires ecclésiastiques, où se trouvait Vincent de Paul. D'une commune voix, on dit anathème à Jansénius (1); Vincent basa son suffrage sur la connaissance particulière qu'il avait de ces doctrines, et ajouta : « C'est
» que j'ai vu que les opinions de Baïus, que Jansénius sou-
» tient, avaient été condamnées par trois ou quatre papes,
» comme aussi par la Sorbonne, en 1560 ; et que, présen-

» disposant de tout, réglant tout. Je m'y tiens ; voilà ce que j'en crois ;
» et si en tournant le feuillet ils veulent dire le contraire *pour ménager*
» *la chèvre et le chou*, je les traiterai sur cela comme *ces ménageurs*
» *politiques*. Ils ne me feront pas changer ; je suivrai *leur exemple*,
» *car ils ne changent pas d'avis pour changer de note.* »

« Vous lisez donc saint Paul et saint Augustin ? Voilà les bons
» ouvriers pour établir la souveraine volonté de Dieu ; ils ne marchan-
» dent point à dire que Dieu dispose de ses créatures comme le potier
» de son argile ; *il en choisit, il en rejette. Ils ne sont point en peine* de
» faire des compliments pour sauver sa justice; car IL N'Y A POINT
» D'AUTRE JUSTICE QUE SA VOLONTÉ. C'est la justice même, c'est la
» règle ; et après tout, que doit-il aux hommes ? Rien du tout. Il leur
» fait donc justice quand il les laisse à cause du péché originel qui est
» le fondement de tout ; et il fait miséricorde au petit nombre de ceux
» qu'il sauve par son Fils. » (t. VI. lettr. 335 et 529.) — N'est-ce point là le dogme du désespoir ? — Dans ces extraits, nous trouvons, outre l'aveu des mystérieuses allures du Jansénisme, les deux points capitaux de la doctrine janséniste : 1° Il n'y a point de Jansénisme, c'est une chimère. Le pape rêvait en condamnant une hérésie qui n'existe pas ; 2° ce qu'on nomme Jansénisme n'est que la doctrine de saint Paul et de saint Augustin.

(1) Lettre de Vincent de Paul au Père d'Origny, lazariste, insérée dans les *Mémoires de Trévoux*; avril, 1726, art. 17.

» tement encore, la plus saine partie de cette Faculté, qui
» sont tous les anciens, se déclare contre ces opinions nou-
» velles. »

L'archevêque de Paris, Jean-François de Gondy, avait, avant la décision du Saint-Siége, imposé silence aux deux partis, par un mandement destiné à remettre un peu de calme. Dès que la bulle eut paru, il publia un second mandement pour qu'on l'acceptât partout. Elle fut reçue aussi en Espagne, et le roi catholique ordonna qu'elle fût publiée dans les Pays-Bas. Cette sanction royale, donnée à un acte dont le Jansénisme niait l'existence, n'y ramena pas les esprits ; et Urbain VIII mourut sans avoir la consolation de voir la paix rétablie.

Vincent de Paul voyant qu'on n'en finissait pas avec le Jansénisme, se prit à déployer une plus grande activité encore. Déjà il avait dressé une liste des erreurs de Jansénius, et, opposant pour réfutation à ces erreurs, article par article, les systèmes déjà condamnés dans d'autres hérésiarques, il l'avait communiquée au nonce, afin d'abréger son travail et de stimuler son zèle. Souvent il s'était plaint de toutes les lenteurs mises à une condamnation plus formelle, et il en gémissait avec le grand Condé « qui, au dire de Vincent de Paul
» lui-même, était plein de foi et de lumière contre les erreurs
» de l'évêque d'Ypres. »

Il fit plus. Semblable aux Maxime, aux Sophrone, aux Antoine, qui, du fond de leur retraite, volaient au secours de l'Église assaillie par l'erreur, il triompha de sa modestie même, et osa prendre la plume. Il avait appris que quelques prélats voulaient écrire à Rome pour demander un jugement définitif sur les cinq propositions, il se permit d'écrire lui-

même à quelques évêques pour les engager à se joindre aux premiers. Après des précautions infinies pour ne blesser aucune susceptibilité, et un grand soin de détruire les quelques objections qu'on pouvait faire, il ajouta : « Je vous
» ferai observer que quand les hérésies de Luther et de
» Calvin ont commencé à paraître, si on avait attendu de les
» condamner jusqu'à ce que leurs sectateurs eussent paru
» disposés à se soumettre et à se réunir, ces hérésies seraient
» encore au nombre des choses indifférentes à suivre ou à
» laisser, et elles auraient infecté plus de personnes qu'elles
» n'ont fait..... Ce que vous dites que la chaleur des deux
» partis laisse peu d'espérance d'une parfaite réunion, m'oblige
» de vous remontrer qu'il n'y a point de réunion à faire
» dans la diversité des sentiments en matière de foi, qu'*en s'en*
» *rapportant à un tiers qui ne peut être que le Pape*·
» car les lois ne doivent jamais se réconcilier avec les crimes,
» non plus que le mensonge s'accorder avec la vérité..... Il
» ne faut pas d'union dans le mal et dans l'erreur ; mais
» quand cette union se devrait faire, ce serait à la moindre
» partie de revenir à la plus grande, et aux membres de se
» réunir au chef..... Le parti ne veut point de remède de la
» part du Pape, parce qu'il sait qu'il est possible ; il fait
» semblant de demander celui du Concile, parce qu'il le croit
» impossible, dans l'état présent des affaires..... Quant au
» remède que vous proposez de défendre étroitement à l'un
» et à l'autre parti de dogmatiser, je vous supplie de consi-
» dérer qu'il a déjà été inutilement essayé, et que cela n'a
» servi qu'à donner pied à l'erreur..... »

Ce zèle, manifesté en France par le supérieur de Saint-Lazare, s'étendait jusqu'à Rome ; il écrivait souvent aux prêtres qui s'y trouvaient chargés de poursuivre l'affaire, leur communiquait ses plans, activait leur courage, et leur demandait d'être tenu au courant de chacun des pas qui pouvaient être faits dans la grave question. Ce fut dans une de ces réponses, qu'il recevait avec un vrai bonheur, qu'on lui annonça enfin que, le 16 juin 1653, les cinq propositions avaient été condamnées de la manière la plus formelle par Innocent X. Il en rendit grâces à Dieu avec la reconnaissance la plus expansive, et s'applaudit, avec toute sa congrégation, de ce que l'Église avait échappé à une des plus subtiles hérésies que l'enfer ait jamais fait lever à l'encontre des dogmes catholiques. Il ne regretta ni les prières, ni les austérités qu'il s'était imposées pour que la chose arrivât à bonne fin.

Cependant sa charité ne se fit pas défaut au milieu de sa joie ; il voulut qu'on ne manifestât pas trop bruyamment son allégresse, afin d'épargner au parti vaincu l'humiliation d'une défaite trop préconisée. C'est dans ce but qu'il alla rendre visite à quelques docteurs en renom et à quelques supérieurs de maisons religieuses. Il les conjura, au nom de Dieu, de ne pas empêcher, par des paroles quelque peu piquantes, un rapprochement tant désiré.

A peine la nouvelle bulle fut-elle arrivée en France, que les évêques du royaume envoyèrent au Pape cette belle protestation de respect et d'amour pour le Siége de Rome; protestation qui réfute bien hautement certaines insinuations de ce temps, au profit de doctrines que tout vrai catholique a flétries : « Dès les premiers temps, l'Église catholique,
» appuyée sur la communion et l'autorité seule de Pierre,
» souscrivit sans hésiter à la condamnation de l'hérésie péla-

» gienne, prononcée par Innocent dans son décret adressé aux
» évêques d'Afrique, et qui fut suivie d'une autre lettre du
» pape Zozime, adressée à tous les évêques de l'univers. Elle
» savait, non-seulement par la promesse de Notre Seigneur
» Jésus-Christ faite à Pierre, mais encore par les actes des
» anciens Pontifes et par les anathèmes dont le pape Damase
» avait frappé récemment Apollinaire et Macédonius avant
» qu'aucun concile œcuménique les eût condamnés ; elle
» savait que les jugements portés par les souverains Pontifes,
» en réponse aux consultations des évêques, *pour établir*
» *une règle de foi,* jouissent également (soit que les évêques
» aient cru devoir exprimer leur sentiment dans leur consul-
» tation, soit qu'ils aient omis de le faire) d'une *divine et*
» *souveraine autorité dans l'Église universelle* : autorité
» à laquelle tous les chrétiens sont obligés de soumettre leur
» esprit même. Nous donc aussi, pénétrés des mêmes senti-
» ments et de la même foi, nous aurons soin que la consti-
» tution donnée, *d'après l'inspiration divine,* par Votre
» Sainteté....., soit promulguée dans nos églises et diocèses,
» et nous en presserons l'exécution (1). »

Plusieurs hommes égarés, la plupart de bonne foi, se rendirent au décret d'Innocent X ; quelques autres se turent, d'autres enfin résistèrent. Vincent de Paul, mettant sa charité au service de sa foi, essaya d'en ramener plusieurs ; il réussit pour un certain nombre ; à ceux qui restaient dans l'erreur il ne cessa de donner des larmes et des prières.

(1) *Litter. episc. gallic. ecclesi. ad Innocent. pap. X; anno 1653.* — *Voy.* d'Argentré. (*Collect. Judic.*, t. III, art. 11, p. 276.)

Mais quoiqu'il continuât aux personnes indécises ou rebelles ses douces prévenances et son affection, il ne voulut jamais permettre qu'on pactisât avec l'erreur.

— « Eh! quoi, lui disait un jour un de ses amis; veut-on
» les pousser à bout? Ne vaudrait-il pas mieux faire un accom-
» modement de gré à gré? Les Jansénistes y sont disposés, et
» il n'y a personne de plus propre que vous à tempérer l'aigreur
» qui existe de part et d'autre, et à procurer une bonne
» réunion. »

— « Monsieur, répondit Vincent, lorsqu'un différend est
» jugé, il n'y a point d'autre accord à faire que de suivre le
» jugement rendu. Avant que les Jansénistes fussent condam-
» nés, ils ont fait tous leurs efforts pour que le mensonge
» prévalût sur la vérité : alors ils ne voulaient entendre à aucune
» proposition, et prenaient le dessus avec tant de hauteur,
» qu'à peine osait-on leur résister. Depuis que le Saint-Siège
» a prononcé sur ces opinions, à leur désavantage, les écri-
» vains qui ont fait tant de livres et d'apologies pour les
» défendre, n'ont encore ni proféré ni écrit un mot pour les
» désavouer. Quelle union pouvons-nous donc faire avec eux,
» s'ils n'ont pas une intention sincère de se soumettre? Quel
» tempérament peut-on apporter à ce que l'Eglise a décidé?
» Ce sont des matières de foi qui ne doivent ni souffrir d'alté-
» ration, ni admettre de composition; et, par conséquent,
» nous ne pouvons les ajuster aux sentiments des Jansénistes.
» C'est à eux de soumettre les lumières de leur esprit et de
» se réunir à nous par une même croyance et, par une soumis-
» sion sincère au chef de l'Eglise; sans cela, il n'y a rien à
» faire que de prier Dieu pour leur conversion. »

Néanmoins, il ne s'en tint pas seulement à la prière; il alla lui-même à Port-Royal-les-Champs, félicita, du ton le plus aimable, ceux de ces illustres solitaires qui semblaient se soumettre en toute humilité à la décision de Rome, et engagea les autres à se réunir à leurs frères revenus à la vérité. Il en sortit la joie et l'espérance au cœur ; mais cette joie ne fut pas longue, cette espérance s'évanouit du jour au lendemain.

L'orgueil, le ressentiment, toutes les passions aigres et haineuses se réveillèrent plus hardies que jamais à Port-Royal. On y voyait alors Antoine Arnauld, d'Andilly, son frère, Pascal, Nicole, Lancelot, Baillet et Tillemont, Singlin, Hamond, le Tourneux, Sacy, Félibien, et beaucoup d'autres. Avec ce renfort d'illustrations contemporaines, la truelle qu'on avait jusque-là maniée devint assez inutile ; la corbeille d'osier tomba de ces mains laborieuses, les solitaires s'imaginèrent que les travaux intellectuels leur iraient mieux et serviraient plus avantageusement le parti de toute part attaqué.

Les voilà aussitôt à l'œuvre. On voit sortir de Port-Royal une foule d'ouvrages, de dogme et de morale, assez bien pensés, passablement écrits, magnifiquement imprimés, et dont le fond ne vaut jamais la forme. Que d'erreurs subtilement mêlées à des vérités incontestables ! quel art perfide d'insinuations calomnieuses ! D'ailleurs, rien pour le cœur. Ces livres le laissent froid. Vous ne sentez pas arriver en votre ame cette onction douce et chaleureuse qui pénètre, console, enflamme et remplit d'amour. Tout semble y avoir été composé en dehors de l'espérance ; et, quand vous avez lu, ce qui vous reste c'est une sorte de sécheresse, d'aridité, sans ombre, sans fraîcheur où l'on se puisse reposer un peu de la vie et de ses chagrins ; la résignation qu'on vous impose n'est jamais calme, et les sacrifices exigés n'y ressemblent toujours qu'à une sanglante immolation.

Les solitaires de Port-Royal le comprirent bien. Pour combler cette lacune, ils appelèrent chez eux des hommes de goût et de raison, et demandèrent à leur travail des productions tant sacrées que profanes sur toutes les matières que peut embrasser l'esprit humain, chacun selon le genre et la mesure de son talent. Langues, éloquence, critique, philosophie, sciences, paléographie, littérature ancienne et moderne, théologie ; rien ne fut oublié, et les ouvrages publiés alors firent presque oublier tout ce qui jusque-là avait paru sur les mêmes matières (1). Travail méritoire et digne d'être béni, si l'esprit qui faisait mouvoir ce grand corps dont les membres s'unissaient avec une harmonie si parfaite, n'eût été un esprit de sectaire, qui absorbait, au profit de l'erreur, tant de forces et de talents qui se seraient mis, selon la mesure de leur énergie, au service de la vérité. « Malheureusement, dit Vol-

---

(1) « Pour grossir la liste des hommes de Port-Royal, on a pris le parti d'y joindre quelques grands écrivains qui avaient étudiés dans cette retraite. Ainsi Racine, Despréaux et la Bruyère se trouvent inscrits avec Lancelot, Pont-Château, Angran, etc., au nombre des écrivains de Port-Royal, et sans aucune distinction. L'artifice est ingénieux sans doute ; et ce qui doit paraître bien singulier, c'est d'entendre La Harpe mettre en avant ce même sophisme, et nous dire, dans son *Cours de Littérature*, à la fin d'un magnifique éloge de Port-Royal : *Enfin, c'est de leur école que sont sortis Pascal et Racine*. Celui qui dirait que le grand Condé apprit chez les Jésuites à gagner la bataille de *Sénef*, serait tout aussi philosophe que La Harpe l'est dans cette occasion. Le génie ne sort d'aucune école ; il ne s'acquiert nulle part et se développe partout ; comme il ne reconnaît point de maître, il ne doit remercier que la Providence. » (J. DE MAISTRE. *De l'Église galli.*, livr. 1., ch. v.)

» taire, les solitaires de Port-Royal furent encore plus jaloux
» de répandre leurs opinions que le bon goût et la véritable
» éloquence (1). »

Cependant tout ce mouvement intellectuel ne parvint pas à assoupir les passions religieuses. On sentait, sous cette activité turbulente, passer le souffle du Jansénisme. Ceux qui avaient un instant cru à la soumission de Port-Royal commencèrent à prévoir d'autres luttes. Arnaud changea la prévision en certitude. Il publia deux lettres pour établir que l'infaillibilité de l'Eglise ne s'étend point au sens des auteurs qu'elle entreprend de juger. De là la fameuse question de *droit* et de *fait* dont nous ne suivrons pas les phases (2). Les discussions recommencèrent, et le trouble fut plus grand que jamais. Port-Royal choisit Pascal pour faire diversion par la plaisanterie aux disputes dogmatiques. Pascal écrivit *les Provinciales*, ce mélange de fine plaisanterie et de satire violente, où l'exagération remplace la vérité, dont la forme sera un impérissable monument de notre langue, mais dont le fond apprendra jusqu'à quel point le génie peut s'égarer quand la passion le pousse et l'emporte. *Les Provinciales* ont fait bien souvent sourire ; elles n'ont jamais convaincu personne, et l'on peut dire avec Voltaire : « Tout le livre porte à faux. On attribuait

---

(1) VOLTAIRE, *Siècle de Louis XIV*, tom. III, chap. XXXVII.

(2) Ceux qui s'y retranchaient disaient que l'on était obligé de se soumettre à la bulle du Pape *quant au droit*, c'est-à-dire que les propositions telles qu'elles étaient dans la bulle étaient condamnables ; mais que l'on n'était pas tenu d'y acquiescer *quant au fait*, c'est-à-dire de croire que ces propositions étaient dans le livre de Jansénius, et qu'il les avait soutenus dans le sens dans lequel le Pape les avait condamnées. (BERGIER. *Dict. de théol.*)

» adroitement à toute la société des opinions extravagantes
» de quelques Jésuites espagnols et flammands. On les aurait
» déterrées aussi bien chez les casuistes dominicains et fran-
» ciscains ; mais c'était aux seuls Jésuites qu'on en voulait.
» On tâchait, dans ces lettres, de prouver qu'ils avaient un
» dessein formé de corrompre les hommes ; dessein qu'aucune
» société n'a jamais eu et ne peut avoir (1). » *Les Provinciales* eurent du succès ; elles furent lues et on s'en amusa ;
mais elles ne firent pas de partisans aux Jansénistes. La bulle
d'Alexandre VII, publiée en 1656, finit de les écraser et de
les perdre.

Vincent de Paul, toujours à épier une occasion favorable
de ramener au bien par la vérité, profita de cette nouvelle
condamnation du Jansénisme pour faire une autre visite à
Port-Royal. Ce fut en vain. L'hérésie ne se fit pas défaut à
elle-même ; elle continua de ramper dans l'ombre. Pour lui,
voyant que c'était peine perdue de s'inquiéter d'hommes qui
ne voulaient recevoir d'autres inspirations que celles de leur
orgueil, ne pensa plus qu'à prémunir ceux que l'erreur n'avait
pas touchés encore. Il défendit aux membres de sa congrégation
de lire les ouvrages jansénistes et d'essayer d'en expliquer ou
d'en défendre la doctrine. Dès qu'un des prêtres de la
Mission semblait incliner vers les idées des novateurs, il le
retranchait aussitôt de la Compagnie, de crainte que l'hérésie
ne vînt à y prendre du terrain. Sa sollicitude sauvegarda aussi
plusieurs monastères qui lui durent d'avoir conservé leurs
croyances dans toute la pureté catholique. Rien ne put lui

---

(1) VOLTAIRE. *Siècle de Louis XIV*, tom III, chap. XXXV.

faire excuser, encore moins admettre, cette sorte de tolérance qui affecte la neutralité. « Si c'est un mal, disait-il, d'oublier
» les lois de la charité et de la modération, à l'égard des
» personnes engagées dans l'erreur, et de juger témérairement d'aucunes d'elles, c'est un autre mal plus dangereux
» de vouloir, par une fausse charité, bien juger de ceux
» qu'on doit tenir pour hérétiques. Ce n'est pas seulement
» témérité, mais iniquité, mais impiété, de ne pas condamner ceux que l'Église condamne, et, à plus forte
» raison, de les disculper; d'accuser, par conséquent, l'Église
» même, et de condamner les jugements qu'elle prononce
» par la bouche de son chef et de ses prélats. »

Le Jansénisme continua de s'agiter encore quelque peu. Les *Lettres provinciales* furent condamnées à Rome. Louis XIV nomma une commission de treize membres pour l'examen de ce livre. Voici leur décision : « Nous, etc.,
» certifions, après avoir diligemment examiné le livre qui a
» pour titre : *Lettres provinciales*, que les hérésies de
» Jansénius, condamnées par l'Église, y sont soutenues et
» défendues....., certifions de plus que la médisance et l'insolence sont si naturelles à l'auteur, qu'à la réserve des
» Jansénistes, il n'épargne qui que ce soit, ni le pape, ni les
» évêques, ni le roi, ni ses principaux ministres, ni la sacrée
» Faculté de Paris, ni les ordres religieux, et qu'ainsi ce
» livre est digne des peines que les lois décernent contre les
» libelles diffamatoires et hérétiques (1). »

Sur cet avis, le livre fut condamné au feu par arrêt du conseil

---

(1) *Histoire des cinq proposit.* p. 175.

d'État. Plus tard, Port-Royal, foyer d'hérésie, fut détruit. Personne n'avait montré autant d'obstination que les religieuses. « Bossuet descend jusqu'à ces *vierges folles;* il leur
» adresse une lettre qui est un livre pour les convaincre de la
» nécessité d'obéir ; la Sorbonne a parlé, l'Église gallicane
» a parlé, le souverain Pontife a parlé, l'Église universelle
» aussi a parlé à sa manière, et peut-être plus haut, en se
» taisant. Toutes ces autorités sont nulles au tribunal de ces
» filles rebelles. La supérieure a l'impertinence d'écrire à
» Louis XIV une lettre où *elle le prie de vouloir bien*
» *considérer s'il pouvait, en conscience, supprimer,*
» *sans jugement canonique, un monastère légitimement*
» *établi pour donner des servantes à Jésus-Christ,*
» *dans la suite de tous les siècles* (1). »

Terminons ce que nous avons dit du Jansénisme par ces paroles d'un grand écrivain, qui a failli à ses belles destinées : « Ce qu'il faut remarquer principalement dans l'histoire de
» cette secte, séduisante à son origine et bientôt après si
» prodigieusement avilie, c'est l'enchaînement des erreurs
» qu'elle fut successivement forcée de soutenir. Quelle diffé-
» rence entre le Jansénisme d'Arnauld et le Jansénisme de
» Quesnel, entre la doctrine de celui-ci et celle de ses suc-
» cesseurs ! Après avoir épuisé tous les subterfuges, toutes
» les ruses de la chicane, ne pouvant plus éluder l'autorité de
» l'Église qui les condamne, ils attaquent de front cette au-
» torité. L'insulte la plus violente succède à d'hypocrites
» ménagements. Qui ne reconnaît ici la marche constante

---

(1) J. DE MAISTRE. *De l'Église gallic.* liv. I, chap. X.

» de l'hérésie ? Mais voyez la suite : le retranchement s'opère ;
» ils ne tiennent plus au tronc qui donne la vie ; et voilà
» qu'aussitôt cette branche malheureuse se dessèche et tombe
» en pourriture. O Providence ! tout le génie d'un Pascal,
» toute la raison d'un Arnauld, toute la vertu d'un Nicole,
» aboutit, en dernier résultat, aux folies et aux obscénités du
» plus extravagant fanatisme (1). »

(1) M. DE LAMENNAIS. *Réflex. sur l'état de l'Eglise en Fran.* (OEuvr. comp. tom. VI, p. 19. éd. 1837).

CHAPITRE XXVI.

Administration de Vincent de Paul à Saint-Lazare.

1632. — 1660.

Exemplum esto fidelium in verbo, in conversatione, in charitate, in fide, in castitate. — 1. Tim. IV. 12.

Dans la vie de Vincent de Paul, les événements se pressent avec une rapidité si grande, qu'il devient impossible de tout y enchaîner avec ordre selon les temps. Il faut se résoudre à ranger dans un même chapitre les faits qui appartiennent à une même œuvre. Chacun de ces chapitres est comme un tableau, mais à lui seul assez plein de grandes choses pour suffire à la vie d'un homme et à sa gloire aussi. Quoique bien multipliés ici, tous ces tableaux, qu'on croirait appartenir à l'histoire de plusieurs, ne font que l'histoire d'un seul. Encore sommes-nous obligé de dire que ce ne sont là que quelques pages incolores et sans chaleur, incapables de reproduire, avec leur fraîcheur native ou leur noble grandeur, les mille détails d'une existence qui a embrassé toutes les générations, tous les âges, toutes les classes, tous les pays, et qui, ne trouvant pas le présent assez vaste, s'est encore emparée de l'avenir pour y continuer un immense ministère de soulagement et de consolation. Nous sentions le besoin de nous arrêter ici pour le dire; nous devions cette explication de notre marche.

Vincent de Paul était partout bon, charitable, indulgent, plein de zèle et de prudence, franc et loyal, généreux. Dans son administration à Saint-Lazare il fut tout cela.

Il ne croyait pas qu'il fût indigne d'un supérieur général de s'occuper des affaires temporelles. Ecoutons comme il en parlait : « Les soins de l'adorable Providence s'étendent » jusqu'au plus petit vermisseau ; ceux d'un supérieur qui » représente en quelque sorte l'étendue de la puissance de » Dieu, doivent embrasser également les moindres choses » temporelles qu'il ne doit jamais regarder comme au-dessous » de lui. Si notre Seigneur ordonne dans l'Evangile de ne se » point mettre en peine du lendemain, cela se doit entendre » de ne point avoir trop d'empressement ni de sollicitude pour » les biens de la terre, et non pas absolument de négliger les » moyens de soutenir la vie et de pourvoir au vêtement, autre- » ment il ne faudrait point semer. »

Ainsi agissait-il. Tout absorbé qu'il était par les mille détails de ses œuvres si diverses, il se réservait toujours des instants pour penser au temporel de sa compagnie. Les économes, sur lesquels il se reposait du gros des affaires, ne pouvaient rien entreprendre, rien terminer sans ses ordres.

Il leur rappelait souvent que, constitués, de par Dieu, administrateurs des biens du pauvre, il fallait scrupuleusement tenir à l'ordre et à l'économie, comme devant un jour rendre ses comptes devant le Maître souverain.

Cependant on aurait tort de penser qu'il voulût donner à cette économie tant recommandée, la physionomie hideuse de l'avarice dont l'égoïsme, et un égoïsme pour soi cruel, est le Dieu. On devait bien se garder d'aller jusqu'à inquiéter trop les débiteurs ou les fermiers de Saint-Lazare. Ses procureurs, au contraire, avaient ordre de faire quelques avances à ces pauvres gens, dans le cas où il serait nécessaire de rétablir leurs affaires dérangées ou seulement compromises. Il ne voulait pas non plus qu'on plaidât, et si quelquefois il en vint là, ce fut lorsque des docteurs, en qui il avait grande confiance, lui eurent montré qu'il ne pouvait consciencieusement laisser dépouiller sa compagnie pour d'injustes prétentions.

Il ne souffrait pas que sa communauté fût jamais en arrière pour ce qu'elle devait ; il prévenait toujours la demande du créancier. Dans toute question d'argent, dans toute entreprise avantageuse, il avait coutume de dire à ses prêtres : « Ayons égard aux intérêts d'autrui comme à nos » intérêts propres. Allons droit, et agissons loyalement et » équitablement envers tout le monde. »

Il arrivait quelquefois, par suite de cet usage, de ne point gêner trop les débiteurs, mais surtout parce qu'on mettait souvent la main dans le pauvre trésor de la communauté, il arrivait qu'on épuisait jusqu'à la dernière livre, et qu'on ne savait trop où prendre pour faire face aux dépenses de la maison. C'est dans ces circonstances que Vincent de Paul se laissait

aller à des exclamations de ce genre : « Oh ! que nous sommes
» heureux qu'il plaise à Notre Seigneur de nous donner
» l'occasion d'honorer sa sainte pauvreté par notre indigence !
» Cet état nous met dans une heureuse nécessité de dépen-
» dre continuellement de la divine Providence ; il nous oblige
» à recourir souvent à sa bonté, il nous fait compatir aux
» pauvres, et nous porte à pratiquer plusieurs actes de
» patience, d'humilité, de mortification et de soumission au
» bon plaisir de Dieu. Après tout, nous avons embrassé cet
» état, et il n'est pas raisonnable que nous en ayons les
» avantages en cette vie et en l'autre, si nous n'en voulons
» sentir les incommodités et les peines. »

Un jour, le procureur de la maison de Saint-Lazare entre chez lui, le visage triste, les yeux presque en pleurs.
— Monsieur, lui dit ce prêtre, je n'ai plus une seule livre à dépenser.

— Oh ! la bonne nouvelle ! s'écria Vincent de Paul, la bonne nouvelle ! que Dieu soit béni ! C'est maintenant que nous pouvons faire connaître si nous nous fions à la Providence.

Le procureur se taisait, et n'avait pas l'air de comprendre.

— Que faites-vous, Monsieur, reprit Vincent, quand vous manquez ainsi de ce qui est nécessaire pour la communauté ? Avez-vous recours à Dieu ?

— Oui, quelquefois.

— Eh ! bien, voilà ce que fait la pauvreté ; elle nous fait penser à Dieu et porter notre cœur vers lui ; au lieu que si nous étions accommodés, nous oublierions peut-être Dieu ; et c'est pour cela que j'ai une grande joie de ce que la pauvreté volontaire et réelle est en pratique en toutes nos maisons.

Il y a une grâce cachée sous cette pauvreté, et que nous ne connaissons pas.

— Mais, répartit le procureur, vous procurez du bien aux autres pauvres, et vous laissez là les vôtres.

— Je prie Dieu, ajouta le supérieur, qu'il vous pardonne ces paroles ; je vois bien que vous les avez dites tout simplement ; mais sachez que nous ne serons jamais plus riches, que lorsque nous serons semblables à Jésus-Christ.

Vincent de Paul s'effaçait autant que possible dans sa communauté ; il n'avait rien de ces airs dédaigneux et écrasants que l'autorité croit souvent devoir adopter pour tenir des subalternes à distance : la médiocrité seule que la position enfle outre mesure sent le besoin de cet entourage qui a mission de couvrir bien des lacunes. « Il n'est pas bon, disait-
» il, qu'un supérieur veuille que tout ploie sous lui, que rien
» ne lui résiste, qu'on lui obéisse sans répliquer, et pour
» ainsi dire qu'on l'adore ; ce n'est pas imiter Notre Seigneur
» qui supportait la rusticité, la jalousie, le peu de foi et les
» autres défauts de ceux qu'il avait choisis pour apôtres, et
» qui disait qu'il n'était pas venu pour être servi, mais pour
» servir. »

« N'ayez point, écrivait-il au supérieur d'une de ses maisons,
» n'ayez point la passion de faire le maître. Je ne suis point de
» l'avis d'une personne qui disait, ces jours passés, que, pour
» maintenir son autorité, il fallait faire voir qu'on était supé-
» rieur. Notre Seigneur n'a point parlé ainsi : sa parole et
» ses exemples nous enseignent tout le contraire. Vivez cor-
» dialement et simplement entre vous, de sorte qu'en vous
» voyant ensemble on ne puisse juger lequel est le supérieur. »

Aussi, rien ne lui pesait-il autant que les témoignages

d'honneur et de vénération que la plus simple bienséance demande à l'inférieur en présence de son supérieur. Et comme on lui faisait remarquer que c'était là l'usage suivi dans tous les ordres, dans toutes les congrégations : « Je le sais bien, » répondait-il, et il faut respecter les raisons qu'ils ont de le » faire ; mais j'en ai de plus fortes pour ne point souffrir » qu'on en use ainsi envers moi qui ne dois pas être comparé » au moindre des hommes, puisque j'en suis le pire. »

Un de ses prêtres a écrit : « Il se servait toujours de paroles » fort obligeantes, n'employant jamais le mot de comman- » dement ni d'autres semblables qui fissent sentir et peser son » autorité ; mais usant des mots les plus aimables et des for- » mes les plus polies. »

Impossible qu'avec de telles précautions, toujours soigneux de ne briser personne, il ne trouvât pas toujours des hommes dociles et disposés à tout ; impossible qu'il n'eût pas tous les cœurs.

Était-il obligé d'employer des mesures un peu sévères pour quelques-uns des siens ; avait-il à leur faire une correction : « le bon exemple, disait-il, doit la précéder, la patience la » doit différer, la charité en doit faire l'application, l'humilité » la doit accompagner. Mais il est surtout nécessaire qu'elle » soit imprégnée de douceur pour tempérer l'amertume de ce » remède, et porter sa vertu jusqu'aux plus secrètes parties » de l'âme où est la racine du mal. »

Et c'est bien aussi ce qu'il faisait ; encore craignait-il toujours de blesser et d'avoir fait trop sentir cette main débonnaire qui ne voulait passer sur les plaies que pour les guérir. » Je me déchire les entrailles, s'écriait-il un jour, lorsque je » vous dis la moindre chose qui puisse vous affliger. C'est

ce qui faisait dire assez finement à un Lazariste qui avait été envoyé dans les missions du Levant : « Monsieur Vincent res-
» semble au grand Seigneur ; il étrangle l'amour propre avec
» un cordon de soie. »

Cette mansuétude était si bien le fond de son caractère, et il en prévoyait si clairement les heureux résultats, que, non content de la mêler à tous les actes de son administration, il ne cessait de la recommander à ses prêtres. « Non, disait-il, il
» n'y a point d'hommes plus constants et plus fermes dans le
» bien, que ceux qui sont doux et débonnaires, et, au con-
» traire, ceux qui se laissent emporter à la colère et aux
» passions de l'appétit irascible, sont ordinairement fort incons-
» tants, parce qu'ils n'agissent que par boutades et par empor-
» tement. Ils sont semblables en cela aux torrents qui n'ont
» de la force que dans leurs débordements impétueux et qui
» tarissent aussitôt qu'ils sont écoulés ; au lieu que les rivières,
» qui représentent les personnes débonnaires, ont un cours
» tranquille et sans bruit, et ne tarissent jamais... Donnez-
» vous à Dieu pour traiter chacun avec douceur et respect,
» pour user toujours de prières et de paroles aimables, et
» jamais de mots rudes ou impérieux, rien n'étant si capable
» de gagner les cœurs que cette manière d'agir, humble et
» suave, ni par conséquent de vous faire parvenir à vos fins,
» qui sont que Dieu soit servi et les ames sanctifiées. »

Ajoutons un dernier trait de cette ineffable douceur. Un jour, un de ses missionnaires, lui rendant compte de sa conscience, dans une de ces directions si utilement établies dans les communautés religieuses, lui dit entre autres choses qu'il s'était surpris dans des pensées d'aversion contre lui. « Oh ! mon fils ! s'écria Vincent de Paul qui s'était levé pour

» l'embrasser et qui le serrait contre sa poitrine, oh ! mon
» fils, si je ne vous avais déjà donné mon cœur, je vous le
» donnerais à cette heure ! »

Quoiqu'il demandât pour l'obéissance une exactitude scrupuleuse, et une adhésion pleine et entière, rarement il disposait de ses prêtres, surtout pour un poste éloigné ou périlleux, sans avoir, en bon père, consulté, examiné, apprécié les forces du sujet et ses intentions. Quelquefois même, il mettait, dans des offres de cette sorte, la meilleure grâce du monde. Voulant envoyer un Lazariste à Rome, il lui demanda s'il était homme à faire un grand voyage pour le service de Dieu.

— J'y suis tout disposé, répondit le missionnaire.

— Mais, c'est hors du royaume.

— N'importe ; j'obéirai.

— Cependant, il faut passer la mer, continua le supérieur, avec un aimable sourire.

— Ce m'est tout un d'aller par terre ou par mer, ajouta le prêtre.

— Mais il y a douze cents... quarts de lieue d'ici, reprit Vincent de Paul en souriant encore. Et comme le missionnaire ne paraissait pas effrayé de la longueur de la route ; « Monsieur, lui dit Vincent, élevez votre esprit à Dieu ; priez
» d'abord, réfléchissez ensuite ; vous viendrez me dire de-
» main si je puis tout disposer pour votre voyage en Italie. »

Nous nous serions abstenu de citer ce trait qui paraîtra peut-être puéril à certaines gens, si nous n'y avions retrouvé une infinie délicatesse de charité pour préparer un homme à un voyage lointain, et si une douce, une aimable gaieté avait jamais déparé la vertu.

Ses prêtres partaient-ils pour une mission, il les environnait d'une sollicitude qui révélait plus le père que le supérieur. C'étaient d'incessantes recommandations sur leur santé, des attentions minutieuses pour tout prévoir, pour parer à toute imprudence, à tout danger, à tout excès. « Vous savez,
» disait-il à quelques-uns, que votre santé sera en péril sous
» ce nouveau climat, jusqu'à ce que vous y soyez accoutumés ;
» c'est pourquoi je vous avertis que vous ne vous exposiez pas
» au soleil, et que vous ne vous appliquiez pendant quelque
» temps à autre chose, sinon à l'étude de la langue. »

« Non, écrivait un de ses prêtres, je ne puis assez admirer
» la charité et la bonté de ce grand cœur. Quand j'allais en
» voyage, je me trouvais comme tout embaumé de ses
» embrassements et du cordial accueil qu'il me faisait. Ses
» paroles, toutes pleines d'une certaine onction spirituelle,
» étaient si suaves, qu'il me faisait faire tout ce qu'il voulait,
» sans aucune contrainte. »

Et, à leur retour, avec quelle expansion de cœur ne les recevait-il pas ? Sa joie parlait alors un langage brûlant ; il sortait un peu de ce calme continuel dans lequel il tenait toute sa personne, et il ne pouvait retenir des paroles comme celles-ci qui donnaient la mesure de son allégresse et en indiquait la source toujours pure : « Si l'on doit un triomphe aux
» chefs de guerre qui ont défait les ennemis de leur prince,
» que ne doit-on pas à ceux qui viennent de combattre Satan
» et ses mauvais anges, à ceux qui ont confondu les ennemis
» de Dieu ? »

Quand ses prêtres étaient malades, si légère que fût la maladie, il se hâtait de leur rendre visite ; tout était à leur disposition à Saint-Lazare, rien ne leur manquait, si bizarre

que fût leur fantaisie, si cher que coûtât l'objet envié. « Il
» vaudrait mieux, écrivait-il aux supérieurs des maisons dépen-
» dantes de Saint-Lazare, il vaudrait mieux vendre les vases
» sacrés, que de laisser vos malades manquer du nécessaire. »

De quel principe partaient ces dispositions? De son grand respect pour la souffrance à laquelle il avait comme vendu sa vie, surtout pour la souffrance acquise dans les nobles travaux de l'apostolat. Et voilà pourquoi les infirmités les plus dégoûtantes, les maladies les plus longues, n'étaient pas un titre d'exclusion de sa compagnie. « Ne craignez pas, se plaisait-il à répéter
» à ces pauvres gens que leur inutilité apparente rend si
» timides et si tristes, ne craignez pas d'être en aucune façon
» à charge à la congrégation de Saint-Lazare, à cause de vos
» infirmités, et croyez que vous ne le serez jamais pour ce
» sujet; car, par la grâce de Dieu, elle ne se trouve point
» chargée des infirmes, au contraire, ce lui est une bénédiction
» d'en avoir. »

Un homme si profondément humble devait craindre l'amour propre ou l'orgueil, même pour les autres. Il avait pour principe de ne point louer ses missionnaires, quelles que fussent leurs œuvres; des encouragements, jamais d'éloge. « Je bénis Dieu de la fidélité qu'il vous a inspirée en cette
» occasion, de la bonne œuvre qu'il a faite par votre moyen,
» du succès qu'il a donné à vos prédications et de la sage
» conduite qu'il vous a dictée! » Voilà quelles étaient ses paroles après la plus grande réussite; s'il y a là de la louange, au moins ne se reposait-elle un instant sur les missionnaires que pour remonter plus vite à Dieu.

En dehors de ces précautions qui partaient d'un principe de charité et de pureté d'intention, il était le premier à rendre justice à ses prêtres. Quand ils étaient absents, il ne craignait pas de leur témoigner son admiration et même son respect. « Ils valent mieux que moi, s'écriait-il, ils s'avancent de plus » en plus dans la route de la perfection, tandis que je me » charge tous les jours de nouvelles iniquités... Ce n'est pas » moi, c'est Dieu qui a tout fait par ces bons prêtres, dont je » suis l'indigne supérieur. »

Cette estime, il la manifestait encore dans l'administration de Saint-Lazare et de toutes les maisons de l'Institut. La plus petite affaire qui intéressât la compagnie était portée au conseil, et pas un des membres n'était exclu ; tous devaient prendre part aux délibérations, ceux-là même d'entre les frères que leurs grossières et matérielles fonctions semblaient devoir en exclure. Alors Vincent de Paul faisait abnégation complète de son opinion personnelle, pesait celle des autres et s'y soumettait avec une déférence d'enfant quand elle était adoptée. « Car, disait-il, à Dieu ne plaise que je fasse pré- » valoir mes chétives pensées sur celles des autres ; je suis » bien aise que Dieu fasse ses affaires sans moi. »

On a tant de peine à se défaire de l'égoïsme, cette substitution du *moi* à la charité pour Dieu et pour le prochain, principe mauvais qui étouffe toute humilité, qu'il est peu d'hommes qui ne préfèrent, à toute autre, une œuvre qu'ils ont conçue, entreprise, poursuivie, réalisée. Quiconque a fondé un institut, un institut qui réussit au-delà de toute espérance, a bien de la peine à regarder d'un autre œil que d'un œil de père cet institut qu'il caresse comme un enfant bien-aimé. De là cette douce habitude de le défendre aigrement contre toute attaque, ce besoin de le préconiser outre mesure, cette irrésistible propension à le juger plus parfait que tout autre qui pourrait entrer en concurrence. L'histoire nous offrirait plus d'un exemple là-dessus. La grande ame de Vincent de Paul était plus haute que ces petites passions ; elle respirait un air plus pur. Loin qu'il provoquât le moindre antagonisme, par des prétentions ou des louanges exagérées, entre les prêtres de la mission et les autres ordres alors en renom, chez lui et au dehors, il n'appelait son institut que la *Petite Congrégation* ; il lui préférait tous les autres ordres. Il avait surtout une vénération profonde, un tendre amour pour la Compagnie de Jésus, cette noble société que ses malheurs ont encore plus illustrée que ses grands hommes et qui semble être destinée, par un glorieux privilège, à recevoir toujours les premiers coups de l'orage, dans les tourmentes révolutionnaires : sainte milice, toujours plus grande que ses revers et qui ne quitte le sol disputé à son zèle, que pour aller porter sur d'autres terres son abnégation, ses sacrifices, ses grandes vertus, sa science (1). Voici comme Vincent

---

(1) Une des grandes injustices de notre siècle, c'est la proscription d'une société qui a si bien servi la cause de l'humanité et de la religion. Pourquoi la liberté ne lui profiterait-elle pas comme à tout le monde? Pourquoi est-elle mise en dehors du droit commun? Il y a, dans le cours des temps, des générations qui assument sur elles d'écrasantes responsabilités : tôt ou tard le châtiment arrive; Dieu se venge. Peut-être ne faudrait-il pas remonter bien haut dans notre histoire pour en trouver des preuves. Les Jésuites n'ont contre eux que leur forte organisation, leur science, leurs vertus surtout ; car qu'importent les excentricités de quelques-uns de leurs membres? Qu'on nous permette de citer ici quelques témoignages qui ne paraîtront pas suspects.

« C'est merveille combien de part ce collége tient à la chrétienté, et crois qu'il ne fût jamais une confrérie et corps, parmi nous, qui tint un tel rang ni qui produit enfin des effets tels que furent ceux-ci.

de Paul en parlait à ses prêtres : « O Messieurs et mes
» Frères, que sommes-nous devant les Messieurs de la
» Compagnie de Jésus! Ce sont là les grands missionnaires
» dont nous ne sommes que les ombres. Voyez-vous comme
» ils se transportent aux Indes, au Japon, au Canada, pour
» achever l'œuvre que Jésus-Christ a commencée ?... Nous

C'est une pépinière de grands hommes en toute sorte de grandeur. »
(MONTAIGNE. t. II, p. 40).

« Je dois rendre hommage à mes maîtres, de dire qu'il n'y a aucun lieu au monde où je juge que la philosophie s'enseigne mieux qu'à la Flèche. » (DESCARTES. *Pensées XXXIV*).

« Je suis persuadé que, très souvent, on calomnie les Jésuites, et qu'on leur prête des opinions qui ne leur sont pas seulement venues dans la pensée. » (LEIBNITZ. *2ᵉ lettre à Tentzélius*).

« Quand il s'agit de l'éducation des jeunes gens, le plus court serait de dire : voyez les écoles des Jésuites. Quand je considère leur talent, leur habileté, tant pour cultiver les lettres que pour former les mœurs, je suis tenté de dire, comme Agésilas disait de Pharnabaze : Puisque vous êtes tel, plût à Dieu que vous fussiez des nôtres! » (BACON. *Pensées*).

« Les Jésuites ont une grande autorité dans le monde à cause de la sainteté de leur vie, et parce qu'ils instruisaient la jeunesse dans les lettres et les sciences sans recevoir de salaire. » (GROTIUS. *Annales belges*).

« J'ose le dire, il n'y a rien de plus contradictoire, de plus inique, de plus honteux pour l'humanité, que d'accuser de morale relâchée des hommes qui mènent en Europe la vie la plus dure, et vont chercher la mort au bout de l'Asie et de l'Amérique. » (VOLTAIRE. *Siècle de Louis XIV*).

« La société de Jésus a retiré des bois des peuples dispersés ; elle leur a donné une nourriture assurée ; elle les a vêtus, et, quand elle n'aurait fait par là qu'augmenter l'industrie pour les hommes, elle aurait beaucoup fait. » (MONTESQUIEU. *Esprit des lois*).

« L'Université les a contre-pointés ; mais ça été ou parce qu'ils faisaient mieux que les autres, ou parce qu'ils n'étaient pas incorporés à l'Université. Ils attirent à eux les beaux esprits, dites-vous, et choisissent les meilleurs ; c'est de quoi je les estime. Quand je fais des

» devons nous considérer comme les porte-sacs de ces dignes
» ouvriers, comme des idiots qui ne savons rien dire, comme
» le rebut des autres, et comme de pauvres petits glaneurs
» qui viennent après ces grands moissonneurs. Offrons à Dieu,
» avec nos petites poignées, les grandes moissons des autres. »

Pas de communauté sans paix, sans union. Avec des riva-

troupes de gens de guerre, je veux que l'on choisisse les meilleurs soldats. » (HENRI IV. *Réponse au présid. de Harlay*).

« Cette réunion d'hommes innocents et paisibles resteront dans mon empire, parce que, de toutes les sociétés catholiques, ils sont les plus capables d'instruire mes sujets et de leur inspirer les sentiments d'humanité. » (CATHERINE II. *Lettre au Pape*, 1783).

« Pauvres gens! ils ont détruit les renards qui les défendaient contre les loups et ne s'aperçoivent pas qu'ils sont sur le point d'être dévorés! » (FRÉDÉRIC-LE-GRAND). — On sait avec quel empressement et quelle estime il les reçut dans son royaume.

« L'esprit humain a perdu pour toujours et ne recouvrera jamais cette réunion précieuse et étonnante de vingt mille hommes occupés sans relâche et sans intérêt de l'instruction, de la prédication, des missions, des conciliations, des secours aux mourants, c'est-à-dire des fonctions les plus chères et les plus utiles à l'humanité. La retraite, la frugalité, le renoncement aux plaisirs, faisaient de cette société le plus admirable assemblage de science et de vertu ; je les ai vus de près : c'est un peuple de héros. » (LALANDE. *Répon. au bulletin du 20 nivôse ; œuvres de Boulogne ; Mélanges*, t. II).

» Le *journal des Débats* et les professeurs du collège de France ont ramassé le mot le plus usé, le plus râpé du chauvinisme de la Restauration... Ils ont appelé les évêques jésuites. — Eh! bien, oui, Jésuites, et après? — Etes-vous plus savants que les Jésuites? Etes-vous plus moraux? Avez-vous fait de plus belles choses qu'eux? N'est-il pas temps de laisser les injures, qui sont du domaine exclusif des imbéciles, c'est-à-dire des injures qui n'en sont pas?... » (LE GLOBE. Mai 1843).

Que sont devant tous ces témoignages quelques déclamations, quelques calomnies, quelques injures parties de bien bas?... Otez les passions, on n'aura plus que de l'admiration pour les Jésuites.

lités, des contestations, des antipathies révélées, tout faiblit, tout chancelle et tombe. Vincent de Paul le savait. Il n'y a pas de vertu qui provoquât peut-être plus souvent ses recommandations et ses conseils. Il disait fréquemment : « Le mis-
» sionnaire qui voudrait vivre dans une communauté sans
» support et sans charité, serait, à la vue de tant d'humeurs
» et d'actions discordantes aux siennes, comme un vaisseau
» sans ancre et sans gouvernail, qui voguerait au milieu des
» rochers, au gré des ondes et des vents qui le pousseraient
» de tous côtés et le feraient fracasser. »

Voyait-il ses missionnaires travaillés de ces peines intérieures qui révèlent une ame pure et délicate, il les consolait avec tendresse, et leur faisait reprendre courage, souvent en leur racontant ce que parfois il souffrait lui-même. En trouvait-il qui, par suite de cette mobilité inhérente à notre nature, voulaient quitter la Congrégation, il les conjurait de ne pas agir avec tant d'empressement; il se jetait même tout en larmes à leurs pieds, leur disant : « Non, je ne me relèverai
» point que vous ne m'accordiez ce que je vous demande pour
» vous-même, et je veux être pour le moins aussi fort envers
» vous que le démon. » Bien entendu qu'il n'agissait ainsi que lorsqu'il voyait clairement que le caprice seul avait réglé ce départ; car lorsqu'il savait que de graves motifs entraînaient sur ce point la détermination de ses missionnaires, il ne les contraignait pas le moins du monde; et lorsque le sujet ne convenait plus à sa maison, sous le rapport du caractère comme sous le rapport des doctrines, il le priait de se retirer : ainsi fit-il quelquefois à l'occasion du Jansénisme.

L'homme véritablement grand est grand partout. Quoique, dans ce chapitre, nous ayons omis bien des détails, ce que nous avons dit montre bien que Vincent de Paul n'était pas seulement grand dans ses œuvres publiques de bienfaisance qui entraînaient l'admiration, mais partout ; partout se montrant profond connaisseur des hommes et de leurs misères, et de plus éminemment versé dans la science de la charité qui console, soulage et guérit.

CHAPITRE XXVII.

L'hôpital de *Jésus* pour les vieillards. — La Salpêtrière. — Extinction de la mendicité à Paris. — Bicêtre. — Le cardinal de Retz à Rome. — Approbation de la Compagnie de Saint-Lazare. — Vincent de Paul donne des règles à sa Compagnie.

1653. — 1658.

> *Esurivi, et dedistis mihi manducare ; sitivi, et dedistis mihi bibere ; hospes eram, et collegistis me.* — Math. XXV. 35.
> *Communicatio fidei tuæ evidens fiat in agnitione omnis operis boni.* — Philem. 6.
> *Spiritus Domini super me, ut consolarer omnes lugentes.* Isaï. LX. 1.

Une réflexion qui se présente en parcourant l'histoire de Vincent de Paul, et qui frappe, c'est que cet homme semble n'être né que pour les autres : sa vie se passe, s'épuise au profit de l'humanité. On dirait qu'en l'envoyant dans le monde, Dieu lui a donné une pensée pour chaque besoin, un sentiment pour chaque douleur ; et que cette pensée, ce sentiment avaient pour mission de fonder, de concert, une œuvre spéciale pour tous les genres d'infortunes. Pas un cri n'est jeté dans le monde qu'il ne l'entende, pas une plainte ne s'élève de quelque point qu'il ne la comprenne, pas une misère ne se montre qu'il ne l'accueille comme une connaissance, qu'il ne la serre contre son cœur. Il paraît dans un des siècles les plus malheureux, à une de ces époques où les factions, les guerres, les hérésies se donnent rendez-vous pour éprouver un peuple ou châtier une nation coupable ; tout est en dissolution autour de lui, tout chancelle, le bonheur semble s'être pour jamais exilé ; eh ! bien, au milieu de ce siècle, mêlé à cette époque, il trouve le moyen d'être utile à tous, de tendre la main à tous, d'être respecté et béni de tous. L'esprit de miséricorde qu'il a reçu est si fécond, ses ressources sont si multipliées, que jamais il n'est en défaut, et qu'on se demande avec une sorte de stupeur si Dieu n'a point fait passer en lui toute sa Providence.

L'âge qui, d'ordinaire, diminue dans l'homme cette activité qui l'emporte chaque jour vers de nouvelles entreprises, n'ôta rien à Vincent de Paul ; il se ressembla toujours. La vieillesse elle-même, cette époque où l'on arrive à l'indifférence et où l'on cède au besoin du repos, n'émoussa pas le moins du monde son extrême sensibilité, et les infirmités ne resserrèrent pas sa sphère de mouvement. Ce fut même, on peut le dire, le temps où la sève de sa charité fut le plus abondante : son cœur sembla rajeunir. Loin de se concentrer en lui-même, et de laisser là, comme tant d'autres, les occupations extérieures, et de ne se recueillir qu'en soi pour songer à l'autre vie, il pensa, qu'au terme du voyage, Dieu lui demandait une nouvelle énergie dans la miséricorde, des pas plus pressés dans le chemin jusque-là parcouru. Ce n'est qu'à cinquante-cinq ans qu'il s'est presque exclusivement occupé de ses établissements publics ; les plus grands prodiges de sa charité sont renfermés dans les trente dernières années de sa vie.

A l'époque de la vie de Vincent de Paul, où nous sommes

arrivé, son regard était tombé sur un grand nombre de pauvres artisans, arrêtés, dans leur vie laborieuse, par des infirmités ou par la vieillesse. Il s'était dit aussitôt : Ne pourrait-on pas créer un hôpital où seraient reçus ces pauvres vieillards, ces pauvres ouvriers ?

Il en était là de ses réflexions, lorsqu'un homme, qui a toujours exigé que son nom fût inconnu, vint lui offrir une somme assez forte pour une bonne œuvre de son choix. Cette somme ne pouvait mieux arriver qu'à cette heure ; l'occasion servait à souhait l'intention du supérieur de Saint-Lazare.

Dieu, comme toujours, consulté et appelé ainsi en part dans l'entreprise, Vincent se mit en quête de trouver un local favorable à son œuvre. Il rencontra ce qu'il lui fallait dans le faubourg Saint-Laurent, des maisons réunies et d'assez vastes dépendances. En peu de temps, l'établissement fut disposé avec intelligence et convenablement meublé ; il eut même sa chapelle. Du reste de l'argent, Vincent créa une rente annuelle, destinée à l'entretien de quarante pauvres des deux sexes, qui entrèrent dans la maison du faubourg Saint-Laurent. Le nombre s'éleva progressivement jusqu'à trois cents.

Persuadé que le travail, cette nécessité née du péché, peut seul sauver les hommes des vices qui dévorent, parce qu'il les sauve de l'oisiveté, cette mauvaise conseillère, Vincent de Paul voulut que ces quarante pauvres fussent occupés ; on leur donna des métiers, des outils, et l'on exigea de chacun une tâche mesurée sur ses forces. De sages dispositions, résultats de l'expérience, concoururent à maintenir l'ordre dans cet hospice, auquel Vincent voulut donner le nom d'*Hôpital de Jésus*. Les filles de la Charité, qu'on devait trouver partout où le prêtre de la miséricorde avait passé, furent attachées au soin de ces pauvres vieillards, et un missionnaire de Saint-Lazare venait chaque jour y dire la messe.

Après avoir songé à ce que nous pouvons appeler le matériel de l'établissement, Vincent de Paul s'occupa de tracer à ces pauvres un réglement en rapport avec leur âge et leur position. Ce réglement, tout simple et peu détaillé, était si parfait, qu'un magistrat du Parlement, homme de talent et d'expérience, ne put s'empêcher de dire, après l'avoir lu, qu'il n'avait jamais rien vu de plus sage ni de mieux ordonné. Il n'est pas étonnant que Vincent s'entendît à cette sorte de travail; si quelqu'un connaissait l'indigence, les infinies précautions avec lesquelles elle veut être traitée, ses besoins, ses défauts, c'était bien lui qui l'avait si long-temps étudiée !

L'ordre le plus parfait régna donc dans l'*Hôpital de Jésus;* tout s'y faisait avec entente et piété. Jamais de murmures, jamais de querelles, jamais de médisances : le vice n'y était pas même nommé ; et, grâce au réglement qui protégeait, ou plutôt qui provoquait le bon ordre, les habitants de Paris eurent raison de dire : *Ce n'est pas un hôpital, c'est un monastère.*

Vincent de Paul avait eu ses raisons pour se hâter de mener à fin cet établissement. Depuis long-temps son regard était fatigué de cette foule de mendiants qui, le jour, remplissaient les rues, les places, les portes des églises de Paris, et qui, la nuit, tout-à-coup transformés en audacieux malfaiteurs, inquiétaient la bonne ville et l'ensanglantaient parfois. Ils étaient plus de quarante mille sans foyer, sans pain, sans mœurs. Henri IV et Sully avaient, l'un et l'autre, désespéré de les disperser ou de les secourir. Plusieurs fois on avait

essayé d'en renfermer un certain nombre dans quelques maisons qu'on leur préparait pour asile ; mais ces espèces d'hospices n'avaient jamais pu subsister plus de six ans, et les mendiants, irrités de leur retraite forcée, se répandaient dans Paris, plus adroits, plus audacieux et plus terribles. Le nombre s'en était prodigieusement accru pendant les guerres civiles. C'était à cette multitude effrénée qu'en voulait enfin la charité de Vincent de Paul; et depuis long-temps, lorsque venant à y rêver, il sentait tomber son courage, il s'était dit à lui-même : « Les trésors de la Providence sont inépui-
» sables, et la défiance déshonore Dieu. »

Mais l'enthousiasme de sa charité était obligé de se contenir devant les obstacles qu'il prévoyait devoir être mis par les Parlements, qui verraient avec peine entreprendre une réforme pour laquelle ils n'avaient rien pu. Il attendait donc que la vue de l'*Hôpital des Quarante-Vieillards*, où régnait une si belle harmonie, fit naître dans quelques ames généreuses l'idée d'une semblable maison pour les quarante mille indigents qui battaient les rues de Paris.

Il ne se trompa point dans son calcul. Les dames de la Charité qui appartenaient, presque toutes, aux plus grandes familles de Paris, et à ces familles mêmes où Vincent prévoyait le plus d'opposition, vinrent visiter l'*Hôpital de Jésus*. Elles furent ravies au-delà de toute expression. En sortant, elles se communiquèrent leurs impressions particulières, firent leurs remarques sur le bon ordre, et furent naturellement amenées à se demander s'il serait tout-à-fait impossible de fonder, sur ce plan, un hospice où l'on retirerait le plus grand nombre des vagabonds qui vivaient dans la dégradation et le crime.

A la première de leurs assemblées, où parut Vincent de Paul, elles lui dirent leurs projets. Le supérieur qui, jusque-là, avait été seul à s'occuper d'une conception si hardie, tressaillit de joie et bénit Dieu en son cœur. Cependant il cru prudent de ne rien précipiter, et de laisser l'opinion publique se faire à l'idée de l'entreprise que les dames de la Charité ne manqueraient pas de divulguer par le monde. Il leur dit donc que la chose méritait réflexion et temps, et que, pour vouloir aller trop vite, on briserait toute espérance. « Je crains, ajouta-t-il, » d'attirer des ennemis aux malheureux en nous hâtant trop » de les servir. »

L'impatience des dames de la Charité avait beaucoup à souffrir de ce prudent ajournement. Dans une seconde assemblée, où elles furent et plus nombreuses et moins timides, elles dirent qu'elles s'engageaient, l'une pour cinquante mille livres, l'autre pour une rente de six mille livres, toutes pour une forte somme, avec promesse d'obtenir beaucoup de personnes de connaissance qui se feraient un bonheur de participer à la bonne œuvre. Cette fois encore, Vincent de Paul céda peu, parce *qu'il lui semblait*, dit Abelly, *que ces dames allaient trop vite pour son pas.*

Cependant, peu à peu rassuré pour son entreprise, qui commence à se trouver moins en défaveur au tribunal de l'opinion, il se décide à quelques démarches. Il va trouver Anne d'Autriche et la prie de demander au jeune roi la Salpêtrière et ses dépendances (1). La régente prit la

---

(1) Cet établissement était situé hors de Paris, du côté du faubourg Saint-Marceau. C'est là qu'autrefois se préparait le salpêtre; d'où son nom, *la Salpêtrière*.

demande en considération et obtint que le brevet de donation fût bientôt expédié.

Toutes hors d'elles-mêmes, de voir réussir si vite une demande à laquelle elles n'avaient songé qu'en tremblant, les dames de la Charité voulaient, tout d'abord, faire l'œuvre dans toute son étendue. Vincent de Paul ne permit qu'un simple essai. « Les œuvres de Dieu, leur dit-il, se font ordinaire-
» ment peu à peu et par progrès. Quand il voulut introduire
» les enfants d'Israël dans la terre de promission, il le pou-
» vait faire en peu de jours; et cependant plus de quarante ans
» s'écoulèrent avant qu'ils y entrâssent. Ainsi, Dieu ayant
» dessein d'envoyer son Fils au monde, pour remédier au péché
» du premier homme, qui avait infecté tous les autres, pour-
» quoi tarda-t-il plus de quatre mille ans? C'est que Dieu
» ne se hâte point dans ses œuvres, et qu'il fait toutes choses
» dans leur temps. Notre Seigneur, pouvait, de son vivant,
» établir l'Église par toute la terre; mais il se contenta d'en
» jeter les fondements et laissa le reste à ses apôtres et à leurs
» successeurs. Ne disait-il pas aussi quelquefois, en parlant
» des choses qu'il avait à faire, que son heure n'était pas encore
» venue, pour nous apprendre à ne pas trop nous avancer
» dans les choses qui dépendent plus de Dieu que de nous.
» Selon ces principes, il n'est pas expédient de vouloir tout
» faire à la fois, ni tout-à-coup, ni de penser que tout soit
» perdu, si tout le monde ne s'empresse avec nous pour coo-
» pérer à un peu de bonne volonté que nous avons. Que faut-il
» donc faire? Aller doucement, beaucoup prier Dieu, et agir
» de concert. »

Il ajouta qu'il fallait se contenter de prendre d'abord deux cents pauvres; puis qu'on augmenterait peu à peu à mesure que les fonds arriveraient.

La chose semblait marcher pour le mieux, lorsque l'orage que Vincent de Paul avait prévu éclata. Le Parlement, dont on avait sollicité l'approbation pour une œuvre déjà en bonne voie, ou piqué de n'y être pas entré pour une part active, ou effrayé du fardeau dont nécessairement une partie pèserait sur l'État, cria que l'idée était chimérique, que les pauvres étaient trop dépravés pour vivre en paix dans un asile commun, que renfermer contre leur volonté des hommes qui, jusque-là, avaient vécu d'indépendance, était imprudent; qu'ils ne seraient pas sans danger réunis; que sais-je? Il concluait en refusant l'approbation demandée.

Vincent de Paul s'inspire de la pensée que, sous la protection de la Providence qui veut cette œuvre, il n'a rien à craindre. Lui qui disait toujours : *Commençons seulement le bien et Dieu le finira*, ne doute pas un instant de la réussite; il espère contre toute espérance. Mais il sait qu'il faudra des démarches, des prières, des luttes; il s'y résout, et, pendant que tout le monde croit la difficulté insoluble, il compte déjà sur le succès.

Il va donc trouver les membres du Parlement; il leur développe ses plans, il les prie, il essaie de les attendrir. C'était en vain. La résistance dura long-temps. Enfin, pour dernière ressource, et décidé à triompher du mauvais vouloir, même en sacrifiant quelque chose de sa modestie, il se relève pour ainsi dire de toute la hauteur de sa sainteté, et leur dit, en montrant l'*Hôpital du Nom de Jésus* : Voyez si la chose est impossible; j'en appelle de votre simple opinion à l'événement, je réponds à votre frayeur par des faits.

L'exemple parle alors plus haut que tous les raisonnements; une révolution soudaine s'opère dans tous les esprits,

et Vincent de Paul a doublement gagné sa cause, puisqu'il a triomphé de l'opinion et des résistances du cœur. Le Parlement s'était rendu : il enregistra les lettres-patentes du roi. C'est alors que Vincent de Paul écrivit la lettre suivante :
« On va ôter la mendicité de Paris, et ramasser tous les
» pauvres dans des lieux propres pour les entretenir, les ins-
» truire et les occuper. C'est un grand dessein et un ouvrage
» difficile; mais, grâce à Dieu, il est bien avancé et approuvé
» de tout le monde. Plusieurs personnes y donnent abon-
» damment, et d'autres s'y emploient volontiers. Le roi et le
» Parlement l'ont puissamment appuyé, et, sans m'en faire
» parler, ont destiné les prêtres de notre congrégation et les
» filles de la Charité pour le service des pauvres, sous le bon
» plaisir de M. l'archevêque de Paris. Nous ne sommes pour-
» tant pas encore résolus de nous engager à ces emplois, pour
» ne pas connaître assez si Dieu le veut; mais si nous les
» entreprenons, ce ne sera d'abord que pour essayer. »

Des hommes intègres furent nommés pour l'administration du nouvel hôpital; des dons arrivèrent de toute part. Vincent de Paul, qui avait reçu six cent mille livres pour la reconstruction de son église de Saint-Lazare, en changea la destination pour les employer à la Salpêtrière; il céda encore Bicêtre (1), qui lui avait été abandonné pour les enfants

(1) Château proche de Paris, au-dessus du village de Gentilly. Une charte de l'an 1290 fait connaître que cette maison appartenait en ce temps-là à l'évêque de Paris, et qu'elle était appelée *la Grange aux Gueux*. Ce château ayant été ensuite possédé par Jean, évêque de Wincestre en Angleterre, il fut appelé le *Château de Wincestre*, d'où l'on a fait, par corruption, *Bicêtre*; nom qu'il a toujours conservé, quoique dans la suite des temps il ait été démoli et rebâti bien des fois. (*Dictionn. de Trévoux.*)

trouvés, et alla même, de porte en porte, solliciter des dons pour la grande œuvre. Quand il fut dans le cabinet d'Anne d'Autriche et qu'il lui demanda son offrande, elle s'excusa sur le malheur des temps et lui dit qu'elle n'avait plus rien à donner. — « Et vos diamants, Madame, lui dit-il, en a-t-on » besoin quand on est reine ? » Aussitôt la régente détacha ses bijoux, et, les lui donnant, lui demanda le secret d'un tel sacrifice. — « Non, non, Madame, s'écria Vincent de Paul, » je ne puis le garder; Votre Majesté me pardonnera, s'il » lui plaît, si je ne puis cacher une si belle action de charité; » il est bon que tout Paris, et même toute la France, le » connaisse, et je crois être obligé de le publier partout où » je pourrai. »

Dès que l'édit du roi fut vérifié en Parlement, on publia, dans tout Paris, que, le 7 mars 1657, l'Hôpital-Général serait ouvert, et que, depuis ce moment, nul mendiant ne pourrait *gueuser* dans la ville. Six mille pauvres y entrèrent. Ceux qui préférèrent leur vie vagabonde et déréglée, ne trouvant plus à Paris les ressources honteuses que leur donnait leur vie immorale, se rejetèrent sur les provinces, ainsi qu'on l'avait prévu.

La police s'établit ainsi dans la Capitale; la mendicité était éteinte, et la ville délivrée de toute cette multitude errante dont elle se trouvait infestée depuis le commencement de la monarchie. Partout on bénit Vincent de Paul qui, par l'ascendant de sa vertu et la puissance de sa charité avait fait plus que les rois eux-mêmes, lorsque ces rois étaient pourtant secondés de ministres comme Sully.

Il fallut établir une règle pour cette grande réunion d'hommes; Vincent de Paul, s'inspirant de toute son expérience, y travailla activement, et son plan fut bientôt prêt. Pas un seul individu n'était abandonné à lui-même ; une admirable organisation, parfaitement basée sur les facultés combinées de chacun et aussi sur ses forces, y entretenait une police exacte, mais douce, les bonnes mœurs, un travail modéré et d'heureuses habitudes de régularité. La religion venait prêter sa force immense et suave à chacune des parties de la règle qui prévenait tous les abus, sauvegardait tous les intérêts, et faisait, de cette classe nombreuse d'hommes venus de tous côtés, une grande famille qui avait son pain du jour et cette paix qui naît toujours de l'accomplissement du devoir.

Ce règlement fait et mis en vigueur, quoique Louis XIV eût confié, ainsi que nous l'avons vu, l'administration spirituelle de cet hôpital à la maison de Saint-Lazare, Vincent de Paul, après avoir beaucoup prié, scrupuleusement consulté ses prêtres, décida qu'on n'accepterait point cette nouvelle charge. Néanmoins, pour faire acte de bonne volonté, il en chargea, pendant quelque temps, un de ses prêtres. Le choix tomba sur Abelly qui fut, plus tard, évêque de Rodez et premier historien de Vincent.

Vers ce même temps, le cardinal de Retz, furtivement sorti de sa prison de Nantes, recevait à Rome, sur la recommandation de Vincent, un bienveillant accueil. Mais réduit à la détresse d'un exilé, il manquait de beaucoup de choses pour tenir un rang digne de sa famille et de la position qu'il avait dans l'Église de France. Vincent de Paul emprunta trois cents pistoles, et les lui fit présenter par le supérieur de sa maison de Rome, en ajoutant avec une délicatesse infinie : « Je vous supplie, Monseigneur, d'user du bien de notre » congrégation comme du vôtre. Nous sommes prêts à vendre

» tout ce que nous avons pour vous, et jusqu'à nos calices ;
» en quoi nous ne ferons que ce que les saints canons nous
» ordonnent de faire pour nos fondateurs. Ce que je vous dis,
» Monseigneur, n'est point par cérémonie, mais en la vue de
» Dieu et comme je le sens au fond de mon ame. »

Si gêné que fût le cardinal, il ne voulut pas accepter une offre dont la somme avait été si généreusement prélevée sur l'indigence de Saint-Lazare. Vincent s'en dédommagea en exigeant, pour Paul de Gondy, de la part de ses prêtres qui étaient à Rome, toutes sortes de respects et de bons services. Cette conduite d'autant plus noble qu'elle avait pour objet le malheur, souleva des tempêtes contre Vincent de Paul. Sa maison de Rome faillit crouler sous les coups portés par Mazarin. On lui demanda de laisser l'exilé sans protection et de lui refuser des honneurs qui n'étaient pas dus à l'ennemi de la cause royale ; Vincent écrivit à ses prêtres : « Il arrivera » ce qu'il plaira à Dieu, mais il vaut mieux tout perdre que » de perdre la sainte vertu de la reconnaissance. » Mazarin bouda vainement ; Alexandre VII ne voulut pas servir sa haine jalouse ; il laissa le cardinal de Retz vivre paisible à Rome, et continua sa bienveillance aux Lazaristes.

Le Cardinal profita de ces heureuses dispositions du Pontife qui n'avait vu qu'intrigues et calomnies dans toutes les difficultés faites à la compagnie de Saint-Lazare ; il lui demanda l'approbation de l'Institut de Vincent de Paul. Cette approbation fut donnée de bonne grâce, et même, plus tard, en 1662, le Pape ordonna, sous peine de suspense, à tous ceux qui voudraient recevoir les ordres sacrés à Rome ou dans les évêchés suffragants, de faire, pendant dix jours, une retraite chez les Lazaristes.

A la même époque, le supérieur général de Saint-Lazare fonda, en Bourgogne, le fameux hôpital de *Sainte-Reine*, pour y faire participer à perpétuité, et deux fois chaque année, quatre cents pauvres infirmes, à l'usage des eaux salutaires qui jusqu'alors n'avaient semblé couler que pour les malades opulents, assez riches pour acheter une guérison dont le remède n'était pas à la portée de la bourse du petit peuple.

Cette même année 1658, il mit la dernière main au réglement et aux constitutions de son institut. Avant de les livrer, il avait voulu apprendre du temps et de l'expérience ce qu'elles pouvaient sur les prêtres de sa compagnie; le temps et l'expérience lui répondaient éloquemment. Il crut donc le moment favorable de les publier.

Il rassemble donc ses prêtres, et, après leur avoir parlé un instant du peu de temps qui lui restait à passer avec eux, il entra dans le détail des règles et des constitutions. On nous permettra d'en rapporter quelques fragments. Il y a, dans ces dernières paroles d'un père, quelque chose qui va droit au cœur.

« Il me semble, leur dit-il, que, par la grâce de
» Dieu, toutes les règles de la congrégation de la Mission
» tendent à nous éloigner du péché et même à éviter les
» imperfections, à procurer le salut des ames, servir l'Eglise,
» et donner gloire à Dieu... Nos règles ne nous prescrivent
» en apparence qu'une vie assez commune, et néanmoins elles
» ont de quoi porter ceux qui les pratiquent à une haute per-
» fection... Si la Compagnie a produit quelque bien dans
» l'Eglise, n'est-ce pas parce qu'elle a gardé l'ordre et l'usage
» que Dieu y avait introduits, et qui est prescrit par ces mêmes
» règles? Oh! que nous avons donc grand sujet de les observer

» inviolablement, et que la congrégation sera heureuse si elle
» y est fidèle !... Un autre motif qu'elle a pour cela, est que
» ces règles sont presque toutes tirées de l'Evangile, et qu'elles
» tendent toutes à conformer notre vie à celle que Notre
» Seigneur a menée sur la terre. Car il est dit que ce divin
» Sauveur est venu et a été envoyé de son Père pour évangé-
» liser les pauvres... C'est là notre fin ; oui, Messieurs et mes
» Frères ! notre partage est les pauvres. Quel bonheur de
» faire la même chose que Notre Seigneur est venu faire du
» ciel sur la terre ! Et moyennant quoi nous espérons aller de
» la terre au ciel... O pauvres, mais bienheureuses règles,
» qui nous engagent à aller dans les villages, à l'exclusion des
» grandes villes, pour faire ce que Jésus-Christ a fait !...

» Vous les avez long-temps attendues, Messieurs et mes
» Frères, et nous avons beaucoup différé à vous les donner,
» en partie pour imiter la conduite de Notre Seigneur, lequel
» *commença à faire avant que d'enseigner...* La compa-
» gnie peut dire cela qu'elle a premièrement fait, et puis-
» qu'elle a enseigné... Il y a bien trente-trois ans ou environ
» que Dieu lui a donné commencement, et depuis ce temps
» là on y a, par la grâce de Dieu, pratiqué les règles que nous
» allons vous donner maintenant.

» Aussi n'y trouverez-vous rien de nouveau que vous
» n'ayez mis en pratique, depuis plusieurs années, avec
» beaucoup d'édification. Si l'on donnait des règles que l'on
» n'eût pas encore pratiquées, on pourrait y trouver de la
» difficulté ; mais vous donnant ce que vous avez fait et exercé
» depuis tant d'années avec fruit et consolation, il n'y a rien
» que vous ne trouviez également utile et aisé pour l'avenir...

» Dieu n'est-il pas l'auteur de toutes règles qui se sont

» introduites je ne sais de quelle manière? O Sauveur! quelles
» règles et d'où viennent-elles? Y aurais-je pensé? Point du
» tout. Et je vous puis assurer, Messieurs et mes Frères, que
» je n'aurais pensé ni à ces règles, ni à la Compagnie, ni
» même au mot de Mission. C'est Dieu qui a fait tout cela;
» les hommes n'y ont point de part.

» O Messieurs et mes Frères, je suis dans un tel étonnement
» de penser que c'est moi qui ai donné ces règles, que je ne
» saurais concevoir comment j'ai fait pour en venir là !... Je
» conçois que c'est Dieu seul qui m'a inspiré ces règles, et
» que si j'y ai contribué quelque peu de chose, je crains que
» ce ne soit ce peu là qui empêche peut-être qu'elles ne soient
» pas si bien observées à l'avenir et qu'elles ne produisent pas
» tout le fruit et tout le bien qu'elles devraient...

» Après quoi, que me reste-t-il, Messieurs, sinon d'imiter
» Moïse, lequel, ayant donné la loi de Dieu au peuple,
» promit à tous ceux qui l'observeraient toutes sortes de béné-
» dictions, en leur corps, en leur ame, et en toutes choses.
» Aussi, Messieurs et mes Frères, nous devons espérer, de
» la bonté de Dieu, toutes sortes de grâces et de bénédictions,
» pour tous ceux qui observeront fidèlement les règles qu'il
» nous a données, bénédiction en leur personne, bénédiction
» en leurs pensées, bénédiction en leurs desseins, bénédiction
» en tous leurs emplois et toute leur conduite, bénédiction
» enfin en tout ce qui les concernera...

» J'espère, Messieurs, que cette fidélité passée avec laquelle
» vous avez observé ces règles, et votre patience à les attendre
» si long-temps, obtiendront pour vous, de la bonté de Dieu,
» la grâce de les observer encore plus facilement et plus par-
» faitement à l'avenir.

« O Seigneur! donnez votre bénédiction à ce petit livre! »

Après ce discours, où toute l'ame aimante et plein de foi de Vincent de Paul se révèle, les prêtres et les frères de la maison de Saint-Lazare s'approchèrent avec émotion. La pensée que cet acte solennel de leur supérieur général était l'indice de sa fin prochaine qui leur enlèverait le plus saint et le plus doux des pères ; cette pensée, disons-nous, les jetait dans une profonde tristesse et faisait couler leurs larmes. Vincent, non moins ému, mais plus calme de résignation, remit à chacun d'eux un petit livre qui contenait les constitutions et la règle. Les Lazaristes, pénétrés d'un religieux respect, voulurent le recevoir à genoux.

Cette scène serait ravissante à peindre s'il ne fallait y mêler des couleurs trop tristes, et la mouiller de pleurs. Elle annonçait de cruels adieux !

CHAPITRE XXVIII.

Mort de madame Legras. — Infirmités de Vincent de Paul. — Sa résignation. — Avec quel calme il attend la mort. — Détails de sa dernière maladie. — Sa mort. — Ses obsèques.

1658 — 1660.

> *Gloria nostra hæc est testimonium conscientiæ nostræ, quod in simplicitate cordis et sinceritate Dei, et non in sapientiá carnali, sed in gratiá Dei, conversati sumus in hoc mundo.* — II. Cor. I. 3.
> *Pretiosa in conspectu Domini mors sanctorum ejus.* — Psal. CXV. 15.

Une des tristes nécessités de la vieillesse, c'est d'avoir à pleurer sur beaucoup d'amis. Arrivé là, vous ne pouvez vous retourner un instant en arrière sans voir de tous côtés des tombeaux, et ces tombeaux recouvrent toujours ce que vous avez aimé le plus dans le monde. L'existence est alors un triste veuvage, dont la génération qui se lève et celle qui vous pousse ne comprennent pas les douleurs ; auxquelles, par conséquent, elles ne savent pas compatir. C'est dire que vous êtes seul, peut-être avec vos chagrins du passé, à coup sûr avec ceux du présent, et encore avec la perspective d'un avenir qui a bien ses terreurs.....

Vincent de Paul subit ces conséquences d'une longue vie. Il vit mourir monsieur Portail, cet infatigable prêtre qui, pendant cinquante ans, avait partagé ses travaux ; monsieur de Chandenier, abbé de Tournus, cet homme qu'estimait, qu'aimait tant le grand Bossuet, et qui, depuis quelques années, s'était retiré avec son frère à Saint-Lazare, où il avait trouvé en Vincent un ami qui répondait chaudement à sa confiance et à sa tendresse ; madame de Polladion, la digne amie de madame Legras et fondatrice des filles de la Providence ; la marquise de Maignelais, tante du cardinal de Retz, pour lequel, dit naïvement l'auteur de sa vie, *elle priait beaucoup Dieu ;* madame de Lamoignon, cette femme infatigable que dans tout Paris on connaissait sous le nom de *mère des pauvres ;* enfin, madame Legras, cette veuve courageuse qui, quarante ans, servit avec tant d'héroïsme l'inépuisable charité de son directeur. Dès 1647, épuisée de fatigues, elle ne pouvait plus, comme autrefois, courir les provinces pour arriver auprès de toutes les douleurs ; mais son ame conservait toute son énergie, et c'était encore pour s'occuper de ces pauvres à qui elle avait en quelque sorte vendu sa vie. Depuis, une fièvre excessivement active l'avait amenée au pied du tombeau. Arrivée là, elle raviva sa foi et son espérance, et attendit, avec une résignation amoureuse, l'heure définitive du départ. Son fils était accouru auprès d'une mère si tendrement aimée ; elle versa quelques larmes et y mêla les plus tendres et les plus salutaires conseils. Elle fit ensuite ses adieux à sa famille, et à madame de Ventadour, belle-sœur de la duchesse de Montmorency, et qui avait voulu coucher dans sa chambre même, afin d'être plus à portée de servir celle qui avait servi tant de malades. Elle aurait bien désiré, avant de mourir, revoir Vincent de Paul ; mais il était malade lui-même : madame Legras se résigna encore à ce dernier sacrifice. Elle mourut dans un soupir d'amour, digne jusqu'à la fin du grand saint qu'elle avait été appelée à seconder si long-temps (1).

Mais cet homme, qui n'avait pas vécu un seul jour de sa vie pour lui-même, se consolait pourtant au milieu de ces pertes douloureuses : il voyait, lui aussi, arriver l'heure de la délivrance, et quoique la charité ne l'eût pas lassé encore et qu'il fût disposé à se dévouer bien plus long-temps à tous les genres d'infortunes dont il serait témoin, il souriait pourtant de bonheur à la pensée de se rapprocher de celui qu'*il fallait aimer*, disait-il, *à la sueur de son front*.

D'ailleurs, de grandes souffrances lui faisaient pressentir la mort, et depuis plusieurs années, sa vie n'était qu'une douloureuse infirmité que seule pouvait un peu calmer la résignation. Quoique d'une constitution robuste, il avait été constamment tourmenté, depuis qu'il était à Saint-Lazare, d'une fièvre sourde qu'il appelait, en riant, *sa fiévrotte*, et qui ne laissait pas de le jeter souvent dans une extrême faiblesse. A cela se joignaient parfois des accès d'autres fièvres plus actives. Mais la plus longue, la plus douloureuse de ses infirmités, et qu'il lui a fallu supporter pendant plus de quarante-cinq ans, c'est l'enflure de ses jambes et de ses pieds, enflure accompagnée d'une excoriation vive et sanglante qui devenait le siége d'atroces souffrances.

(1) Pour emblème et pour récompense d'une vie consumée dans les travaux les plus pénibles, Madame Legras demanda qu'on mît sur son tombeau une petite croix avec ces mots : *Spes mea*. Sa volonté fut faite. (CHATEAUBRIANT. *Génie du Christ*.)

En 1659, les ulcères s'agrandirent tellement, qu'il ne lui fut plus possible de sortir pour ses courses d'administration ou de charité. Il continua néanmoins à descendre, chaque matin, à l'église, pour faire l'oraison mentale avec sa communauté, et célébrer la messe. On était obligé de l'habiller et de le déshabiller; ce qui lui faisait dire avec un doux sourire : *Me voilà devenu grand seigneur.*

Sur la fin de cette même année, les douleurs devinrent si intenses, qu'il ne fallut plus songer à descendre : il dut se résoudre à célébrer les saints mystères dans la chapelle de l'infirmerie. Dès les premiers jours de 1660, cette consolation lui fut enlevée; il ne pouvait plus se soutenir. Quelle privation pour cette ame qui aimait tant à s'unir à Dieu dans le grand sacrifice! Qu'il lui en coûta d'être réduit à assister à la messe comme un simple fidèle! Mais, quoique cette compensation lui semblât bien faible en comparaison de la perte, il ne laissait pas passer de jour sans y venir, bien que l'espace qui le séparait de la chapelle ne pût être franchi qu'au prix d'indicibles douleurs. Ce ne fut que six semaines avant sa mort qu'il s'y laissa transporter dans un siége grossier. Celui qui avait usé de précautions si délicates envers toutes les souffrances, se reprochait tout comme un crime; il n'avait jamais su être sévère qu'envers lui-même.

Mais les ravages du mal ne s'étendaient pas au-delà du corps; l'esprit était aussi libre que jamais, le cœur aussi chaud. Toutes les affaires de Saint-Lazare, toutes celles de la Congrégation entière, toujours fort compliquées, toujours embarrassées de détails infinis, passaient encore sous ses yeux, et sa main réglait toutes les dispositions matérielles. Il continuait de recevoir, aux heures ordinaires, les gens de la maison et du dehors; sa porte n'était fermée pour personne; il avait une parole bienveillante pour tous, un conseil, une consolation, selon la circonstance. L'immense correspondance de la Société, qui embrassait la France, l'Europe, presque tout l'univers, il en était resté chargé; il recevait toutes les lettres, il répondait à toutes; il était toujours l'ame de la Congrégation. Son esprit agissait là où ne se trouvait pas le corps, et rien n'était en souffrance. Il dirigeait chez lui et dans Paris une foule de personnes; il mettait dans cette direction une activité incroyable, une sollicitude, pour ainsi dire, passionnée; il aurait pu, sans compromettre sa charité, s'en décharger quand ses dernières infirmités arrivèrent: eh! bien, non; il continua à cette multitude ses soins et son dévouement, qui grandissait d'autant plus, ce semble, qu'il le gênait davantage. Il ne négligea pas non plus les prêtres de Saint-Lazare : conseils, allocutions, observations bien-veillantes, il ne laissa rien, et les Lazaristes ont avoué que jamais il n'y avait mis plus de raison, de prudence et de chaleureuse tendresse. Il conserva, dans la conversation, toute son affabilité, toute sa mansuétude. Il était le même, seulement son existence avait pris de plus ce caractère auguste de victime que donne la souffrance, avec résignation acceptée et portée aussi avec résignation.

Un jour, un de ses prêtres le voyant beaucoup souffrir, s'écria : — Oh! Monsieur, que vos douleurs sont fâcheuses!

— Quoi, répondit Vincent de Paul, appelez-vous fâcheux l'ouvrage de Dieu, et ce qu'il ordonne en faisant souffrir un misérable pécheur tel que je suis? Dieu vous pardonne, Monsieur, ce que vous venez de dire; car on ne parle pas de la sorte dans le langage de Jésus-Christ. N'est-t-il pas juste que le coupable souffre, et ne sommes-nous pas plus à Dieu qu'à nous-mêmes ?

— Mais vos douleurs semblent augmenter chaque jour.

— Il est vrai que, depuis la plante des pieds jusqu'au sommet de la tête, je les sens augmenter ; mais, hélas ! quel compte aurai-je à rendre au tribunal de Dieu, devant qui j'ai bientôt à comparaître, si je n'en ai pas fait un bon usage !

Pour être pauvre et mortifié jusqu'au bout, cet homme qui, nous l'avons déjà dit, mettait dans ses aumônes une sorte de luxe et qui était toujours là pour alléger aux autres la souffrance, la gêne, refusa constamment, pendant sa longue maladie, une nourriture plus substantielle et plus délicate que celle de la Communauté ; on obtint à grand'peine d'échanger son grabat contre un lit un peu moins dur. Au reste, il voulut conserver sa cellule dans sa glorieuse nudité ; il n'y souffrit rien qui pût la rendre plus commode.

Un frère de la maison s'étant aperçu que la porte du supérieur-général joignait mal et que le vent glacé de l'hiver y pénétrait sans peine, voulu parer à cet inconvénient en clouant contre la porte un lambeau de vieille tapisserie. Certes, ce n'était pas d'un grand luxe ! Cependant, Vincent de Paul s'en étant aperçu le lendemain, le fit enlever en s'écriant : « *O tempora ! ó mores ! Où en sommes-nous ! où en sommes-nous !*

Les forces s'en allaient rapidement ; Vincent de Paul n'était plus soutenu que par ce reste d'énergie qui, cherchant à se révéler dans mille efforts, ne fait qu'entretenir l'illusion. Tout ce qui l'entourait pressentait une fin prochaine. Un Lazariste, écrivant à l'un de ses confrères, lui manda, entre autres choses, que le bon supérieur avait peu de temps à vivre ; puis, ne songeant plus à ce qu'il avait écrit, il porta cette lettre à Vincent de Paul, afin que, selon la règle, il en prît lecture. Arrivé au passage où il était question de lui, le supérieur se tourna vers le prêtre et lui dit avec une ineffable douceur : « Pour ce qui est de cet avertissement » que j'estimais que vous vouliez me faire, je vous dirai tout » simplement que Dieu m'a fait la grâce d'en éviter le sujet, » et je vous le dis afin que vous ne soyez point scandalisé de » ne me voir pas faire des préparations extraordinaires. Il » y a dix-huit ans que je ne me suis point couché sans m'être » mis auparavant en disposition de mourir la même nuit. »

En effet, comment pouvait-il se préparer mieux à la mort que par cette admirable existence dont tous les actes sont des prodiges ? Quelles œuvres pouvait-il ajouter à ses œuvres, quelles vertus à ses vertus ? S'il ne semblait pas plus préoccupé qu'à l'ordinaire, s'il avait la même sérénité, le même calme, c'est qu'il était préparé, et cette préparation datait de loin, elle datait de l'époque de son sacerdoce. Toutefois, il laissait, de temps en temps, échapper des paroles qui montraient bien qu'il ne s'endormait pas sur sa position. Il disait souvent : « Un de ces jours, le corps de ce vieux pé- » cheur sera mis en terre, et vous le foulerez aux pieds. » D'autres fois il s'écriait : « Il y a tant d'années que j'abuse des » grâces de Dieu ; hélas ! Seigneur, je vis trop long-temps, » puisqu'il n'y a point d'amendement à ma vie et que mes » péchés se multiplient avec le nombre de mes ans ! » Et quand on lui annonçait la mort d'un de ses prêtres : « Vous » me laissez, mon Dieu, disait-il, vous me laissez, et vous » attirez à vous vos fidèles serviteurs. Je suis cette ivraie qui » gâte le bon grain que vous recueillez, et voilà que j'occupe

» toujours inutilement la terre ; *ut quid terram occupo ?* »
Que d'humilité mêlée à ce brûlant désir du ciel !

On faisait la retraite à Saint-Lazare. Vincent de Paul voulut la faire aussi, jugeant bien que ce serait la dernière. « Priez, dit-il à l'un des plus anciens prêtres de sa compagnie, » priez; offrez à Notre Seigneur la petite retraite que je fais » pour me disposer à la grande, en cas qu'il plaise à Dieu » de m'appeler bientôt. »

A Rome, on apprit la maladie de Vincent de Paul, et l'on fut informé du danger. Le supérieur-général des prêtres de la Mission y était connu et apprécié; son nom remplissait toute l'Europe. N'aurait-il pas été étrange que les prodiges de sa vie eussent été ignorés là où, entre autres circonstances, il s'était si bien fait connaître et lorsqu'il avait la confiance du cardinal d'Ossat, et surtout dans la grande question du Jansénisme, qu'il poursuivit si vigoureusement ? Alexandre VII, croyant que la santé d'un tel homme intéressait assez la France et le monde pour qu'on fit en sa faveur une honorable exception, le dispensa, sans qu'aucune demande eût précédée, de la récitation du bréviaire. Un bref fut envoyé à Paris à cette intention. Les cardinaux Durazzo, archevêque de Gênes, Ludovisio, grand pénitencier, et Bugny, qui avait été nonce en France, y joignirent des lettres pleines de bienveillantes prières pour engager Vincent de Paul à prendre soin de sa santé. Mais lorsque ces grands témoignages de haute vénération et d'affection véritable arrivèrent à leur adresse, le supérieur avait changé sa vie de charité contre la vie de la gloire.

Depuis quelque temps, le supérieur de Saint-Lazare s'affaissait de plus en plus. Il se sentait pris d'une somnolence presque continuelle. L'un de ses missionnaires lui ayant demandé la cause de cet assoupissement, il répondit avec un doux sourire, et en faisant allusion à la belle expression de Virgile : *Consanguineus lethi sopor*, « c'est, dit-il, le » frère qui est venu en attendant la sœur. » Jamais on ne parla plus gracieusement de la triste et dure nécessité de mourir.

Le 26 septembre 1660, après avoir entendu la messe et communié, ainsi qu'il le faisait chaque jour depuis qu'il ne pouvait plus célébrer la messe, il tomba dans un assoupissement plus profond encore. Le frère qui veillait auprès de lui essaya de le distraire pour le tenir éveillé; mais ce fut en vain : le malade, après quelques efforts, retombait dans son sommeil. On manda le médecin. Celui-ci trouva Vincent de Paul si épuisé et si faible, qu'il jugea tout remède inutile, et ne prescrivit rien. Le malade essaya alors de lui dire quelques-unes de ces douces et bienveillantes paroles qu'il avait pour tout le monde ; il parvint à peine à se faire entendre et l'on ne put saisir que des sons inarticulés, qu'il n'eut pas même la force d'achever.

A cette vue, on jugea qu'il allait entrer en agonie. Un des plus anciens prêtres de Saint-Lazare s'approcha alors de Vincent de Paul et lui demanda, au nom de tous les siens présents et absents, sa dernière bénédiction. Vincent fit un effort pour lever la tête, sourit faiblement en sentant son impuissance, et jeta un regard de tendresse sur le missionnaire. Puis, tourné du côté où il voyait ses prêtres prosternés et tout en pleurs, il prononça à haute voix plus de la moitié de la bénédiction; il fut forcé d'achever le reste à voix basse.

C'était un spectacle déchirant que cette dernière scène. Les Lazaristes n'en pouvaient plus; leur ame semblait vouloir suivre celle de leur père qui s'en allait. Toute cette belle vie qu'ils avaient devant les yeux ne les consolait pas de cette mort qui allait la briser : ils ne pouvaient se faire au nom d'orphelins.

Vers le soir, le malade fut plus mal encore. On se hâta de lui donner l'extrême-onction; il la reçut avec une pleine connaissance et dans les meilleurs sentiments de foi. Il passa le reste de la nuit dans une douce et tranquille union avec Dieu. Quand il s'assoupissait plus profondément, un mot de piété, le nom sacré de Dieu, qu'il n'avait jamais pu entendre prononcer sans un certain frémissement de joie et une impression de respect, suffisaient pour le rappeler à lui-même et à sa silencieuse conversation. On remarqua que, entre les aspirations qu'on lui suggérait, il aimait de préférence celle-ci, qui avait trait à sa position : *Seigneur, venez à mon secours!* Il y répondait aussitôt en achevant le verset : *Et hâtez-vous de m'assister* (1). Dieu était encore tout pour cette ame déjà aux prises avec la mort.

Le lendemain, un des membres de cette fameuse conférence de Saint-Lazare, et qui donna tant de grands évêques à la France, tant d'illustres docteurs à la Sorbonne, vint lui demander, au nom de tous les associés, une dernière bénédiction, le priant d'obtenir au Corps tout entier de conserver toujours les saintes dispositions, la science ecclésiastique et la piété où son zèle les avait mis et entretenus. Vincent de

---

(1) *Deus in adjutorium meum intende, et ad adjuvandum me festina.* Psal. LXIX. v. 1.

Paul lui donna, d'une main défaillante, cette dernière bénédiction demandée avec larmes, et levant les yeux au ciel, il dit avec son humilité si connue : *Qui cœpit bonum, ipse perficiet* (1).

Dès ce moment, le saint vieillard entra dans une douce agonie qui semblait n'être qu'une conversation plus intime avec Dieu, tant il avait alors de calme et de sainte joie sur les traits. Il était quatre heures du matin ; ses prêtres, réunis à la chapelle, commençaient l'oraison mentale, lorsqu'un cri parti du dehors leur annonça que leur père n'était plus. Vincent de Paul avait expiré doucement, sans aucune convulsion, comme la lampe qui s'éteint, le 27 septembre 1660.

Il avait rendu le dernier soupir, revêtu de ses habits et assis dans la chaise d'où il ne s'était pas levé depuis vingt-quatre heures. Après sa mort, son corps resta flexible ; ses traits, loin d'être flétris, conservèrent la noble sérénité et l'inaltérable douceur dont ils étaient empreints pendant la vie.

Le corps de Vincent de Paul demeura exposé, dans une salle de Saint-Lazare, jusqu'au lendemain. A dix heures, le service solennel fut célébré dans l'église même de la communauté. On remarqua aux funérailles, le prince de Conti, qui ne put s'empêcher de s'écrier que « la France et la » religion venaient de perdre un grand homme qui possédait » toutes les vertus ; » Picolomini, nonce apostolique et archevêque de Césarée ; les principaux dignitaires de l'Église de Paris, plusieurs membres du clergé des paroisses et grand

---

(1) Celui qui a commencé la bonne œuvre, l'achèvera. (*Epître aux Philipp.* ch. i. v. 6.)

nombre de religieux de différents ordres. On y vit aussi madame la duchesse d'Aiguillon, une foule de dames de la Charité et plusieurs seigneurs de la cour. Le peuple n'y manqua pas non plus ; il devait ce témoignage de regret à un homme qui, pour ainsi dire, n'avait vécu que pour lui. Tous pleuraient, et, certes, ces larmes étaient sincères. Vincent de Paul n'avait-il pas été pour tous un ami, un conseil, un consolateur, un père ?..... Mais ces pleurs étaient parfumés d'espérance ; on savait, — et les vertus du mort se seraient levées pour le dire bien haut, — on savait que s'il n'était plus sur la terre, où il avait fait tant de bien, sa charité veillerait encore, du ciel, sur les enfants que sa mort faisait orphelins, sur ses pauvres, sur les angéliques sœurs qu'il avait données au malheur.

L'autopsie avait été faite ; on conserva le cœur de Vincent de Paul dans un vase d'argent, don précieux de la nièce du grand ministre Richelieu. Le corps entier, renfermé dans un cercueil de plomb, recouvert d'un autre cercueil en bois, fut déposé au milieu du chœur de l'église.

Le cercueil était à peine fermé, que l'esprit de Vincent de Paul agissait encore et perçait les regrets et la douleur. A la fin des obsèques, la princesse de Conti, qui avait été une des plus grandes admiratrices du mort, et qui l'avait puissamment secondé comme membre actif de l'association des dames de la Charité, se rappela que leur fondateur, avant d'entrer dans sa dernière maladie, avait formé le projet d'ouvrir à Paris une maison de refuge pour les enfants orphelins des pauvres ouvriers ; œuvre que la mort seule l'avait empêché de consommer. Elle rassemble les dames de l'Association, et leur demande si elles veulent laisser à Vincent

de Paul ce regret dans le tombeau, « regret, dit-elle, capable
» d'empoisonner pour lui tout le bonheur du ciel ; » parole
hardie, mais qui traduit bien l'idée qu'on avait de la charité
du supérieur général de Saint-Lazare. A ces mots, les dames
de la Charité se lèvent, et, de toute la spontanéité de leur
cœur, votent par acclamation la poursuite de l'entreprise
rêvée par leur fondateur ; et l'acte de création de l'hôpital
des orphelins fut, pour ainsi dire, signé sur le tombeau du
saint.

Quelque temps après, on célébrait un service funèbre dans
l'église de Saint-Germain-l'Auxerrois. Il y avait grand concours de prélats, de docteurs en Sorbonne, d'ecclésiastiques
en renom, de religieux, d'hommes de cour et de dames de
haute naissance. La foule, silencieuse et tristement recueillie,
recevait avec attendrissement les graves paroles d'une bouche
d'évêque. C'était Mgr Henri de Maupas-du-Tour, alors évêque
du Puy, qui prononçait, d'une voix émue, l'oraison funèbre
de messire Vincent de Paul, fondateur des prêtres de la
Mission et des filles de la Charité. Les mémoires du temps
qui en rendent compte, disent que le discours dura deux
heures ; *et encore*, ajoutent-ils, *l'orateur ne dit-il pas
tout ce qu'il avait projeté, avouant que le sujet était
assez fécond pour fournir matière à un carême tout
entier.*

En effet, l'éloge de Vincent de Paul était inépuisable
comme sa prodigieuse charité.

CHAPITRE XXIX.

Portrait de Vincent de Paul. — Ses vertus. — On demande sa béatification. — Lettres de Bossuet, de Fénélon, de Fléchier au pape Clément XI. — Le décret de béatification est porté par Benoît XIII. Bulle de Canonisation expédiée par Clément XII. — Reliques de Vincent.

1660. — 1834.

Erat potens in verbis et in operibus suis. — Act. VII. 22.
Vir, si fuerit justus, et fecerit judicium et justitiam,..... hominem non contristaverit, pignus debitori reddiderit, panem suum esurienti dederit et nudum operuerit vestimento,..... ab iniquitate averterit manum suam,..... in præceptis meis ambulaverit, et judicia mea custodierit ut faciat veritatem : hic justus est, vitâ vivet, ait Dominus Deus. — Ezéchiel. XVIII. 4, 5, 6, 7, 8.

Vincent de Paul était d'une taille moyenne, bien proportionnée. Sa tête, un peu grosse, mais bien faite, au front large, aux yeux vifs, au gracieux sourire, présentait, dans l'ensemble des traits, quelque chose d'austère et de doux tout à la fois. On y trouvait l'empreinte d'une indulgente bonté, qu'il semblait moins tenir de la nature que de sa vertu, et l'impression qui en restait commandait autant le respect que l'amour. Son maintien était grave, posé, majestueux, sa démarche un peu lente, ses manières pleines de noblesse sans affectation. Dans toute sa personne, il y avait je ne sais quoi qui plaisait, et qui laissait deviner la beauté de son ame; on éprouvait en le voyant quelque chose d'indéfini et de religieux comme le sentiment qui naîtrait en nous, si un ange nous apparaissait revêtu d'une forme mortelle.

La vie de Vincent de Paul est une de ces vies auxquelles les générations à venir refuseraient de croire, si d'impérissables monuments ne restaient toujours debout pour prouver que ce furent bien là les proportions d'un seul homme. On la regarderait comme un de ces tableaux de fantaisie que l'imagination se plaît à embellir de toutes les couleurs de sa riche palette, ou bien comme les actes de plusieurs hommes réunis, par une coupable exagération, dans l'histoire d'un seul.

En effet, que n'a pas d'étonnant chacune des pages de l'existence de Vincent de Paul? Quel trait de sa vie ne ressemble à un prodige?

Parti du dernier degré de l'échelle sociale, vous le voyez arrivé jusque dans le conseil des rois, et sa position, loin de lui donner le vertige comme à tant d'autres, lui fournit l'occasion de s'abaisser davantage, et de montrer une humilité plus profonde parce qu'elle est en face de plus de grandeur. L'ambition ne peut monter jusqu'à lui; son cœur est trop haut pour que la main envahissante de cette passion y puisse jamais déposer ses inquiétudes, ses rêves, ses désirs, ses illusions et ses mécomptes.

Je me trompe; l'ambition, il l'a rencontrée; mais c'est l'ambition des ames dont il veut être l'infatigable conquérant. Il va les chercher, ces ames, dans les campagnes, dans les cités, en France, en Italie, en Afrique, en Irlande, aux Hébrides, à Madagascar. Il fait plus; il leur ouvre les portes de Saint-Lazare, et chaque année il en retrempe des milliers dans la retraite et le silence, où il forme ses missionnaires qui doivent continuer ses sublimes conquêtes.

S'il sait ne travailler humblement que pour Dieu, lorsque la Providence le condamne à la prospérité où il pourrait travailler pour lui-même, l'adversité ne le trouve jamais mécontent, et, dans les plus dures épreuves, un regard vers le ciel, le console de tout et fait descendre dans son cœur cette vertu qui, pour le chrétien, vaut mieux que l'espérance ou plutôt la suppose, la résignation.

Il n'est qu'une chose à laquelle il ne se résigne jamais: l'impuissance de secourir le malheur. La charité qui, chez lui, était à l'état de passion, *recula pour les indigents*, comme on l'a dit, *les bornes ordinaires de la Providence*. Ce que l'ambition, l'intérêt, la cupidité n'ont jamais fait et ne feront jamais, cette charité qui remplissait tout le cœur de Vincent de Paul l'a mille fois réalisé. Pauvres, prisonniers, galériens, veuves, exilés, soldats, étrangers, orphelins, il a voulu les prendre tous dans ses bras et leur montrer son ame, qui avait une ressource et un sentiment d'amour pour chacune de leurs infortunes. Cet amour, si chaudement traduit, il a voulu le faire survivre à soi-même, le perpétuer à travers les générations, l'immortaliser. C'est ce qu'expliquent ses associations, ses instituts, ses hôpitaux. Saint François de Sales, cet homme si capable de comprendre un homme comme Vincent, et qui avait dit de lui *qu'il ne connaissait pas dans l'Église de Dieu un prêtre plus sage et plus vertueux*, a écrit que « la charité est en sa perfection lors- » qu'elle est non-seulement patiente, mais, outre cela, » douce et débonnaire. » C'était le caractère de la charité de Vincent de Paul, en face de ses ennemis; nous avons vu comme il s'en vengeait. Une créature de Dieu, quelle qu'elle fût, était chose sacrée pour lui; il se croyait forcé de la secourir, de la respecter et de l'aimer, non pas seulement dans les bornes d'où ne doit jamais sortir un chrétien, mais avec expansion, avec un amour effectif. Toute sa vie n'a été que cela, qu'on le considère lorsqu'il va mendier des aumônes pour ses pauvres ou lorsqu'il passe à ses pieds les fers d'un galérien.

Impossible que dans l'exercice d'un ministère qui patronait tous les malheureux, impossible qu'il ne rencontrât point d'obstacles. Soumis à celui qui s'est réservé pour lui seul de marcher avec les allures de la toute-puissance et qui veut que partout l'homme se retrouve homme, il ne se décourage pas, il attend; il ne se rend pas, il diffère. Il remet à Dieu le soin d'incliner les esprits et les cœurs, puis, sans trop agir, il espère contre toute espérance. Les hommes appelaient cela *lenteur*, c'était la sagesse, la sagesse de la vertu ancrée sur Dieu.

Doué de la plus délicate sensibilité qui se met, de prime abord, en harmonie avec toutes les souffrances, il l'exploite au profit de toutes les nobles causes. S'il n'a pas toujours, dans ses paroles, ces pensées élevées et profondes, ces peintures vives et saisissantes, il a, au suprême degré l'éloquence qui touche, cette éloquence qui, toujours fécondée par les pensées qui viennent du cœur et qui marchent droit au cœur, transforme les sentiments, renverse les opinions, entraîne les résistances, subjugue les volontés, et cela, non pour un moment qui passe, mais pour toujours jusqu'à ce que l'œuvre projetée soit fondée, la cause plaidée gagnée entièrement;

éloquence qui a fait des prodiges et donné les dames de Charité, la maison des Enfants-Trouvés, les Séminaires, l'Hôpital-Général.

Plus on approche de lui, plus il paraît grand ; et tandis que les autres hommes perdent à être regardés de près, lui gagne au contraire ; parce que le détail de ses actions intérieures, actions dans lesquelles on se laisse aller tout-à-fait sans gêne, sans intérêt, sans arrière pensée, nous révèle une vertu facile, toujours égale à elle-même, toujours sublime dans ses plus simples actes. Ce qui vous apparaît, dans cette vie intime, c'est une infatigable activité à qui rien n'échappe, un caractère toujours heureux qui ne subit jamais les incessantes variations du caprice ; une sérénité que rien au monde n'altère ; un courage qui ne recule devant aucune entreprise dont le bien est le but ; une patience qui se dément si peu qu'on la croirait innée si on ne savait les efforts qu'il a fallu faire pour l'acquérir ; une complaisance qui va au devant des besoins et des demandes ; une franchise qui ignore ces mille et un moyens de tromper les hommes par de séduisantes promesses ; une vigilance qui ne laisse rien échapper dans une congrégation dont l'administration est si difficile, parce qu'elle est si compliquée ; une exactitude si ponctuelle qu'à chaque heure tout Lazariste croit entendre cette parole de Jésus-Christ : « Regardez, et faites selon le modèle qui vous est montré ; » une foi simple et vive que les tempêtes auxquelles quelquefois elle fut exposée ne fit qu'enraciner davantage ; une confiance en Dieu, basée sur cette foi chaude et inaltérable, qui le laissait impassible au milieu des plus âpres travaux comme au sein de l'indigence où souvent il s'est trouvé ; un amour pour Dieu qui avait quelque chose de si ardent, qu'il s'exprimait en brûlantes paroles, en désirs continuels, en généreux sacrifices, en persévérantes aspirations ; une obéissance qui ne connaissait pas d'objections ni d'obstacles, une chasteté dont il fallait chercher la pareille au ciel ; enfin une pureté d'intention qui volait droit à Dieu dans les plus humbles fonctions comme dans la plus brillante entreprise. Toutes ces vertus, Vincent de Paul les exerçait sans affectation, sans raideur, avec une simplicité naïve, ne visant jamais à l'extraordinaire, mais embrassant, comme la chose la plus naturelle, tout l'ensemble de la perfection évangélique et sacerdotale. C'est qu'il avait toujours cherché à reproduire en soi-même celui dont le prêtre doit être une vivante image, Jésus-Christ. On a pu voir jusqu'à quel point Vincent de Paul a réussi à copier son modèle.

S'il eût été philosophe son activité serait resté enfermée dans une sphère étroite ; il aurait pensé, rêvé ; il aurait fait des livres, des théories, des systèmes. Mais il était chrétien, il était prêtre, et sa charité inspirée, vivifiée, soutenue par la foi, s'est traduite en œuvres, et nous avons vu quelles œuvres. La religion l'a pris sur ses ailes, l'a emporté sur des hauteurs où les passions humaines ne pouvaient l'atteindre, et c'est de là seulement qu'il a pu agir avec désintéressement, avec héroïsme. Ce n'est qu'à l'ombre de la croix qu'a pu germer sa semence ; partout ailleurs elle eût été stérile ou n'eût produit que de l'ivraie.

A la religion donc, à la religion seule, l'honneur d'avoir produit Vincent de Paul. Elle seule a déposé dans son sein ce germe fécond qui s'est développé si vite et a donné tant de fruits ; elle seule, faisant plus que toute la philosophie ancienne et moderne avec toutes leurs fastueuses, mais creuses maximes, elle a formé un homme comme en dehors de l'humanité, sans orgueil, sans égoïsme, sans autre passion que celle du bien, sans autre mobile que le devoir, sans autre besoin que la puissance d'être utile, d'essuyer les larmes, de ramener l'espérance, de tendre la main au repentir, à l'innocence, au malheur. L'école où il s'est instruit dans cette grande science que n'a demandé encore à partager aucun compétiteur, c'est l'école, non de Socrate, non d'Épictète, non de Platon, c'est l'école de Jésus-Christ. Sa vie, c'est l'honneur, non d'une secte, non d'une nation, non d'une époque ; c'est la gloire du Catholicisme. Sans lui, Vincent n'eût été qu'un homme médiocre, peut-être un homme nul ; avec lui il a été le sauveur et le père de plusieurs générations, il a été un héros.

Après la mort de Vincent de Paul, ses amis vinrent pleurer sur son tombeau ; les pauvres aussi, et plus que les autres. Ces infortunés, au souvenir de tout ce qu'avait été leur père, ils osèrent lui demander des miracles, et des miracles furent authentiquement reconnus.

Alors, les plus grands hommes qu'eût la France furent saisis d'un pieux enthousiasme ; un cri universel d'amour et de reconnaissance s'éleva pour lui obtenir des autels (1). A la

(1) Quand il fit construire l'église de Dax, sa patrie, le Chapitre de cette ville, persuadé d'avance, plus de dix ans avant sa mort, de sa canonisation future, avait délivré par un acte public de réserver dans l'enceinte du nouveau temple un espace libre pour en former dans la suite une chapelle en l'honneur de Vincent de Paul, et cet autel lui fut érigé.

tête de neuf souverains, Louis XIV demande sa béatification et la sollicite comme « utile à toute l'Église, et glorieuse à » ses états ; » le premier président, de Lamoignon, l'honneur immortel de la magistrature française, et qui, selon la belle parole de Bourdaloue, *s'ensevelit dans la bénédiction des peuples,* s'écria : « Vincent de Paul s'est signalé par une » sagesse et par une charité dignes des apôtres ; dans les » grandes affaires, les premiers génies du siècle ne le trou- » vèrent jamais au-dessous d'eux. » Le Parlement et l'Hôtel-de-Ville de Paris proclamèrent que la Capitale renfermait trente-cinq établissements publics, créés ou restaurés par son zèle. Hébert, Coislin-Montgaillard, Fabert, des princes, des généraux d'ordre, dominicains, oratoriens, génovéfains, des membres de la congrégation de Saint-Maur, conjurent le Pape d'inscrire son nom dans le catalogue des saints. Trois assemblées du clergé, présidées par le cardinal de Noailles, déclarent « qu'il n'est plus possible de contenir la piété des fidèles » qui lui décernent un culte public... » Déjà l'épiscopat français avait parlé par ses plus éloquents organes : Fléchier, Fénélon, Bossuet. Nous traduirons quelques extraits de leurs lettres si glorieuses pour Vincent de Paul ; nous les rapporterons par ordre de date ; elles sont adressées au pape Clément XI. Bossuet devait commencer, lui qui, au temps des conférences, avait été confié par Vincent au Lazariste le plus humble et le plus vertueux, le plus simple et le plus modeste, « comme pour lui apprendre, remarque le cardinal de Bausset, » que toutes les hauteurs de l'esprit humain doivent s'abaisser » devant la vertu humble et cachée. »

Bossuet écrivait le 2 août 1702 :

« Très Saint-Père,

» Dans toute cause qui peut et doit être soumise à la
» décision du Saint-Siège apostolique, il faut que les évêques
» rendent un témoignage vrai et sincère. Puis donc qu'il
» s'agit de la vie et de la sainteté du vénérable prêtre Vin-
» cent de Paul, fondateur et premier supérieur de la congré-
» gation de la Mission, nous attestons que, dès nos plus
» jeunes ans, nous avons eu l'avantage de le connaître. Ses
» pieux entretiens et ses sages conseils n'ont pas peu contribué
» à nous inspirer du goût pour la vraie et solide piété et de
» l'amour pour la discipline ecclésiastique; et ce souvenir
» nous remplit encore d'une joie ineffable à l'âge où nous
» sommes arrivé.

» Plus tard, et lorsque déjà nous étions élevé au sacerdoce,
» nous eûmes une place dans cette association de vertueux
» ecclésiastiques qui s'assemblaient toutes les semaines pour
» conférer ensemble des choses de Dieu. Vincent en était
» le fondateur, il en était l'âme. Il savait enflammer toute
» l'assemblée, et lorsque, avec une avidité sainte, nous
» l'écoutions parler, nous sentions qu'il était un de ces
» hommes dont l'apôtre a dit : *Si quelqu'un parle, qu'il
» paraisse que Dieu parle par sa bouche.* Plusieurs
» évêques de grand nom, attirés par la réputation de sa vertu,
» accouraient à ces conférences et se trouvaient, grâce à cet
» homme saint, merveilleusement aidés dans leurs travaux
» et dans leur sollicitude apostolique.....

» Vint ensuite le temps si désiré où, associé aux travaux
» des prêtres de Vincent, nous nous efforçâmes de conduire
» aux pâturages de vie les fidèles de l'église de Metz, dans

» laquelle nous remplissions alors les fonctions ecclésiastiques.
» Tout le monde comprit qu'il fallait attribuer le fruit de cette
» mission, autant aux prières du vénérable Vincent de Pau
» qu'à ses pieuses exhortations et à ses conseils. Par lui et
» par ses prêtres, il nous a aidé à préparer ceux qu'on desti-
» nait au sacerdoce. Dans sa sollicitude, il a ouvert de pieuses
» retraites pour les ordinands, et nous-même, plusieurs fois
» invité à parler, comme c'était l'usage dans ces sortes de
» retraites, sur les matières ecclésiastiques, nous avons pris ce
» fardeau avec joie, appuyé que nous étions des prières et
» des conseils de cet homme excellent.....

» Il nous fut donné alors de jouir à l'aise de lui dans le
» Seigneur, et d'étudier de près ses vertus. Nous admirâmes
» surtout sa charité ardente et vraiment apostolique, sa gra-
» vité et sa prudence toujours unies à une admirable sim-
» plicité, son zèle pour la discipline ecclésiastique, son amour
» pour les âmes, son énergie et sa constance contre tout ce
» qui peut corrompre.....

» Quant à sa foi, toujours pure, à sa vénération pour le
» Siége apostolique et pour ses décrets, à son humilité si pro-
» fonde et si étendue, alors même qu'il exerçait une si large
» influence dans le conseil des rois : tout le monde en garde
» le souvenir, et moi-même j'y pense avec bonheur.....

» Le nom de cet homme saint, qui a porté partout la
» bonne odeur de Jésus-Christ, grandit chaque jour. Tout
» le monde le juge digne d'être canoniquement inscrit au
» nombre des saints, par autorité pontificale, si cela plaît
» à Votre Béatitude.

» Très Saint-Père, la mémoire du vénérable Vincent de
» Paul est dans notre cœur d'autant plus douce et solide,

» que nous voyons encore vivre tout son esprit dans sa Con-
» grégation et dans notre diocèse. Nous vivons avec ses
» disciples qui sont nos confrères, nous travaillons avec eux,
» et c'est par leurs conseils et leurs exemples que nous nous
» réjouissons dans le Seigneur de nourrir chaque jour du
» pain de vie le troupeau confié à notre sollicitude. Nous
» devons parler aussi de la Congrégation des pieuses femmes
» qui, formées par les saintes règles que leur a données Vin-
» cent de Paul, servent les pauvres et les malheureux avec
» tant de pureté, d'humilité et de charité. Elles empêcheront
» d'oublier jamais leur fondateur et le dévouement qu'il
» inspira.

» C'est au souvenir précieux de cet homme vénérable,
» que nous épanchons ces paroles dans le cœur de Votre
» Sainteté, ô très Saint-Père ! bien persuadé que les Saints
» ont de la joie d'entendre parler des Saints.....

» † Bénigne, *évêque de Meaux.* »

Fléchier s'exprimait ainsi, le 13 octobre 1705 :

« Fixé dans la capitale de la France, remplissant les fonctions
» les plus importantes, Vincent de Paul ne perdit jamais les
» pauvres de vue. On eût dit que la miséricorde était née
» avec lui, et qu'avec lui encore elle avait grandie. Toujours
» à la recherche des infortunes et sollicitant sans cesse la
» compassion des riches, il n'est sorte d'œuvre de charité
» qu'il n'ait exercée. Les vieillards, courbés sous le poids
» des années, les orphelins, les enfants trouvés, les galériens,

» les pauvres malades, des familles, des provinces entières,
» où les guerres étrangères et intestines avaient porté les
» plus grands maux, trouvèrent en Vincent un père et un
» libérateur. Il procura aux uns la santé, la liberté aux autres,
» à ceux-ci une éducation chrétienne, à ceux-là une honnête
» retraite. On a vu, par ses soins, s'élever à Paris de super-
» bes hôpitaux pour servir d'asile aux pauvres qui inondaient
» la cité; il leur affecta de riches revenus. Aucun besoin
» n'échappait à cette grande miséricorde; et, afin que rien ne
» manquât à la perfection et à l'héroïsme de si grandes
» œuvres, il alliait le soin des ames avec celui du corps.
» Jamais il ne sépara l'instruction de l'aumône, ni l'exhor-
» tation du soulagement des besoins matériels.....

» De même qu'il forma de bons prêtres pour les évêques,
» il forma de bons évêques pour l'Église de France. Appelé
» aux conseils ecclésiastiques par Anne d'Autriche, alors
» régente, il contribua beaucoup à faire élever aux premières
» dignités de l'Église des hommes d'une vertu apostolique, et
» l'on peut dire que le clergé de France lui doit, en grande
» partie, l'éclat dont il brille aujourd'hui.....

» † Esprit, *évêque de Nîmes.* »

Voici maintenant un fragment de la lettre de Fénélon, écrite le 20 avril 1706 :

« Je suis trop jeune, très Saint-Père, pour avoir pu con-
» naître personnellement Vincent de Paul. Mais, après la
» mort de mon père, ayant été élevé chez mes oncles, j'ai eu

» le bonheur de les entendre souvent admirer ses actions et
» ses paroles.....

» Et c'est ce que j'ai appris de ces témoins si digne de foi,
» que je me fais, à mon tour, un devoir de vous transmettre,
» très Saint-Père ! Si *la voix du peuple est la voix de
» Dieu,* tous les vœux de la France, si propre à toucher un
» cœur paternel comme le vôtre, seront sans doute exaucés.
» Car il n'y a pas un seul ami de la vraie piété qui ne sou-
» pire après le moment où ce saint personnage, étant donné
» en exemple aux fidèles, deviendra l'objet d'un culte spécial.

» † François, *archevêque de Cambrai.* »

Plus de quatre-vingts évêques imitèrent ces trois grands prélats.

Toutes les informations, faites en France par l'autorité ordinaire pour la béatification de Vincent de Paul, furent présentées à Rome en 1709. En 1712, le cardinal de Noailles, en présence de plusieurs témoins, visita le corps du supérieur général de Saint-Lazare. On le trouva entier, sans aucune marque de corruption. Les informations, ordonnées par le Saint-Siège et les examens d'usage furent terminés en 1713. Enfin, Benoît XIII, après avoir assisté à la congrégation tenue le 16 septembre 1727, déclara, le 22 du même mois, que Vincent de Paul avait possédé, à un degré héroïque, les vertus *théologales, cardinales et celles qui en émanent.* L'article des miracles ayant été examiné par trois congrégations, dont la dernière fut close le 12 juillet 1729, le Pape, qui s'y était trouvé présent, ordonna, le 14, d'expédier le décret de béatification. Cette béatification fut célébrée à Rome, pour la première fois, le 21 août de la même année.

De nouveaux miracles étant encore venus manifester la sainteté de Vincent de Paul, Clément XII pensa qu'on pouvait procéder à la canonisation. La bulle de canonisation fut expédiée le 16 juin 1737. Les cérémonies d'usage, commencées à Rome, se firent successivement en Europe, en Afrique, en Amérique, en Asie. La France y mit un véritable enthousiasme. Louis XV se hâta de célébrer l'action la plus héroïque de Vincent, — et en cela il en certifiait hautement la vérité, — en ordonnant au conseiller d'Aguesseau de briser, à Marseille, les fers de douze forçats condamnés à perpétuité. Paris était ivre de joie, et les provinces aussi. On le conçoit, c'était le saint, non d'une cité, non d'une province, c'était le saint de la France entière, et, certes, il avait fait assez de bien partout pour que partout on laissât parler l'allégresse et la vénération, désormais tranformées en culte véritable. C'était une dette qu'on payait, voilà tout.

Le corps de saint Vincent de Paul, renfermé dans une châsse d'argent, était conservé dans l'église de Saint-Lazare. Le 30 août 1792, cette église fut dépouillée de son argenterie par un commissaire du gouvernement révolutionnaire; on laissa cependant aux Lazaristes les restes précieux de leur fondateur (1).

---

(1) L'église de Saint-Lazare fut détruite pendant la terreur. On y voyait, au milieu du chœur, le tombeau de saint Vincent de Paul, couvert d'une table de marbre noir, sur laquelle on lisait cette inscription : Hic jacuit sanctus Vincentius a Paulo, congregationis missionis et puellarum charitatis institutor. Cette expression au

Ceux-ci les recueillirent avec respect, dressèrent un procès-verbal pour en constater l'authenticité à l'avenir, et les cachèrent avec soin pendant le règne de la terreur.

Les enfants de la Philosophie du dix-huitième siècle *pardonnèrent le christianisme à Vincent de Paul*, comme parle Châteaubriant; on lui érigea une statue dans ce palais même où il avait donné des conseils à Louis XIII; on mit cette inscription sur le socle : *A Vincent de Paul, philosophe du quinzième siècle.* Son nom, quand tout prêtre était proscrit, fut placé en tête du calendrier républicain. Quelle inconséquence! Mais aussi, comme elle prouve tout ce que le souvenir de saint Vincent de Paul provoque d'admiration et de respect, même en ceux que la religion qui l'inspira compte pour ennemis.

Quand les temps devinrent meilleurs, les dépouilles mortelles du saint furent confiées aux sœurs de la Charité, dans la chapelle desquelles le corps resta jusqu'au mois de mars 1830, époque où le grand archevêque, dont le nom est encore béni, Mgr de Quélen, le fit porter à l'archevêché. Ce prélat, dont le noble caractère est connu comme ses bienfaits, fit exécuter une châsse d'un beau travail; et, le 25 juin 1830,

---

passé JACUIT, substituée au présent JACET, frappait un lecteur attentif. Celui qui proposa, au moment de la canonisation un changement si simple, si vrai, ne soupçonna probablement pas l'interprétation qu'on pourrait y donner plus tard, après de sinistres événements. Le souvenir de ce monument, certes bien regrettable, rappelle tout naturellement ce vers de Colardeau :

    Tout périt ici-bas, tout, le tombeau lui-même.

Mais qu'importe un tombeau sur la terre, quand l'âme est au ciel, et le nom du saint plus encore dans tous les cœurs que sur les livres ou la pierre?

les reliques du saint furent solennellement transférées dans la nouvelle chapelle des Lazaristes. La révolution ne les y laissa pas long-temps en repos : à l'époque des événements de juillet 1830, on fut obligé de cacher encore le précieux trésor. Mais, le 13 avril 1834, la châsse a, de nouveau, été offerte aux regards des fidèles. Ils ont pu vénérer encore les restes de l'homme qui a le mieux compris la charité pratique de l'Evangile.

CHAPITRE XXX.

La Société de Saint-Vincent-de-Paul. — Son origine. — Ses progrès. Les Conférences et leurs œuvres. — Brefs du Pape.

1833. — 1845.

Defunctus adhuc loquitur. — Ad Hebr. XI.4.
Religio munda et immaculata apud Dominum et Patrem, hæc est : visitare pupillos et viduas in tribulationibus eorum, et immaculatum se custodire ab hoc sæculo.
— Jac. I. 27.

Les disciples de Saint Vincent de Paul ne firent point défaut à ses intentions de charité permanente ; Bossuet leur en rend un magnifique témoignage dans sa lettre écrite au pape Clément XI ; nous l'avons vu. Quand le monde vit qu'après sa mort, on nourrissait encore l'indigent ; que des hommes étaient toujours là pour vêtir sa nudité, instruire son ignorance, consoler ses infortunes ; que les petits enfants, sauvés de la mort, retrouvaient, dans un asile saint, les soins et les caresses d'une mère, on se dit, avec une joie bien sentie, que Vincent n'était pas monté tout entier au ciel et que, comme le prophète Elie, il avait laissé son esprit à d'autres.

La Charité qui était comme la fille d'adoption de Vincent de Paul, est donc aussi venue jusqu'à nous, semant des bienfaits sur sa route et trouvant toujours une larme pour pleurer avec tous les malheureux, un peu de baume pour toutes les blessures, une espérance pour chacune des douleurs qui s'acharnent à notre pauvre vie.

Aujourd'hui encore, malgré la corruption qui déborde et l'égoïsme qui dessèche tout ce qui n'est pas corrompu, elle apparaît forte, agissante ; et, seule peut-être, elle réconcilie certains esprits chagrins avec le Christ et la Religion qu'il nous a donnée pour mère.

Une de ses œuvres les plus glorieuses, c'est, bien sûr, l'œuvre qui porte le nom de *Société de Saint-Vincent-de-Paul*. Quoique la modestie de ses membres, et de ses chefs qui ne sont que des membres plus actifs et plus dévoués, déclinant tout honneur pour ne pas se laisser enlever par la gloire humaine un peu de ces mérites qui sont si grands, nous ait prié de nous interdire tout éloge, et bien que, en face de leurs douces prières, nous ayons promis de faire taire presque, dans ce livre, notre admiration, de puissantes considérations nous font un devoir d'en dire quelque chose. C'est une suite trop naturelle de la vie de notre Saint, puisqu'on y trouve son esprit et son dévouement, pour que nous ne nous y arrêtions point ; nos lecteurs y ont droit.

En 1833, quelques jeunes gens étaient réunis dans un salon de Paris, et causaient familièrement de philosophie, de littérature et d'histoire. Dans des réunions de ce genre, on passe bien des choses en revue, les questions sont vite traitées, et l'on revient, après quelques instants de sérieux, aux mille et une nouvelles du jour, à des projets d'avenir, aux fêtes du soir ou du lendemain. Nos jeunes gens étaient plus graves ; la vie du plaisir leur était fastidieuse, ils avaient besoin de quelque chose de plus digne de leur belle intelligence et de leur noble cœur. De propos en propos, ils arrivèrent à se dire que, après tout, rien n'était beau comme l'histoire de Dieu et de ses miséricordes ; que rien, dans les ouvrages sortis du génie de l'homme, n'était suave et sublime comme les pages des poètes bibliques et des orateurs chrétiens ; que rien, entre les plus belles maximes de la sagesse antique tant vantée et les plus hardies conceptions de l'intelligence humaine, ne valait le plus petit verset de l'Evangile ; en un mot, que rien ne devait être au-dessus de la Religion et de la pratique de ses plus austères devoirs.

Les bonnes pensées germent vite et se développent rapidement dans les cœurs jeunes et chauds ; ces étudiants pensèrent qu'il y aurait peut-être gloire et profit à mener de front la foi et la science, l'étude et la vertu, et cela sous l'étendard de la charité. Quand on parle de charité, impossible que le nom de Vincent de Paul n'arrive pas ; ils l'eurent donc naturellement sur les lèvres. Ce nom leur porta bonheur. Peu de temps après, ils s'étaient mis au service de l'indigence ; la Société de Saint-Vincent-de-Paul essayait ses premiers pas.

On ne mettrait plus aujourd'hui en question la fécondité du principe d'association ; c'est un fait acquis au monde par l'expérience. Avec la faiblesse qui est le fond de sa nature, l'homme a besoin d'appui. Le cœur, tant de vie que vous lui supposiez, se dessèche vite, s'il est long-temps seul, si d'autres cœurs n'épanchent pas en lui des conseils, des encouragements, de bonnes paroles. Qu'on me permette ces comparaisons : c'est la tige délicate qui plie à tout vent si sa faiblesse ne devient force quand elle est confondue avec d'autres tiges; c'est le frêle oiseau qui veut être réchauffé sous l'aile des siens; et pour dire quelque chose de plus grave, c'est le guerrier qui trouve plus d'enthousiasme parmi ses frères d'armes et à l'ombre d'un drapeau.

Si l'association profite à tout, pourquoi la charité ne s'y réfugierait-elle pas? Elle aussi elle a besoin d'être appuyée, surtout aux époques où tant de passions aveugles et sacriléges se lèvent audacieusement contre tout ce qui est saint. C'était donc chose sage et nécessaire, pour les fondateurs de l'œuvre, de chercher à rallier le plus d'hommes possibles autour de la même idée, afin de poursuivre le noble but qu'ils se donnaient.

Comme toutes les entreprises dont l'inspiration vient de plus haut que la terre, la Société de Saint-Vincent-de-Paul ne resta pas long-temps circonscrite dans un seul quartier de Paris (1).

Elle se fut bientôt répandue sur toute la Capitale comme un immense réseau qui enveloppait toutes les infortunes. Peu de temps après, elle en franchit l'enceinte et arriva dans les provinces avec quelques jeunes gens de foi et d'action qui voulurent en doter leur ville natale. Là, comme à Paris, elle fut aimée et bénie. Nous dirons pourquoi.

---

(1) La Société reçoit tous les jeunes gens chrétiens qui veulent s'unir de prières et participer aux mêmes œuvres de charité. La réunion prend le nom de *Conférence*. Chaque conférence s'administre par un président, un ou plusieurs vice-présidents, un secrétaire, un trésorier, un gardien de la bibliothèque et un gardien du vestiaire. Toutes les conférences sont unies par un conseil général de direction. Outre les membres actifs, la Société a des membres honoraires, des membres correspondants et des affiliés.

Nous avons quelquefois sous les yeux d'étranges spectacles. Au coin des rues, sur les places publiques, sous le porche des églises, nous rencontrons des hommes en haillons qui étalent des plaies hideuses, de dégoûtants ulcères, ou bien montrent une figure amaigrie, des membres impuissants, une infirmité inguérissable. Mais ces hommes, tout à plaindre qu'ils sont, manquent rarement du pain du jour ; la pitié, sollicitée par la vue de leurs maux, tourne sur eux ses bienfaits, ou au moins ne leur refuse jamais une obole ; s'ils sont pauvres, ils prélèvent sur le public un certain revenu dont rarement ont les prive ; leurs importunités savent toujours le faire rentrer. Mais le pauvre qui, loin de tendre la main, se retire dans l'ombre, le pauvre qui, loin d'élargir ses plaies et de les faire saigner, étend sur elles son manteau ; celui qui ne veut d'autre témoin de ses angoisses que ses larmes et son Dieu ; oh ! celui-là souffre davantage. Rien ne lui arrive, parce qu'on l'ignore ; personne ne compatit à ses douleurs, parce qu'elles ne sont pas connues. Le nombre de ces pauvres là est bien grand dans nos villes ! Que de familles, autrefois dans l'opulence, n'ont plus qu'un nom honorable et une réputation sans tache ! Que d'hommes réduits à ne plus saluer d'un cri de joie la naissance d'un fils, parce qu'il ne doit partager, au coin du foyer toujours froid, que des vêtements en lambeaux et une nourriture exiguë et malsaine ! Que d'ouvriers dont les bras épuisés ne peuvent plus gagner le morceau de pain qui rassasiait, le soir, l'épouse et les enfants ! Et ces gens veulent souffrir seuls ; car l'indigence a son orgueil.

C'est principalement à ces infortunes que se dévoue la Société de Saint-Vincent-de-Paul. Elle aime les plus secrètes, parce que sa main, prodigue avec délicatesse, peut se mieux cacher en donnant. Pas de mansarde si reculée, pas de réduit si obscur où elle n'arrive avec des consolations et des aumônes; et Dieu sait combien ces consolations ont de charmes pour le cœur qui souffre lorsqu'on parvient ainsi à faire entrer l'espérance sous le manteau de la charité. Que de bénédictions accompagnent le visiteur quand il sort; que de prières montent pour lui au ciel; et puisque la souffrance est un titre de plus pour être exaucé de Celui qui a sanctifié la douleur, que ces prières valent de bien à celui pour qui elles sont faites!

Mais la misère n'est pas seule à ronger le pauvre. Il y a bien d'autres maux pour son âme! Combien de fois il ne connaît pas Dieu, il ne sait pas le nommer; ou, s'il le nomme, c'est pour le blasphémer. L'ignorance suit presque toujours la détresse; et, à elles deux, elles engendrent la corruption. Il faut pourtant que ces hommes, ravagés par le vice, vivent dans le monde, au sein de la société. Or, sans autre croyance que l'indifférence pratique, sans autre instinct que les passions, que leur arrivera-t-il quand ils se trouveront aux prises avec de plus grands besoins? Des faits, hélas! trop fréquents, nous l'apprennent tous les jours: ils se réfugieront dans le crime et dans le désespoir. Que ce soit là une préoccupation qui intéresse peu le philanthrope moderne, je le conçois, son rôle s'arrête où la matière finit; mais, pour le chrétien, cette pensée est assez amère pour lui arracher des pleurs.

Tout cela ne pouvait échapper à la Société de Saint-Vincent-de-Paul. Elle s'est donc donné pour mission d'épier l'heure favorable pour réconcilier l'indigent, à l'aide du pain matériel, avec la religion qu'il ne connaît pas ou qu'il abhorre. Ses membres ne craignent pas de descendre au simple rôle de catéchiste; ils réveillent, avec le sentiment de la dignité humaine, l'idée du devoir dans des intelligences presque éteintes, dans des cœurs blasés; ils se font pardonner leurs conseils avec leurs aumônes, leurs douces réprimandes par le tendre intérêt qu'ils montrent au malheur, et, quand l'occasion est favorable, ils placent avidement le nom de Dieu et de la vertu. Arrivée ainsi jusqu'à l'ignorance, sous le couvert de la charité, la religion perd peu à peu, aux yeux du pauvre incroyant, ce que les préjugés lui donnaient de repoussant et d'austère; elle ne leur apparaît plus qu'avec sa mansuétude ineffable, avec ses espérances. Plus d'une fois, le modeste visiteur est revenu la joie au cœur, le sourire sur les lèvres : l'homme qu'il avait secouru connaissait le nom et les charmes de la vertu, les avantages de la probité et du devoir accompli.

Il y a dans la société un autre élément de démoralisation bien actif. Ce sont les mauvais livres. Une presse impie et immorale, soudoyée par d'ignobles corrupteurs et stimulée encore par la spéculation qui veut gagner au dépens de la foi et des mœurs, en jette tous les jours par milliers aux plus mauvaises passions. Grâce à l'odieuse concurrence qui les met à tout prix, on les trouve partout; et qui pourrait dire les ravages ! La Société de Saint-Vincent-de-Paul sentait trop l'importance de contrebalancer le mal par l'influence des bonnes lectures, pour ne pas s'unir aux efforts de ceux qui y travaillent. En créant des bibliothèques où se trouvent des ouvrages aussi utiles qu'agréables, ils ôtent à l'enfant, au jeune ouvrier, le roman qui les eût perdus, et jettent en même temps une semence que le temps développera dans ces ames.

La Société de Saint-Vincent-de-Paul ne s'arrête point là. Dans chaque ville, à l'œuvre fondamentale de la visite des pauvres à domicile, elle ajoute ordinairement celles qui lui semblent le plus en harmonie avec les besoins. A Lyon, c'est l'instruction des soldats, et un bureau de secours pour les pauvres voyageurs ; à Bordeaux, Aix, Orléans, Dijon, Nancy, des écoles pour les jeunes Savoyards ; à Metz, Lons-le-Saulnier, Bourg, Nîmes, des maisons pour les orphelins ; à Caen, Arras, Limoges, Strasbourg, des classes pour les militaires ; ailleurs, des subventions aux ouvriers malades, des réhabilitations de mariages, des salles d'asile, presque partout, un patronage pour les jeunes apprentis. Leur charité sait ainsi se multiplier et faire face à tout.

Dans la répartition de leurs secours, aucune acception de personne ; c'est la charité large de saint Vincent de Paul. Le titre le plus légitime, disons mieux, le seul légitime à leur pitié, à leurs largesses, c'est la pauvreté même. On ne s'inquiète, pour donner, ni de la croyance, ni de la langue, ni de la patrie ; rien qui sente l'intolérance ; ce n'est pas le cas de faire des distinctions entre telle ou telle religion ; dans ce moment, la charité ne connaît qu'une même famille. Peut-être même, toutes choses égales et toutes réserves faites, donne-t-on plus volontiers à celui qui n'est pas chrétien ; c'est pour qu'il le devienne.

Ce serait en vain qu'on chercherait ici un parti politique : il n'y en a point. Leur esprit vient de plus haut, et c'est au ciel qu'il va chercher ses inspirations. On ne pourrait en faire un crime à la Société ; car, sans cela, elle ne pourrait avoir des membres partout, et pourtant il lui en faut, puisque partout il y a des larmes à essuyer et des blessures à fermer. La Société de Saint-Vincent-de-Paul se consacre au service de toutes les souffrances morales et physiques ; son but n'est-il pas assez noble pour qu'on lui pardonne de ne pas avoir un drapeau?

Dira-t-on maintenant que la charité ne doit point donner cet éclat à ses œuvres; que l'Évangile veut pour la charité une marche plus secrète? Mais il faudrait oublier qu'il est aussi écrit : *Faites vos bonnes œuvres devant les hommes, afin qu'ils glorifient votre Père, qui est dans les cieux.*

Et puis, dans un temps où le mal a ses organes, et ses organes quotidiens; dans un temps où l'erreur a quelque puissance sur un monde bercé entre l'indifférence et la corruption, pourquoi le bien chercherait-il l'ombre et le mystère? Son rôle est assez beau pour qu'il l'exerce sans frayeur et sans honte.

Le dévouement de la Société de Saint-Vincent-de-Paul vaut bien qu'on l'admire; au moins ne mérite-t-elle qu'on la calomnie et qu'on brise ses ailes, quand son vol la porte vers celui qui pleure et qui souffre. Elle est bien plus digne d'être encouragée, soutenue. Car si dans ce noble ministère il y a quelque chose qui va bien à un cœur jeune et sincèrement religieux, il est vrai cependant que la nature n'y trouve pas son compte. Que de courage ne faut-il pas pour arriver à la mansarde délabrée ou pour s'asseoir sur la paille humide d'un réduit obscur! Avec de la philanthropie dans l'ame, cette philanthropie qui ne pourra jamais s'associer avec des idées chrétiennes, vous resteriez à la porte; vous n'auriez pas la force d'entrer. Si quelqu'un franchit le seuil, croyez que c'est la charité de l'Evangile qui le pousse; croyez que, à travers les haillons il a entrevu le côté honorable de l'indigence montré par Jésus-Christ et couvert de ses bénédictions; croyez qu'il a cet héroïsme que la religion seule inspire; il est chrétien.

Un mot de Voltaire trouve ici sa place : « Le stoïcisme, » dit-il, ne nous a donné qu'un Epictète, et la *philosophie* » chrétienne forme des milliers d'Epictètes qui ne savent pas » qu'ils le sont, et dont la vertu est poussée jusqu'à ignorer » leur vertu même (1). »

Mais pourquoi poursuivre la défense d'une société qui est jugée, et jugée par qui de droit. Qu'on interroge les pauvres, qu'on leur parle de ceux qu'ils nomment après Dieu dans leur prière, la réponse qui sortira de leur poitrine sera un cri de reconnaissance et d'amour. Chaque journée, ils bénissent avec larmes cette main délicate qui sait arriver à eux, souvent sans trahir leur détresse, sans la révéler au monde qui juge si mal, même la pauvreté. Chaque journée, ils apprécient le bon conseil qui suit l'aumône, il aiment le sourire qui l'accompagne, ils cherchent à réaliser le bien dont on leur a parlé, à accomplir le devoir dont on leur a signalé la nécessité et la douceur. Cet éloge est sincère ; il peut bien consoler de quelques contradictions.

D'ailleurs, Rome a donné une haute et solennel approbation à la Société de Saint-Vincent-de-Paul. Grégoire XVI, ce grand Pontife que l'Eglise n'a pu cesser de pleurer que parce que Dieu, proportionnant toujours les Pontifes de son Eglise aux circonstances que préparent les événements humains, l'a remplacé par un de ces hommes faits pour de grandes réformes et de grandes vertus, Grégoire XVI, avant de se coucher dans la tombe, a envoyé à la Société un bref qui témoigne de sa paternelle affection pour cette œuvre. Voici le bref qu'il a donné le 10 janvier 1843 :

---

(1) VOLTAIRE. *Correspond. géné.*, t. III, p. 222.

GRÉGOIRE XVI, PAPE.

Afin d'en perpétuer le souvenir (1).

« Il est convenable que le Souverain Pontife enrichisse des célestes trésors de l'Eglise les pieuses Associations d'hommes, particulièrement celles qui ont pour objet d'accomplir avec toute sorte de sollicitude et de zèle les œuvres de la charité chrétienne. Aussi, le Président et les Membres du Conseil général de la Société de Saint-Vincent-de-Paul, établie en premier lieu à Paris, nous ayant prié très instamment de vouloir bien accorder à cette Société quelques Indulgences, soit plénières, soit partielles, Nous avons volontiers consenti à répondre à leurs pieuses supplications.

» C'est pourquoi nous accordons miséricordieusement dans le Seigneur une indulgence plénière et la rémission des péchés à tous et chacun de ceux qui composent le Conseil général de ladite Société, séant main-

---

(1) GREGORIUS PP. XVI. · *Ad perpetuam rei memoriam.* — « Romanum decet Pontificem cœlestibus Ecclesiæ thesauris eas præsertim pias hominum Societates ditare, quæ in christianæ charitatis operibus obeundis omni cura, studioque versantur. Itaque cum Præses et Consultores generales Societatis S. Vincentii a Paulo, Parisiis primum institutæ, enixis precibus a Nobis flagitaverint, ut nonnullas indulgentias tum plenarias, tum partiales ipsi Societati concedere velimus, Nos libenti animo piis eorum precibus adnuendum censuimus.

» Quapropter omnibus et singulis ad Consilium generale Societatis ejusdem, nunc Parisiis Institutum, pertinentibus, vel addictis, Consiliis particularibus Parisiorum et aliarum civitatum vere pœnitentibus et confessis, ac sacra communione refectis, dummodo omnibus, **vel tribus ex quatuor** Consilii cœtibus in mense habitis

tenant à Paris, ou qui forment les Conseils particuliers soit de Paris, soit des autres villes, pourvu que vraiment contrits, s'étant confessés et ayant reçu la sainte Communion, ils aient assisté à toutes les réunions de leur Conseil, ou à trois des quatre réunions qui ont lieu dans le mois.

» De même nous accordons une semblable indulgence plénière à tous les Membres actifs de cette Société, sans en excepter les Conseillers et autres dont il vient d'être question, qui auraient déjà gagné l'Indulgence ci-dessus mentionnée, pourvu qu'ils aient assisté à toutes les Assemblées ou Conférences, ou à trois sur les quatre qui ont lieu dans le mois, et que vraiment contrits et s'étant confessés ils aient communié.

» De plus, nous accordons une semblable Indulgence plénière à gagner pour tous ceux qui seront admis dans ladite Société, le jour où, vraiment contrits, s'étant confessés et ayant fait la sainte Communion, ils seront reçus par la même Société dans les divers grades actifs

---

interfuerint, plenariam peccatorum suorum Indulgentiam et remissionem misericorditer in Domino concedimus.

» Item omnibus ipsius Societatis sociis, ut dicunt, activis, nec non consultoribus, et aliis, de quibus habita mentio est, qui commemoratam Indulgentiam ibi jam fuerint assecuti, dummodo omnibus, vel tribus ex quatuor conventibus, seu Conferentiis in mense habitis interfuerint, ac vere pœnitentes, et confessi sanctissimum Eucharistiæ sacramentum sumpserint, plenariam similiter Indulgentiam largimur.

» Præterea eamdem pariter plenariam Indulgentiam tribuimus ab omnibus in prædictam Societatem cooptandis acquirendam, quo die vere pariter pœnitentes, et confessi, ac S. communione refecti ab eadem Societate in diversis gradibus activis, Membri aspirantis, Memde Membre aspirant, de Membre ordinaire, de Membre d'un conseil particulier, et Membre du Conseil général.

» Nous accordons encore une Indulgence également plénière à tous les Membres soit actifs, soit honoraires de la susdite Association, qui, aux jours des fêtes de l'Immaculée Conception de la bienheureuse Vierge Marie et de saint Vincent de Paul, et le second dimanche après Pâques, qui est le jour anniversaire de la translation des reliques de ce saint, et le lundi après le premier dimanche du Carême, étant vraiment contrits et s'étant confessés, auront fait la sainte Communion à la messe célébrée ces jours-là pour la Société, et auront assisté à l'Assemblée générale qui a lieu à ces époques.

» De plus, nous accordons également Indulgence plénière à tous les Membres et Bienfaiteurs de la Société qui, se trouvant à l'article de la mort, véritablement pénitents et s'étant confessés, ou s'ils ne peuvent le faire, étant au moins contrits, invoqueront dévotement le nom de Jésus de bouche s'il leur est possible, ou au

---

bri ordinarii, Consultoris particularis, et Consultoris generalis recepti fuerint.

» Insuper omnibus Sociis tum activis, tum honorariis commemoratæ Societatis, qui diebus festis Immaculatæ Conceptionis B. Mariæ Virginis, et S. Vincentii a Paulo, et Dominica secunda post Pascha, quæ est anniversaria dies translationis reliquiarum ejusdem S. Vincentii, æque ac feria secunda post Dominicam primam Quadragesimæ vere pœnitentes et confessi sacram synaxim exceperint in Missa quæ prædictis diebus pro Societate celebratur, atque cœtui generali, qui his temporibus habetur, interfuerint, plenariam pariter Indulgentiam impertimur.

» Atque etiam Sociis omnibus et Societatis benefactoribus in mortis articulo constitutis, si vere pœnitentes et confessi, vel quatenus id

moins de cœur, et accepteront de la main de Dieu la mort avec patience et avec courage comme la peine du péché.

» En outre, pour tous les Membres actifs de la même Association, nous remettons, suivant la forme usitée dans l'Eglise, sept ans et autant de quarantaines des peines qui leur ont été imposées ou dont ils seraient d'ailleurs redevables de quelque manière que ce soit, toutes les fois qu'ayant au moins le cœur contrit, ils visiteront quelque Conférence, quelque famille pauvre, des écoles ou des ateliers de pauvres, ou accompliront quelque autre bonne œuvre, selon l'esprit de la Société. Cette indulgence partielle pourra aussi être gagnée par chacun des Membres actifs de la susdite Société, toutes les fois que, ayant le cœur contrit, ils assisteront au saint sacrifice de la Messe célébré pour le repos de l'ame de quelque Associé, et toutes les fois qu'ils accompagneront les restes mortels des pauvres à la sépulture ecclésiastique.

---

facere nequiverint, saltem contriti nomen Jesu ore si potuerint, sin minus corde devote invocaverint, et mortem tamquam peccati stipendium de manu Domini, patienti atque alacri animo susceperint, plenariam similiter Indulgentiam concedimus.

» Ad hæc Sociis omnibus activis ejusdem Societatis, quotiescumque, corde saltem contrito, aliquam conferentiam, aliquam pauperem familiam, aut scholas, officinasque pauperum visitaverint, vel quodcumque aliud bonum opus juxta mentem dictæ Societatis præstiterint, septem annos, ac totidem quadragenas de injunctis eis, seu alias quomodolibet debitis pœnitentiis in forma Ecclesiæ consueta relaxamus. Quam quidem partialem Indulgentiam singuli Socii activi memoratæ Societatis lucrari poterunt, quotiescumque cordecontrito sacro Missæ sacrificio pro anima alicujus Socii celebrando adstite-

» Nous permettons aussi d'appliquer, par manière de suffrage, toutes et chacune de ces Indulgences, rémissions de péchés et relaxations de peines aux ames des fidèles décédés dans la grâce de Dieu.

» Enfin, en vertu de notre même autorité apostolique, nous donnons et accordons toutes et chacune des Indulgences mentionnées à tous les autres Conseils et Conférences de la même Société, institués avec l'approbation du Conseil général, soit par ce Conseil lui-même, soit par les Conseils particuliers des Villes et des Provinces par lui déjà institués, et pareillement aux Associés qui habitent des lieux où il n'y a point encore de Conférence établie, lorsque dans ces mêmes lieux ils accompliront, autant qu'ils le pourront, les œuvres accoutumées et rempliront les autres conditions prescrites.

» Le tout nonobstant notre règle et celle de la Chancellerie apostolique de ne point accorder d'Indulgences *ad instar*, nonobstant aussi les autres constitutions et réglements apostoliques et tout ce qui pourrait être contraire.

---

rint, et quoties corpora pauperum ad Ecclesiasticam sepulturam fuerint prosequuti.

» Quas omnes, et singulas Indulgentias, peccatorum remissiones, ac pœnitentiarum relaxationes etiam animabus Christi fidelium, quæ Deo in charitate conjunctæ ab ac vita migraverint, per modum suffragii applicari posse indulgemus.

» Denique omnibus aliis sive Consiliis, sive Conferentiis ejusdem Societatis, quæ approbante Consilio generali instituuntur, sive ab eodem, sive a Consiliis particularibus Civitatum, aut Provinciarum ab ipso jam institutis, item Sociis, qui degunt in locis, in quibus nondum viget Conferentia, omnes et singulas commemoratas Indulgentias, si in locis eisdem prestiterint veluti poterunt consueta opera, aliasque præscriptas conditiones impleverint, eadem Auctoritate Nostra Apostolica concedimus, atque elargimur.

» Nous voulons que les ampliations ou copies, même imprimées, des présentes lettres, et revêtues de la signature d'une personne constituée en dignité ecclésiastique, obtiennent la même confiance que ces présentes lettres elles-mêmes, si elles étaient produites et montrées.

» Donné à Saint-Pierre, à Rome, sous l'anneau du Pêcheur, le dix janvier mil huit cent quarante-cinq, de notre Pontificat l'an quatorzième. »

L. Card. LAMBRUSCHINI.

†
Place du Sceau.

Grégoire XVI ne s'est pas contenté de ce premier bref; il semble que son cœur n'avait pas assez dit encore sur cette grande œuvre. Le 25 août 1845, il a donné le bref suivant où l'on retrouve encore tout l'intérêt qu'il porte à la Société de Saint-Vincent-de-Paul.

» Non obstantibus Nostra, et Cancellariæ Apostolicæ regula de non concedendis Indulgentiis ad instar, aliisque Constitutionibus et Ordinationibus Apostolicis, ceterisque contrariis quibuscumque

» Volumus autem, ut præsentium Litterarum transumptis, seu exemplis etiam impressis manu personæ in Ecclesiastica dignitate constitutæ subscriptis, eadem prorsus fides adhibeatur, quæ adhiberetur ipsis præsentibus, si forent exhibitæ, vel ostensæ.

» Datum Romæ, apud sanctum Petrum, sub annulo Piscatoris, die X Januarii MDCCCXLV, Pontificatus nostri anno decimo quarto. »

A. Card. LAMBRUSCHINI.

†
Locus sigilli.

GRÉGOIRE XVI, PAPE.

Afin d'en perpétuer le souvenir (1).

« Comme nous avons reconnu que la Société établie sous les auspices et le nom de Saint-Vincent-de-Paul, et adonnée à la pratique des œuvres de charité, contribue puissamment au bien de la Religion et à l'avantage des fidèles ; afin qu'elle obtienne tous les jours de nouveaux accroissements, nous avons voulu enrichir des célestes trésors de l'Eglise tous ceux qui emploieront leurs soins ou leurs facultés au soutien de ladite Société, afin que les grâces spirituelles qu'ils pourront acquérir enflamment de plus en plus leur zèle pour cette œuvre.

» C'est pourquoi nous accordons miséricordieusement dans le Seigneur, Indulgence plénière et rémission de leurs péchés, à gagner une fois par mois, à tous et chacun des fidèles de l'un et de l'autre sexe, qui feront régulièrement parvenir au Conseil général une aumône

---

(1) Gregorius pp. xvi. — *Ad perpetuam rei memoriam.* — » Quum Societatem sub auspiciis, et nomine S. Vincentii a Paulo institutam Chistianae charitatis operibus exercendis intentam, Religionis bono, et fidelium commoditati praeclare noverimus inservire, ut ea nova in dies incrementa suscipiat, de coelestibus Ecclesiae thesauris eos omnes ditandos censuimus, qui ad juvandam Societatem ipsam curas suas, opesque contulerint, ut hoc illorum studium spiritualibus propositis gratiis magis, magisque exardescat.

» Itaque omnibus et singulis Christi fidelibus utriusque sexus, qui Eleemosynam fixam, et constantem ad Consilium Generale transmittant, vere poenitentibus, et confessis, et sacra Communione refectis plenariam peccatorum suorum indulgentiam, et remissionem semel in mense misericorditer in Domino elargimur.

déterminée, pourvu que vraiment contrits et s'étant confessés, ils aient reçu la sainte Communion.

» En outre, nous accordons une fois par mois Indulgence de sept ans et autant de quarantaines à tous les fidèles de l'un et de l'autre sexe qui transmettront régulièrement une semblable aumône déterminée aux Conseils particuliers des Provinces et des Villes, établis par le Conseil général.

» De plus, nous accordons une Indulgence d'un an à gagner également une fois le mois, à tous les fidèles de l'un et l'autre sexe qui, par souscription ou de quelque autre manière, s'engageront à donner régulièrement quelque aumône déterminée aux Conférences approuvées, soit par le Conseil général, soit par les Conseils particuliers qui en ont reçu la délégation.

» Enfin nous accordons à tous et chacun des fidèles de l'un et de l'autre sexe, Indulgence de sept ans et de sept quarantaines à gagner une fois le mois, les jours où ils auront quêté pour le Conseil général ou pour les Conseils particuliers.

» Præterea omnibus utriusque sexus Christi fidelibus, qui hujusmodi fixam, et constantem Eleemosynam transmittant ad Consilia Particularia Provinciarum, sive Urbium a Consilio Generali instituta, indulgentiam septem annorum, es totidem quadragenas semel in mense concedimus.

» Insuper utriusque sexus Christi fidelibus, qui seu per Chirographum, seu alio quocumque modo spondeant, se aliquam Eleemosynam fixam, et constantem collaturos Conferentiis adprobatis, vel a Consilio Generali, vel a Consiliis Particularibus, ad hoc delegatis, indulgentiam unius anni semel pariter in mense lucrandam elargimur.

» Denique omnibus, et singulis Christi fidelibus utriusque sexus, indulgentiam septem annorum, et totidem quadragenarum semel in mense lucrandam impertimur iis scilicet diebus, quibus pro Consiliis Generali, vel Particularibus stipem emendicando collegerint.

» Le tout nonobstant Notre règle et celle de la chancellerie Apostolique de ne point accorder d'Indulgences *ad instar*; nonobstant les autres Constitutions et Réglements Apostoliques et tout ce qui pourrait être contraire.

» Nous voulons que les ampliations ou copies même imprimées, des présentes Lettres et revêtues de la signature d'une personne constituée en dignité ecclésiastique, obtiennent la même confiance que ces présentes lettres elles-mêmes, si elles étaient produites et montrées.

» Donné à Rome à Sainte-Marie-Majeure, sous l'anneau du Pêcheur, le 12 août 1845, de notre Pontificat l'an quinzième. »

L. Card. LAMBRUSCHINI, évêque de Sabine,

†

Place du Sceau.

Exequatur.
Parisiis, die 30 augusti 1845.

† DIONYSIUS, arch. parisiensis.

» Non obstantibus Nostra et Cancellariæ Apostolicæ Regula de non concedendiis indulgentiis ad instar, aliisque Constitutionibus, et Ordinationibus Apostolicis ceterisque contrariis quibuscumque.

» Volumus autem, ut præsentium Litterarum transumptis, seu exemplis etiam impressis, manu personæ in Ecclesiastica dignitate constitutæ subscriptis, eadem prorsus fides adhibeatur, quæ adhiberetur ipsis præsentibus si forent exhibitæ vel ostensæ.

» Datum Romæ, apud S. Mariam Majorem, sub Annulo Piscatoris, die XII Augusti MDCCCXLV, Pontificatus Nostri annno decimo quinto. »

A. Card. LAMBRUSCHINI, Ep. Sabinus.

†

Locus sigilli.

Nous croyons que Pie IX continuera à la Société de Saint-Vincent-de-Paul la protection que lui accordait Grégoire XVI. On a droit de l'attendre d'un pontife en qui, jusque-là, les œuvres de miséricorde ont trouvé plus qu'un protecteur. Avant d'arriver au plus haut trône sur lequel un homme puisse monter en ce monde, il affectionnait singulièrement tout ce qui appartenait au service et au soulagement de l'indigence et du malheur : ce n'est pas maintenant qu'il resserrera son cœur. Ce que nous en connaissons déjà (1) nous révèle l'ame la plus compatissante; cette ame réservera une part de sa tendresse pour une Société qui a fait tant de bien et qui est appelée à en faire beaucoup encore.

(1) On sait comme le cardinal Mastaï Ferreti, aujourd'hui Pie IX, était connu à Rome pour sa charité, tout ce qu'il a fait à l'hôpital *Tata-Giovani*. Il a fait son apprentissage auprès des ouvriers, des pauvres et des orphelins. Il le continua par l'apostolat : sous le pontificat de Pie VII, Mgr Muzy, aujourd'hui évêque *di cità di Castello*, étant envoyé vicaire apostolique au Chili, l'abbé Mastaï-Ferretti le suivit en qualité *d'auditeur*. A son retour, Leon XII le nomma prélat, et puis président du grand hospice de Saint-Michel. — Tout le monde a applaudi à l'acte de clémence qu'il a fait, en accordant une amnistie générale pour tous les détenus ou exilés politiques. Deux jours et deux nuits de fêtes n'ont traduit qu'à demi la reconnaissance du peuple romain. Les chevaux du Pape ont été dételés, malgré la troupe, et la voiture a été traînée par des jeunes gens qui se disputaient cet honneur. Le Pape, pour mettre un terme à l'allégresse publique, a été obligé de notifier au peuple romain qu'il désirait qu'on cessât ces démonstrations publiques. — Finissons par un trait récent. Le Pape, traversant la ville à pied, fut accosté par un enfant qui lui demanda sans façon : *Tu sei il Papa ?* (êtes-vous le Pape ?) Pie IX ayant répondu affirmativement, l'enfant se mit à pleurer. Interrogé sur la cause de ses larmes, il répondit qu'il était orphelin. Pie IX le fit aussitôt conduire dans un établissement et se chargea de son éducation. Comme ce règne commence sous d'heureux auspices ! Que de merveilles il nous prépare ! Dieu est toujours là.

Les évêques de France se sont fait un vrai bonheur d'ajouter leur approbation à la faveur accordée par le Saint-Siége. L'œuvre, ainsi appuyée, ne peut que s'étendre encore et grandir, toujours digne des bénédictions de Dieu et du pauvre, pourvu qu'elle ne se rapetisse jamais aux étroites proportions d'une œuvre purement humaine.

La plante que n'arrose plus la main de l'Église se dessèche, et la fleur se flétrit lorsqu'elle ne s'appelle plus, dans la langue chrétienne, LA CHARITÉ.

CONCLUSION.

En terminant l'histoire de Saint-Vincent de Paul, une triste pensée nous préoccupe. D'où vient qu'aujourd'hui certaines gens qui voudraient, par leurs idées, mener la France et le monde, essaient de substituer au Catholicisme qui a produit ce grand saint, je ne sais quel christianisme vague, indécis, universel qui, acceptant avec une égale tolérance les dogmes de tous les symboles les plus disparates, réaliserait pourtant une sorte d'unité, avouons-le, bien incompréhensible. « Nous ne pensons pas, a osé dire un de ces » hommes qui ont désappris à rougir, nous ne pensons pas

» que le moyen de sauver les peuples soit d'appesantir sur
» eux la pierre de l'ancienne Église; nous croyons qu'une
» nouvelle parole de vie, prononcée par une nation libre, est
» seule capable de briser le sceau du tombeau... Qu'y a-t-il
» de nouveau dans notre révolution? Le voici : Pour la
» première fois, dans le monde ancien et moderne, un peuple
» s'émancipe des liens et des limites de son Église; il s'élève
» au-dessus de toutes les barrières, de toutes les différences
» de son culte privé; il remonte directement à la source du
» droit, de la vie; il entre en communication avec le Dieu de
» toutes les églises; et, dans cette condition qui domine
» chacun des clergés de la terre, il fait ce que personne
» n'avait fait avant lui, il embrasse dans une communion
» universelle un nouveau genre humain..... L'unité de l'hu-
» manité, non plus seulement aperçue, mais fondée, le droit
» divin, passant de quelques-uns à tous : voilà la cité nou-
» velle qui s'élève; elle sort déjà de terre, etc..... (1) »

Certes, ces paroles sont impies et bien extravagantes; et pourtant elles sont déjà le symbole, au moins le symbole pratique, d'un grand nombre... Où veut-on aller avec de semblables doctrines? Eh! quoi, le monde est-il déjà fatigué des bienfaits du catholicisme, ou bien le catholicisme est-il tellement épuisé qu'il n'ait plus ni assez de sève, ni assez de vie pour les peuples qui subissent l'action de la civilisation moderne? Mais qu'on regarde autour de soi. Mille témoins proclament qu'il est encore partout agissant, partout glorieux.

A quel nom répondent les vierges courageuses que l'on

---

(1) QUINET. *De l'Ultramontanisme.*

place au chevet de nos malades dans les hôpitaux, filles héroïques auxquelles s'attache plus d'amour encore que de vénération; ces hommes aussi bienfaisants que modestes dont le grossier habit cache tant de ressources pour faire descendre la science jusque dans les intelligences du peuple : bons frères qu'on ose mépriser parfois, mais qu'on ne peut jamais haïr, tant leur mansuétude est patiente ; ces solitaires dont la vie se partage entre la prière et les bonnes œuvres, soit que, placés dans des contrées presque inhabitables, ils préparent un asile au voyageur, soit que, volontairement exilés dans nos colonies, ils défrichent le sol et civilisent les peuples, soit encore que, du haut de la chaire ils prêchent le dogme chrétien et la douce morale de l'Evangile ; ces prêtres à l'ame ardente, qui vont sur les pas de Xavier se faire avec la croix une route à travers les forêts, les fleuves et les montagnes pour porter au sauvage la vérité et la civilisation; tant d'hommes enfin dont la charité épuise toutes les ressources de l'héroïsme, à quel nom répondent-ils? Au nom de catholique. Et l'on a le front de dire, en face de cette action toute pour le bien du monde, que le catholicisme est dans le tombeau comme autrefois Jésus-Christ et qu'il ne se relèvera pas ! En vérité, c'est un aveuglement par trop inexplicable. Mais nous avons à nos côtés notre superbe rivale, l'Angleterre, qui donne à ces assertions extravagantes un solennel démenti. Quelles conquêtes le catholicisme n'y fait-il pas chaque jour sur le protestantisme ? Comme ses plus doctes enfants, les Newman, les Ward, les Oakeley et tant d'autres, tendent les bras vers la mère commune dont leur Henri VIII les a séparés ! L'Amérique et l'Océanie ne pourraient-elles pas aussi raconter leurs merveilles ?... Et, chez nous, la science ne vient-elle pas, dans chacune de ses découvertes sérieuses, rendre hommage à notre foi ? Et si aujourd'hui un peuple depuis des siècles opprimé donne un grand exemple au monde, un exemple de force et de patience tout à la fois, si l'Irlande enfin est si glorieuse avec son O'Connel, n'est-ce pas l'élément catholique qui la travaille, la soutient, et lui donne plus que de l'espérance ? Et l'on dit que l'Eglise romaine n'a plus d'énergie, plus de vie !... Ces hommes-là seront un jour cités à la barre de l'histoire pour avoir vu et n'avoir pas compris...

Il se peut que la France soit lasse du catholicisme ; il se peut même que Dieu veuille la châtier par un grand coup et lui ôter pour un temps la religion qui l'a nourrie dans son berceau, qui l'a fait grandir, qui l'a élevée par la main de ses évêques ; mais le catholicisme n'a rien à perdre pour lui-même. Il a le monde pour patrie. Noble voyageur, il n'est pas à tout jamais fixé dans une contrée ; il les doit visiter toutes ; rien ne peut lui ôter son droit et gêner sa marche. Il a eu des ennemis depuis que Jésus-Christ l'a mis en route à travers le temps, et ces ennemis s'appelaient Néron, Galère, Domitien ; d'autres se nommaient Celse, Porphyre, Julien, Voltaire, et cependant il est encore là, bien triste sans doute de nos maux, bien exposé aux insultes, mais toujours fort, toujours riche, toujours puissant. Il porte encore son manteau royal ; que ce manteau soit déchiré par la main de l'impiété ou rougi du sang des martyrs, il ne s'étend pas moins sur l'humanité tout entière pour la protéger et la sauver.

Nos ennemis ne doivent pas se réjouir. Peut-être ce qui leur fait entonner l'hymne de triomphe, quelques défections, quelques faiblesses, quelques combats, amènera bientôt une complète victoire.

Un beau jour est plus d'une fois annoncé, préparé par l'orage. Aujourd'hui de sombres nuages traversent le ciel, l'éclair brille, la foudre gronde, Dieu même, si vous voulez, semble dormir dans la barque; mais lorsque l'Église aura prié assez par ses pleurs ou par son sang, Jésus se lèvera, et il se fera un grand calme.

Attendons.

FIN.

TABLE

DES MATIÈRES.

                                                            Pages.

DÉDICACE.

INTRODUCTION. 1

CHAPITRE I. — Le seizième siècle. — Naissance et enfance de Vincent de Paul. — 1576. — 1588. 3

CHAPITRE II. — Les études de Vincent. — Sa promotion au sacerdoce. — 1588. — 1604. 11

CHAPITRE III. — Vincent de Paul à Tunis et à Rome. — 1604. — 1608. 17

CHAPITRE IV. — Vincent de Paul, aumônier de la reine Marguerite. — Singulière aventure. — Il entre à l'Oratoire. — Son séjour à Clichy. — 1608. — 1613. 25

CHAPITRE V. — Vincent de Paul quitte Clichy. — Il entre dans la maison de Gondy. — Sa conduite à cette époque. — Il empêche un duel. — Madame de Gondy. — Premières missions. — 1613. — 1617. 34

CHAPITRE VI. — Vincent de Paul quitte la maison de Gondy. — Efforts tentés pour le ramener. — 1617. 42

CHAPITRE VII. — Travaux de Vincent de Paul à Châtillon. — Le jeune Beynier. — Deux dames mondaines. — L'œuvre des servantes des pauvres. — Le baron de Rougemont. — 1617. 49

CHAPITRE VIII. — Retour de Vincent de Paul à Paris. — Ses travaux dans les terres du Comte et ailleurs. — Son séjour à Mâcon. — L'ordre de la Visitation. — Il en est nommé supérieur pour la France. — 1617. — 1622. 57

CHAPITRE IX. — Vincent de Paul, aumônier général des Galères de France. — 1622. — 1625. 66

CHAPITRE X. — Fondation de la compagnie de la Mission. — Mort de Madame de Gondy. — Vincent en porte la nouvelle au comte. — Il quitte la maison de Gondy. — Premières missions. — 1625. — 1626 78

TABLE

Chapitre XI. — Accroissements de la Société. — Règles de conduite données par Vincent de Paul aux membres de sa Congrégation. — 1626. — 1631. 86

Chapitre XII. — Établissement de la Compagnie à Saint-Lazare. — Maison de correction. — Système pénitentiaire. — 1631 — 1632. 94

Chapitre XIII. — Retraites spirituelles pour les gens du monde et pour les ordinands. — 1632. — 1633. 103

Chapitre XIV. — Conférences ecclésiastiques à Saint-Lazare. — Bossuet. Richelieu. — Vincent chargé du choix des évêques. — M. Ollier. — Séminaires — 1633. — 1634. 112

Chapitre XV. — Quelques détails sur la vie intime de Vincent de Paul à Saint-Lazare. — 1652. — 1660. 123

Chapitre XVI. — Madame Legras. — Associations de charité. — Institut des filles de Charité. — Règles de conduite qui leur sont données. — Madame de Polladion. — 1629. — 1635. 131

Chapitre XVII. — Les dames de charité. — L'Hôtel-Dieu. — Les condamnés aux galères. — 1635. — 1639. 144

Chapitre XVIII. — Les ennemis marchent sur Paris. — Occupation de Saint-Lazare par les troupes du roi. — Les Lazaristes à l'armée. — Noviciat établi à Saint-Lazare. — 1636. — 1638. 154

Chapitre XIX. — La maison de la Couche. — Naissance de l'œuvre pour les enfants trouvés. — Discours de Vincent aux dames de la Charité. — Institution des filles de la Croix. — Les filles de la Providence. — Vincent travaille à cet établissement et le fait approuver. — Il offre sa démission de supérieur général de Saint-Lazare. — 1638. — 1641. 163

Chapitre XX. — Missions faites en France par Vincent de Paul ou par ses prêtres.— Mission dans la campagne de Rome. — Missions dans les États de Gênes, en Piémont et en Savoie. — Mission en Corse, en Irlande, dans les Hébrides, en Pologne. — Missions en Barbarie et à Madagascar. — 1625. — 1660. 178

Chapitre XXI.— Désastres de la Lorraine. — Secours envoyés par Vincent de Paul. — Reconnaissance des provinces. — Réfugiés lorrains et irlandais. — Vincent de Paul va trouver Richelieu pour demander qu'on fasse la paix. — Mort de Richelieu. — Vincent au lit de mort de Louis XIII. — Mort de ce prince. — 1639. — 1643. 200

Chapitre XXII. — Vincent de Paul est appelé aux conseils de la Régence pour les affaires ecclésiastiques. — Combien cette charge lui pèse. — Vertus qu'il montre dans cette place. — Son désintéressement. — Services qu'il rend à la religion. — 1643. — 1651. 216

Chapitre XXIII. — Mazarin. — La Fronde. — Broussel. — La régente se retire à Saint-Germain. — Blocus de Paris par Condé. — Vincent de Paul à Saint-Germain-en-Laye. — Pillage des fermes de Saint-Lazare. Secours donnés par Vincent aux victimes de la guerre. — Il visite les

DES MATIÈRES.

maisons de son ordre. — Son retour à Paris. — Ravages dans les provinces. — Vincent de Paul leur vient en aide. — Soldats irlandais secourus par Vincent de Paul. — Reconnaissance qu'on lui témoigne. — 1648. — 1651. 230

Chapitre XXIV. — Mort de M. Lebon. — Nouveaux troubles politiques. — Désastres dans les provinces. — Secours que Vincent de Paul y envoie. — La peste fait périr plusieurs Lazaristes et plusieurs filles de la Charité. — Démarches que fait Vincent pour ramener la paix. — Retour de Louis XIV et de la Régente à Paris. — Arrestation du coadjuteur. — Rentrée de Mazarin. — 1651. — 1652. 248

Chapitre XXV. — Jansénius. — L'abbé de Saint-Cyran. — Conversation entre Vincent de Paul et Jean de la Hauranne. — Progrès du Jansénisme. — Port-Royal. — Mort de Jansénius. — L'Augustinus. — Emprisonnement de Saint-Cyran. — Bulle d'Urbain VIII. — Efforts de Vincent de Paul contre le Jansénisme. — Condamnation du Jansénisme par Innocent X. — Adhésion des évêques de France au bref du pape. — Vincent de Paul à Port-Royal. — Résistance de cette maison. — Les travaux intellectuels. — Les Provinciales. — 1643. — 1656. 262

Chapitre XXVI. — Administration de Vincent de Paul à Saint-Lazare. — 1632. — 1660. 293

Chapitre XXVII. — L'hôpital de Jésus pour les vieillards. — La Salpêtrière. — Extinction de la mendicité à Paris. — Bicêtre. — Le cardinal de Retz à Rome. — Approbation de la compagnie de Saint-Lazare. — Vincent de Paul donne des règles à sa Compagnie. — 1653. — 1658. 309

Chapitre XXVIII. — Mort de madame Legras. — Infirmités de Vincent de Paul. — Sa résignation. — Avec quel calme il attend la mort. — Détails de sa dernière maladie. — Sa mort. — Ses obsèques. — 1658. — 1660. 325

Chapitre XXIX. — Portrait de Vincent de Paul. — Ses vertus. — On demande sa béatification. — Lettres de Bossuet, de Fénelon, de Fléchier au pape Clément XI. — Le décret de béatification est porté par Benoît XIII. — Bulle de Canonisation expédiée par Clément XII. — Reliques de Vincent. — 1660 — 1834. 338

Chapitre XXX. — La Société de Saint-Vincent-de-Paul — Son origine. — Ses progrès. — Les Conférences et leurs œuvres. — Brefs du Pape. — 1833 — 1845. 354

Conclusion 375

ERRATA.

Page 23, ligne 27 ; au lieu de : *s'abstenir de parler,* lisez : *s'abstenir de penser.*
Page 40, ligne 16 ; au lieu de : *et les mettre,* lisez : *et de les mettre.*
Page 52, ligne 23 ; au lieu de : *bonne augure* lisez : *bon augure.*
Page 114, ligne 16 ; au lieu de : *intérêt presque,* lisez : *intérêt propre.*
Page 128, ligne 15 de la note ; au lieu de : *les maladies contagieuses qui suivirent,* lisez : *qui sévirent.*
Page 226, ligne 3 ; au lieu : *de la maison,* lisez : *la maison.*

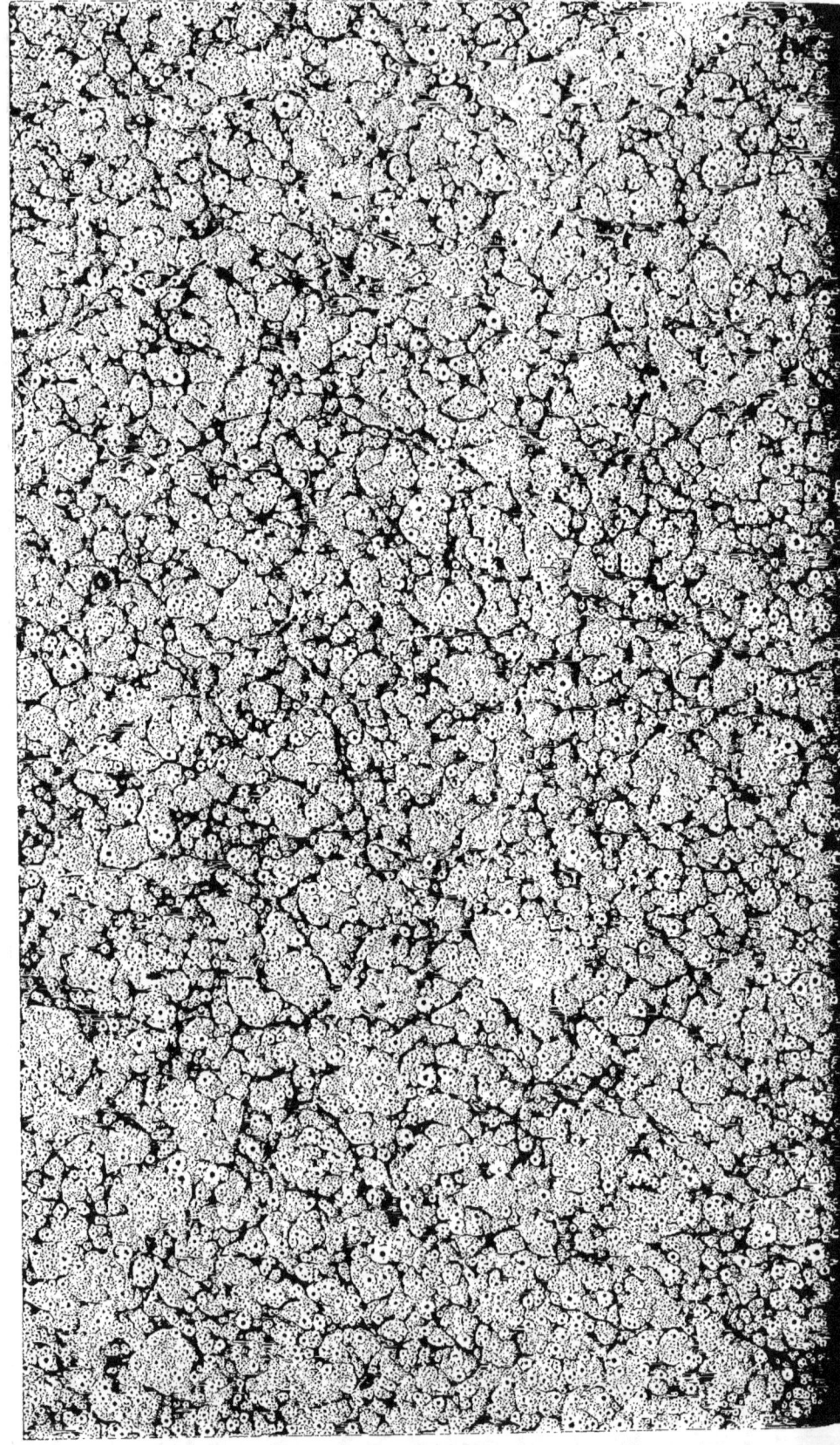

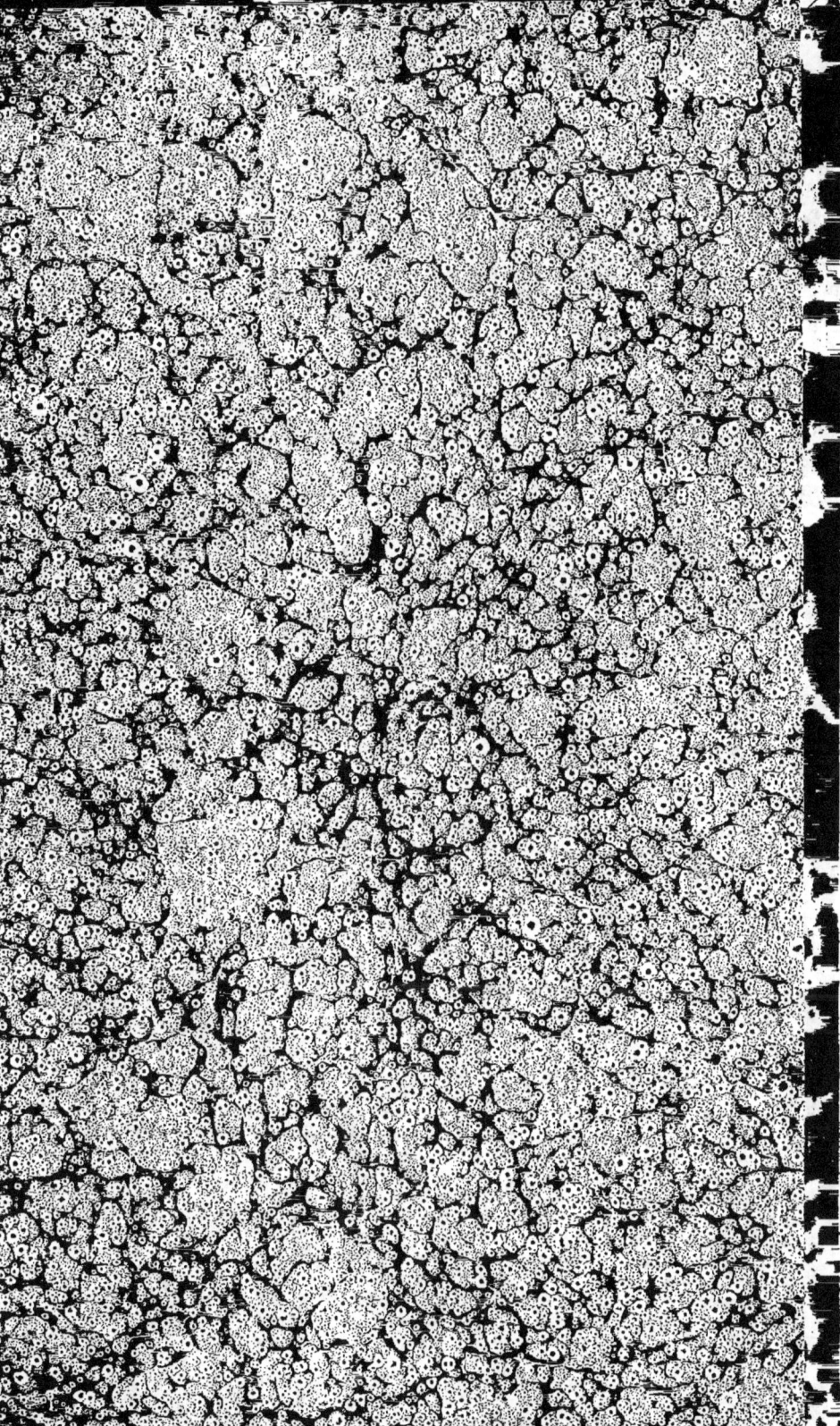

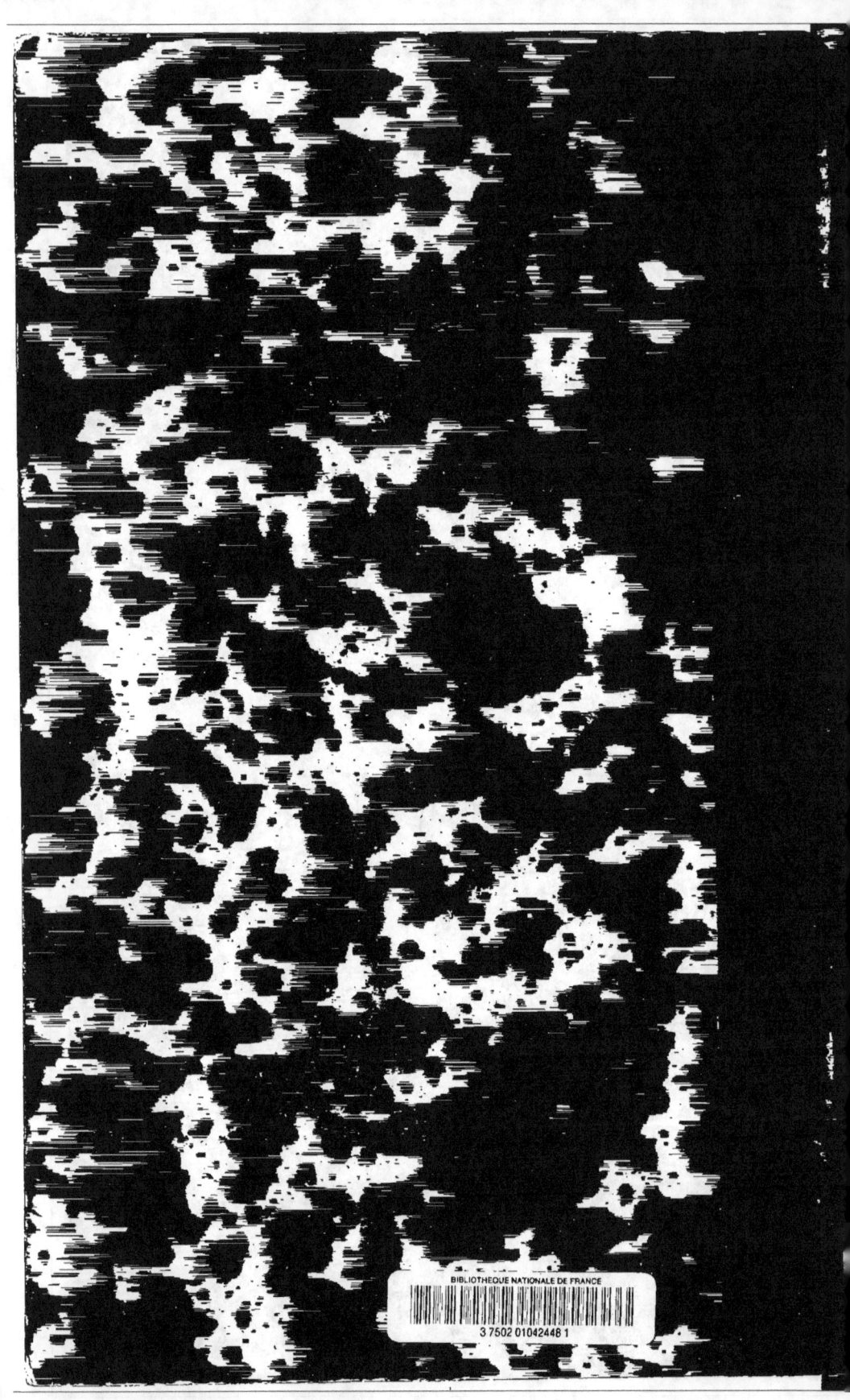

www.ingramcontent.com/pod-product-compliance
Lightning Source LLC
Chambersburg PA
CBHW071944220426
43662CB00009B/992